區域能源效率
差異研究

高輝 著

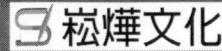

目　錄

1　前言 / 1

　　1.1　研究背景 / 1

　　1.2　研究意義 / 14

　　1.3　研究思路及研究方法 / 15

　　1.4　主要創新點 / 18

2　區域能源效率測算 / 20

　　2.1　研究現狀 / 20

　　2.2　非期望產出效率評價方法：SBM 模型 / 26

　　2.3　省際全要素能源效率測算 / 31

　　2.4　省際全要素能源效率差異分析 / 44

　　2.5　本章小結 / 52

3　區域能源效率差異的影響因素分析 / 54

　　3.1　研究現狀 / 55

　　3.2　技術空間溢出效應對區域能源效率差異的影響 / 74

　　3.3　產業結構對區域能源效率變化的影響 / 81

　　3.4　本章小結 / 86

4　區域能源效率的收斂性 / 88

　　4.1　研究現狀 / 88

　　4.2　能源效率收斂機制 / 91

  4.3 能源效率收斂性檢驗方法 / 95

  4.4 區域能源效率測算 / 98

  4.5 區域能源效率收斂性的空間計量分析 / 102

  4.6 本章小結 / 111

5 區域能源效率的回彈效應 / 113

  5.1 研究現狀 / 114

  5.2 能源回彈效應理論分析 / 121

  5.3 能源回彈效應實證分析 / 126

  5.4 本章小結 / 134

6 區域能源效率差異案例：成渝經濟區 / 137

  6.1 研究現狀 / 138

  6.2 模型構建、變量選取和數據來源 / 141

  6.3 成渝經濟區區域能源效率差異實證分析 / 144

  6.4 本章小結 / 151

7 結論與政策建議 / 152

  7.1 結論 / 152

  7.2 政策建議 / 155

  7.3 進一步研究方向 / 157

參考文獻 / 161

後記 / 179

1 前言

1.1 研究背景

　　能源是人類生存和發展的重要物質基礎，也是當今國際政治、經濟、軍事和外交關注的焦點。能源與資本、勞動和原材料一樣，作為一種生產要素，在經濟運行中發揮著重要的作用，是社會生產的基本動力和基礎性資源，也是社會經濟可持續發展的重要保障。中國作為能源生產和能源消費大國，能源產量不斷增加，能源消費的總體水平和人均水平都也在不斷提高。有統計數據顯示：目前，中國能源消費約占世界總量的20%，國內生產總值（GDP）卻不到世界總量的10%。人均能源消費接近世界平均水平，人均GDP卻只占世界平均水平的50%；中國能源消費總量與美國相當，GDP僅為美國的37%；中國GDP與日本相當，而能源消費總量是日本的4.7倍。上述數據表明，中國經濟的快速增長過度依賴能源消費，能源作為基礎性資源，對經濟可持續發展的約束現象已經日益明顯。在經濟全球化深入發展和中國現代化加快推進的大背景下，如何認識能源發展趨勢、選擇怎樣的能源發展戰略、如何保障能源的可持續利用，進而實現經濟的可持續發展，逐漸成為現代經濟學研究的前沿問題，這同時也是區域經濟發展的現實難題。

1.1.1 經濟發展與能源消費

　　能源作為重要的戰略資源，是現代社會經濟發展的基本要素，在經濟運行中發揮著不可替代的作用。對於大多數國家來說，能源都能促進國家經濟的發展。化石能源的消費伴隨著人類社會經濟與科技的進步日益增多，與此同時能源問題也成了制約人類社會經濟發展和影響生態環境的重要因素，成為中國乃至全世界所面臨的重大挑戰。

中國自改革開放起，在由封閉經濟逐步過渡為開放經濟的發展過程中，經濟總量飛速增長。由圖1-1（右軸表示GDP）可知，中國國內生產總值以9%以上的年平均增長率由1978年的3,678.70億元增長至2015年的685,506.00億元。與此同時，中國的能源消費也在不斷增加。中國在1978年的能源消費總量為57,144.00萬噸標準煤，2015年，中國的能源消費總量已增至430,000.00萬噸標準煤，較2014年增長0.9%，相較2014年同期2.1%的增幅，增速明顯下降，但總量仍很大。

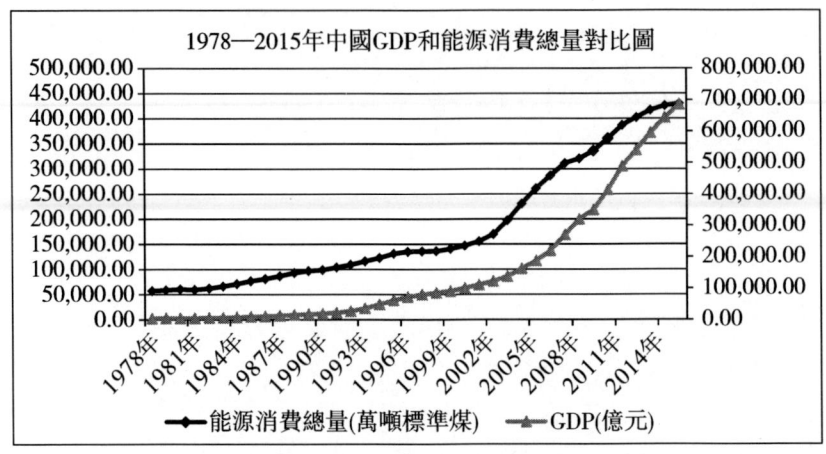

圖1-1　1978—2015年中國GDP和能源消費總量對比圖

數據來源：Wind資訊。

1.1.2　能源消費現狀

伴隨經濟的高速發展與能源的過度消耗而來的是資源枯竭和環境惡化等一系列問題。中國能源消費總量大，呈不斷增長態勢，其能源消費結構中，以煤炭為主，因而污染物的排放較多。同時，中國的能源利用效率整體偏低，且區域間存在較大差異。

（1）能源供需矛盾突出

20世紀50年代以來，中國能源工業不斷發展。特別是改革開放以後，能源供給能力不斷增強，促進了經濟持續快速發展。但在經濟發展過程中，能源供需矛盾十分突出。

在能源供給層面，雖然中國能源生產總量居世界第三位，但人均擁有量遠低於世界平均水平，人均可再生淡水資源擁有量僅為世界平均水平的1/3左

右，人均石油、人均天然氣可開採儲量均不到世界平均水平的1/10，並且資源消耗的規模十分巨大。2015年，中國經濟總量占世界的比重為15.5%，一次能源消耗總量卻占到世界的22.92%。中國能源資源總體分佈不均勻，其特點是北多南少，西富東貧；品種分佈是北煤、南水和西油氣，因而形成了北煤南運、西氣東輸和西電東送等長距離輸送的基本格局。煤炭的保有儲量將近80%集中分佈在華北和西北地區，其中86%分佈在干旱缺水的中西部地區；可以利用的水能資源約68%集中在西南地區；塔里木盆地和四川盆地天然氣總量約占全國的1/2。東部地區能源消費占全國的67%，但能源儲量僅占全國的13%。

在能源需求層面，隨著工業化程度不斷提高、城鎮化水平不斷增快，中國對能源消費的需求越來越旺盛，能源供需矛盾突出。與此同時，中國能源的生產總量隨能源消費總量逐年增長，2014年能源生產總量為42億萬噸標準煤，能源的自給率平均保持在90%左右，但是隨著能源消費需求的不斷增長，能源消費與能源生產之間的缺口越來越大，能源資源的供需矛盾將進一步加劇。一般情況下，只要固定資產投資規模擴大、經濟發展加速，煤電油氣就會出現緊張，成為制約經濟社會發展的瓶頸。而到20世紀90年代末，隨著能源市場化改革不斷的推進、能源工業的進一步對外開放以及能源投入的持續增加，煤炭、電力產能大幅度提高，油氣進口增多，能源對經濟社會發展的制約得到很大緩解。進入21世紀以來，能源供求形勢又發生了新的變化，工業化和城市化步伐加快，一些高耗能行業發展過快，能源需求出現了前所未有的高增長態勢，能源對經濟社會發展的制約再次加大。

在能源消費結構方面，由表1-1可知，中國的能源消費中煤炭占比一直維持在70%左右，而以石油作為主要能源消費的世界主要發達國家，煤炭能源消費總量在其能源消費總量中僅占10%~20%。清潔能源在中國的一次能源消費中所占比重遠低於世界平均水平，以天然氣為例，2005年，天然氣所占能源消費的比重僅為2.4%，到2015年上升至5.9%，與此同時煤炭占比卻高達64%左右。

表 1-1　　　　　2005—2015 年中國能源消費總量及構成

年份	能源消費總量（萬噸標準煤）	占能源消費總量的比重（%）			
		原煤	原油	天然氣	水電、核電、風電
2005	261,369.00	72.40	17.80	2.40	7.40
2006	286,467.00	72.40	17.50	2.70	7.40
2007	311,442.00	72.50	17.00	3.00	7.50
2008	320,611.00	71.50	16.70	3.40	8.40
2009	336,126.00	71.60	16.40	3.50	8.50
2010	360,648.00	69.20	17.40	4.00	9.40
2011	387,043.00	70.20	16.80	4.60	8.40
2012	402,138.00	68.50	17.00	4.80	9.70
2013	416,913.00	67.40	17.10	5.30	10.20
2014	425,806.00	65.60	17.40	5.70	11.30
2015	430,000.00	64.00	18.10	5.90	12.00

數據來源：Wind 資訊經濟數據庫 2005—2015 年中國宏觀數據。

圖 1-2 也給出了中國的能源消費結構，可以看出中國的原煤消費量比重一直都偏高，保持在 60% 以上。中國是世界上唯一以煤為主的能源消費大國，也是世界上煤使用比例最高的國家，占世界原煤消費總量的 27%。結合表 1-1 和圖 1-2 可以看出，2015 年，在中國現有的能源消費結構中，原煤消費占能源消費總量比重為 64%，原油占比為 18.1%，天然氣占比為 5.90%，一次電力（水電、核電、風電）占 12%，而煤層氣、風能和太陽能等清潔能源和可再生能源的開發利用則剛剛起步。與世界能源消費結構平均水平（原煤占 29.2%，原油占 32.9%，天然氣占 23.8%，水電和核電占 11.2%，可再生能源占 2.8%）相比，差距十分明顯。雖然中國的原煤消費量所占能源消費總量比重有所下降，但到 2015 年，仍占能源消費總量的 64.0%，能源消費結構仍然以原煤為主。並且，根據國際能源署（IEA）的預測，2030 年，原煤消費仍將占中國能源消費總量的 60%，這將使中國在未來依舊面臨巨大的能源供需挑戰。

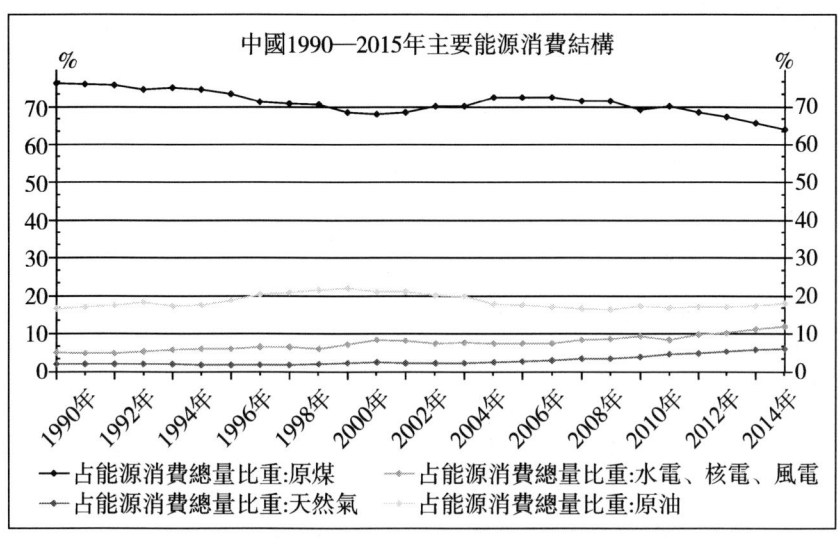

圖 1-2　中國 1990—2015 年主要能源消費結構

根據 2016 年發布的《BP 世界能源統計年鑒》報告，2015 年中國仍然是世界上最大的能源消費國，占全球消費量的 23%，全球淨增長的 34%。中國消費的化石能源中，煤炭消費量比上年下降 1.5%；原煤消費量占能源消費總量的比重為 64%，比 2014 年下降 0.6 個百分點，為歷史最低值；消費增長最快的是石油，較上一年增長 6.3%；然後是天然氣消費增長，為 4.7%。除化石能源外，太陽能、水電、核電、風電等清潔能源的消費量近年來也有所上升，但是總的消費量還是比較低。在非化石能源中，太陽能消費增長最大，達到 69.7%，其次是核能 28.9% 和風能 16.8%，水電增長 5.0%。國家能源局曾預測，天然氣等清潔能源消耗將繼續快速增長，預計 2020 年天然氣消費總量將達 3,500 億立方左右。非化石能源也將進一步發展，2020 年占一次能源消費比重將達到 15%，其中，風電規模達 2 億千瓦，太陽能發電達 1 億千瓦，水電達 3.4 億千瓦，生物質能發電 3,000 萬千瓦，核電 5,800 萬千瓦。與此同時，清潔能源的有效利用也將促進 2020 年單位 GDP 的二氧化碳排放量較 2005 年下降 40%~45%。

中國的能源對外依存度仍然較高。一方面中國的能源總產量翻了一番，在煤炭生產和石油天然氣的勘探開發、大型水電站建設、核電發展以及可再生能源的發展方面，都取得了巨大的成就。但另一方面我們也應看到，中國也是一個能源消費大國，中國經濟社會發展對能源的依賴比發達國家大得多。當前，石油安全已成為中國能源安全的核心。隨著石油勘探開發工作的深入開展，未

來中國國內的油氣勘探開發對象主要集中在深層、深海和自然地理位置十分惡劣的沙漠、高山和高寒之地，新增儲量的75%來自老油區的複雜或隱蔽油藏。中國國內能源的勘探程度較低，開發利用的難度較大。由於中國原油產量的增長大大低於石油消費量的增長，造成中國石油供應短缺、進口依存度飆升。

由圖1-3可知，中國的石油消費總量逐年增加，石油淨進口量也在隨之不斷上漲。自2003年以來，中國石油對外依存度就基本保持上漲趨勢，目前已達到60%。按照國際能源署的預測，到2020年，中國每天進口的石油將達690萬桶，占中國石油消費總量的70%；2020年中國石油對外依存度為68%，2030年將達到74%，2040年將達到80%。「美國能源信息局」也預言，2020年中國石油對外依存度為62.8%、2025年將達到68.8%。此外，中國的石油戰略儲備還剛剛起步，石油儲備體制很不完善。目前中國原油進口的60%以上來自局勢動盪的中東和北非地區，中國進口石油主要採取海上集中運輸方式，原油運輸約4/5通過馬六甲海峽，形成了制約中國能源安全的「馬六甲困局」。

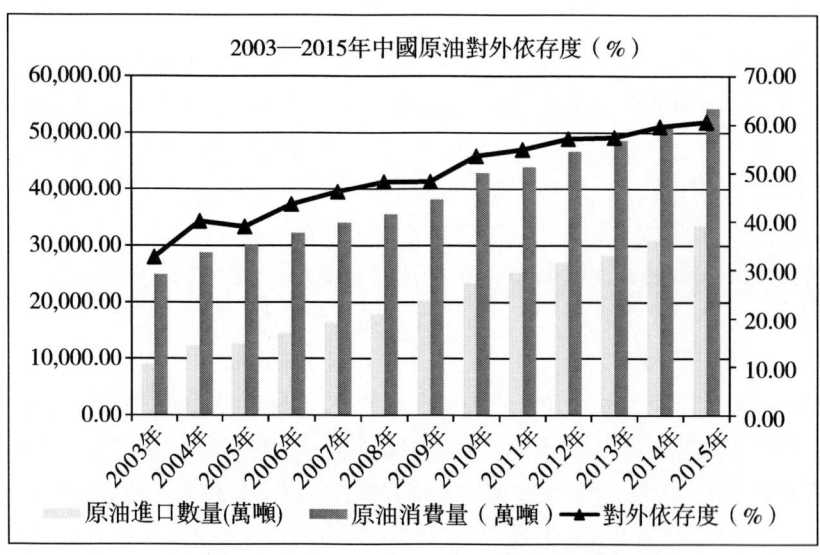

圖1-3　2003—2015年中國原油對外依存度

同時，由圖1-4也可以看出，中國的天然氣消費對外依存度也不斷在上升，到2015年，已達到31.8%，據IEA的預測，到2035年，該指標的值將會達到40%，這也加劇了中國經濟發展過程中面臨的能源問題。

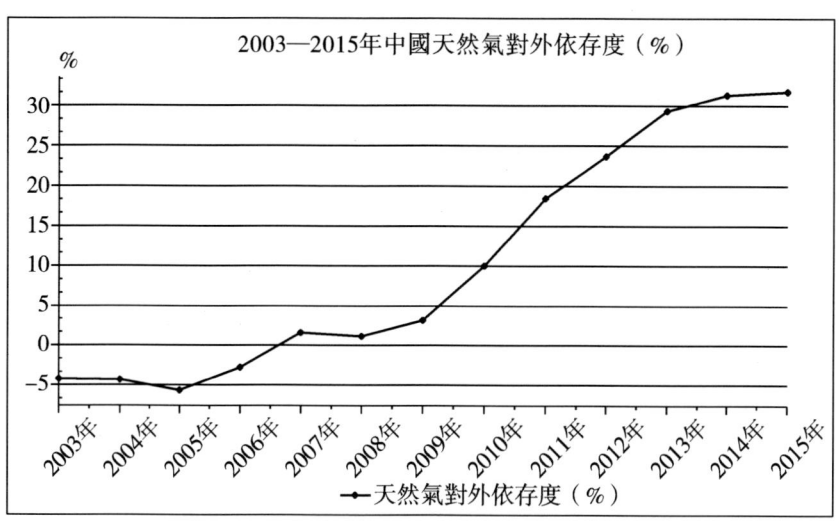

圖 1-4　2003—2015 年中國天然氣對外依存度

(2) 環境問題日益嚴重

作為經濟增長的重要投入因素，能源在推動人類社會經濟增長的同時，也會導致一系列的環境問題，如溫室效應、霧霾等。聯合國政府間氣候變化專門委員會（Intergovernmental Panel on Climate Change，IPCC）指出目前大氣中二氧化碳造成的溫室效應占總效應的三分之二。另外，根據世界資源協會（World Resource Institute，WRI）的研究，全球有87%的二氧化碳來自化石燃料的燃燒。中國以煤為主的能源結構不利於環境保護，且中國的煤炭資源又存在著固有的質地差、運輸距離長、污染嚴重、熱量不足等問題，更使中國在能源消費結構方面雪上加霜。這種長時期以煤為主的能源消費結構，將使中國區域性污染日益加重，生態環境持續遭到破壞。因此，能源生產和利用對環境的損害是中國環境問題的核心，也受到國際社會的高度關注。

中國是世界上少有的幾個以煤為主的能源消費大國，中國的煤炭消費比重居高不下，始終在60%以上，而天然氣、石油等能源消耗所占的比重僅為20%左右，在近幾年開始有所增加。大量煤炭開採和燃燒帶來了嚴重的環境污染問題。中國已經是世界上最大的二氧化硫排放國，2014年二氧化硫排放量為1,974.4萬噸，菸粉塵排放量為1,740.8萬噸，其中工業粉塵排放量為1,456.1萬噸；全國二氧化碳排放量的85%、二氧化硫排放量的90%以及菸塵排放量的73%都來自燃煤。由表1-2可知，2015年，中國二氧化碳排放量為9,153.9百萬噸，遠遠超過美國、歐盟、日本等發達國家的碳排放量，成為二

氧化碳排放量最高的國家，但近年來二氧化碳排放量的增速也逐漸放緩。隨著全球氣候變化問題的日益嚴重以及中國溫室氣體排放總量的繼續增長，今後中國在減緩碳排放增速方面將要繼續做出巨大努力。同時，中國目前正處在工業化進程中，在推動經濟發展、促進社會進步的同時，還需要應對全球氣候變化帶來的新挑戰。

表1-2　2000—2015年世界及部分國家二氧化碳排放量（百萬噸）

年份＼國家	中國	美國	歐盟	日本	世界
2000	3,327.35	5,976.01	4,078.74	1,219.42	23,967.90
2001	3,486.15	5,863.58	4,144.95	1,210.93	24,305.24
2002	3,809.26	5,897.14	4,129.87	1,216.01	24,855.08
2003	4,495.68	5,968.58	4,231.40	1,257.30	26,102.77
2004	5,291.78	6,071.05	4,257.16	1,243.42	27,397.07
2005	6,058.26	6,108.16	4,249.10	1,278.01	28,532.98
2006	6,656.03	6,029.18	4,276.42	1,253.36	29,429.20
2007	7,211.09	6,132.42	4,221.21	1,267.24	30,465.23
2008	7,351.94	5,954.09	4,146.22	1,274.57	30,799.70
2009	7,695.21	5,529.79	3,835.24	1,111.79	30,157.99
2010	8,098.52	5,754.63	3,931.13	1,184.09	31,544.11
2011	8,746.92	5,617.27	3,803.28	1,193.52	32,353.29
2012	8,911.02	5,460.02	3,736.06	1,283.66	32,742.76
2013	9,148.60	5,572.43	3,653.76	1,276.45	33,248.10
2014	9,165.52	5,631.22	3,446.16	1,241.20	33,472.02
2015	9,153.90	5,485.74	3,489.77	1,207.79	33,508.40

數據來源：Wind資訊經濟數據庫2000—2015年中國宏觀數據。

（3）能源效率地區差異明顯

作為僅次於美國的世界第二大能源消費國和全球環境污染最嚴重的國家之一，中國能源利用效率的高低以及因能源利用導致的環境問題已經成為政府和公眾密切關注的焦點。改革開放以來，中國一直處於「工業化」「城市化」不斷加速的進程之中，長期「高投入、低產出、低效率、高污染」的「粗放型」經濟增長模式造成了超大規模的資源消耗和嚴重的環境污染，使得中國經濟增長與能源、環境之間的矛盾日趨激化。為了緩解能源與環境危機，中國政府針

對節能減排做了大量行之有效的工作，制定了適應中國國情的能源可持續發展戰略，並將建設「資源節約型、環境友好型」社會作為基本國策提升到前所未有的戰略高度。然而，中國能源結構的徹底轉變將是一個漫長的過程，能源的稟賦條件決定了其以煤為主的能源結構在未來相當長時期內將難以根本轉變。作為一種利用率極低的能源，煤炭資源的大量使用直接抑制了中國能源利用效率的提升，且已成為中國環境污染的主要來源。燃煤產生的污染物，對居民身體健康和生態環境造成了惡劣的影響，特別是二氧化碳、甲烷等溫室氣體過度排放所引發的全球氣候變暖已經成為國際社會普遍關心的重大問題，並關係到人類的生存與發展。在當前嚴峻的能源、環境局勢下，提高能源利用效率已被認為是節能減排最現實、最有效且成本最低的途徑。

由於中國各地區地形地貌等方面的原因導致了能源資源的分佈失衡，華北和西北地區能源資源主要為煤炭資源，西南地區能源資源主要為水力資源與天然氣資源等，而石油資源主要分佈在中國西北部及東北部。北部與西部省份多為淨能源輸出省份，東部省份大多為淨能源輸入省份。通過計算 2014 年中國各省市的能源強度，可以大致比較各地區的能源強度，其中上海的能源強度為 0.8 噸標準煤/萬元，而寧夏的能源強度為 5.65 噸標準煤/萬元，差距非常明顯。如表 1-3 所示，中國能源利用率存在著很大的地區差異，並且，中國的能源消費以東部及南部沿海的經濟發達區域為主，也就是說能源消費較為集中的地區往往是能源資源稀缺的地區，中國能源的資源消費地域和資源賦存地域有著嚴重不對等的現象。中國的能源利用效率還存在較大的區域差距，這在很大程度上制約了中國整體能源水平的提高。

表 1-3　　全國 28 個省（市、自治區）地區單位產值能耗表

單位地區生產總值能耗（等價值）（噸標準煤/萬元）

年份 省份	2005	2006	2007	2008	2009	2010	2011	2012	2013	2014
北京	0.8	0.76	0.71	0.66	0.61	0.58	0.46	0.40	0.34	0.32
天津	1.11	1.07	1.02	0.95	0.84	0.83	0.71	0.55	0.53	0.51
河北	1.96	1.9	1.84	1.73	1.64	1.58	1.3	1.17	1.04	1
遼寧	1.83	1.78	1.7	1.62	1.44	1.38	1.1	0.90	0.85	—
上海	0.88	0.87	0.83	0.8	0.73	0.71	0.62	0.55	0.05	0.47
江蘇	0.92	0.89	0.85	0.8	0.76	0.73	0.6	0.53	0.49	0.46
浙江	0.9	0.86	0.83	0.78	0.74	0.72	0.59	0.52	0.49	0.47
福建	0.94	0.91	0.88	0.84	0.81	0.78	0.64	0.53	0.51	0.50

表1-3(續)

年份 省份	單位地區生產總值能耗（等價值）（噸標準煤/萬元）										
	2005	2006	2007	2008	2009	2010	2011	2012	2013	2014
山東	1.28	1.23	1.18	1.1	1.07	1.03	0.86	0.65	0.62	0.60
廣東	0.79	0.77	0.75	0.72	0.68	0.66	0.56	0.51	0.46	0.44
山西	2.95	2.89	2.76	2.55	2.36	2.24	1.76	1.30	1.30	—
吉林	1.65	1.59	1.52	1.44	1.21	1.15	0.92	0.79	0.66	0.62
黑龍江	1.46	1.41	1.35	1.29	1.21	1.16	1.04	0.93	0.57	0.35
安徽	1.21	1.17	1.13	1.08	1.02	0.97	0.75	0.48	0.46	0.44
江西	1.06	1.02	0.98	0.93	0.88	0.85	0.65	0.55	0.53	0.51
河南	1.38	1.34	1.29	1.22	1.16	1.12	0.9	0.80	0.68	0.66
湖南	1.4	1.35	1.31	1.23	1.2	1.17	0.89	0.76	0.61	0.57
內蒙古	2.48	2.41	2.3	2.16	2.01	1.92	1.41	1.39	1.05	1.03
廣西	1.22	1.19	1.15	1.11	1.06	1.04	0.8	0.65	0.63	0.61
重慶	1.42	1.37	1.33	1.27	1.18	1.13	0.95	0.73	0.70	0.54
四川	1.53	1.5	1.43	1.38	1.34	1.28	1	0.86	0.73	0.70
貴州	3.25	3.19	3.06	2.88	2.35	2.25	1.71	1.34	1.08	0.97
雲南	1.73	1.71	1.64	1.56	1.5	1.44	1.16	1	0.85	0.82
陝西	1.48	1.43	1.36	1.28	1.17	1.13	0.85	0.69	0.65	0.63
甘肅	2.26	2.2	2.11	2.01	1.86	1.8	1.4	1.21	1.15	1.10
青海	3.07	3.12	3.06	2.94	2.69	2.55	2.08	1.84	1.78	1.73
寧夏	4.14	4.1	3.95	3.69	3.45	3.31	2.28	2.12	2.05	—
新疆	2.11	2.09	2.03	1.96	1.93	—	1.63	1.58	1.61	1.61

數據來源：中華人民共和國統計局 2005—2015 年統計數據。

　　改革開放以來，能源為中國經濟的持續快速增長提供了重要的「動力支持」，然而隨著經濟水平的不斷提高，粗放式的能源消費對經濟發展和環境保護造成的壓力越來越大，提高能源效率是中國當前最為迫切和重要的問題之一。由於中國幅員遼闊、空間發展不平衡，中國各地區能源效率也存在很大差異。從圖1-5可以看出，北京、天津及雲南、青海等地區能源消費總量較低，而河北、廣東等地區能源消費總量偏高。在能源強度方面，北京、天津及上海地區較低，能源效率較高，而四川、青海等地區較高，能源效率較低。由圖1-5可知中國西部等落後地區能源效率遠低於北京、天津等發達地區能源效率。因此，如果落後地區能夠趕超發達地區的能源利用水平，那麼總體的能源利用效

率也將大大提高。

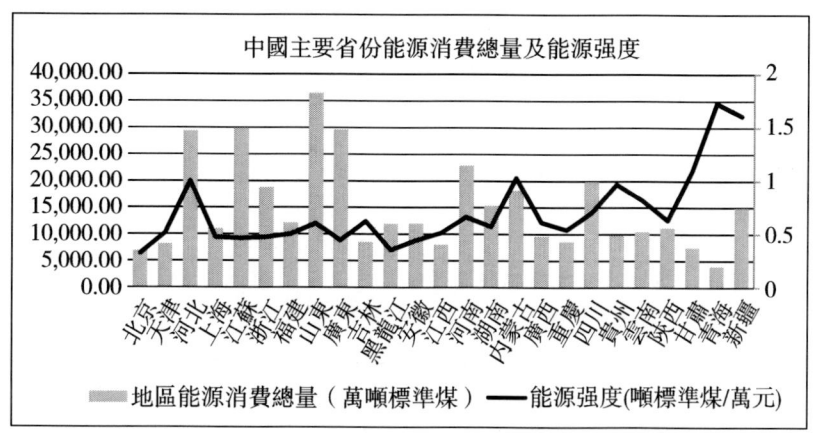

圖 1-5　2014 年中國主要省份能源消費總量及能源強度

數據來源：作者通過整理《中國統計年鑒 2015》中的數據所得。

因為這些已然存在的差異，所以對能源效率的研究也應該針對不同省市地區進行。此外，提高能源效率並不是使每個省市的能源效率都有所提高或是改善，而是在提高整體能源效率的同時減少各地區之間的差異與各地區內部的差異，這才能夠被認為是能源效率水平的整體提高。因此，研究分別測算中國各省市能源效率，對比分析各省市水平高低及變化趨勢，探尋各地區能源效率的差異，為科學地制定中國的能源政策方針、合理地規劃各省市的節能減排目標提供理論依據，從而降低能耗、提高能效，實現中國的可持續發展。

1.1.3　能源發展展望

（1）世界能源發展展望

首先，能源需求將繼續增長。隨著世界經濟發展，將需要更多的能源以支持更高的活動水平和生活標準，但是能源效率更快速的提升將抑制能源需求的增長。其次，能源結構將繼續轉變。化石能源仍將是世界經濟發展的主要能量來源。根據 2016 年《BP 世界能源展望》，預計到 2035 年，能源增量的 60% 仍將來自化石能源，且將占 2035 年能源供應總量的近 80%，相較於 2014 年的 86% 有所下降。其中，由於充足的供應和環境政策的支持，天然氣將成為增長最快的化石能源。全球煤炭需求的增長將很可能隨著中國經濟重新平衡而急遽放緩。因成本持續下降，可再生能源的利用將會迅速增長，且各國在巴黎氣候大會上做出的承諾也將促使可再生能源被廣泛採用。最後，碳排放將顯著改

變。預計在2016—2035年，碳排放增長速度相較於過去二十年將減少一半以上。這既反映了能源效率的快速提升，又反映了能量來源向低碳燃料的轉變。儘管如此，碳排放很可能將繼續增長，政府需要採取進一步的政策措施推動二氧化碳排放的減少。

（2）中國能源發展展望

2015年，中國能源產量增加了40%，而能源消費量增加了48%，預計到2035年，中國的能源消費量將占世界能源消費總量的25%。中國在全球能源需求中的比重將從2014年的23%升至2035年的26%，而其增長貢獻了世界淨增量的32%。2016年《BP世界能源展望》對中國能源的展望中提到，中國的能源結構繼續演變，煤炭的主導地位將從2014年的66%降至2035年的47%；天然氣的比重增加超過一倍至11%；石油的比重保持不變，約為19%。到2035年，所有化石燃料的需求均有增長，石油將增長63%，天然氣將增長193%，煤炭將增長5%，三者總共占需求增長的53%；可再生能源電力將增長593%、核電將增長827%，水電將增長43%。煤炭需求在2027年將達到峰值，隨后從2028年到2035年將以年均0.3%的速度下降。工業仍將是所有領域中最大的最終能源消費主體，但是其消費增長最為緩慢，為31%，導致其在總需求中所占比重從51%下降至46%。運輸行業的能源消費增長93%。石油仍然是主導性燃料，但市場份額由91%下降至2035年的86%。能源產量在消費中的比重從2014年的82%降至2035年的80%，使中國成為世界最大的能源淨進口國。從2014年到2035年，核電將以年均12%的速度增長，而中國將占全球核電總量的31%。化石燃料產量繼續增長，天然氣（136%）和煤炭（10%）的增加量超過石油產量的減少量（5%）。到2035年，中國將成為僅次於美國的第二大頁岩氣生產國，每日產量增長至超過130億立方英尺。石油進口依存度將從2014年的59.62%升至2035年的76%，將高於美國在2005年的峰值。天然氣依存度將從略低於30%升至2035年的42%。2014年到2035年，中國經濟將增長174%，而單位產值能耗將下降46%。中國的二氧化碳排放將增長22%，占2035年全世界總量的28%。中國能源的發展呈現如下趨勢：

① 能源需求減緩

2008年中國經濟增長開始放緩，這既有國際金融危機的原因，也有國內經濟週期、經濟結構失衡的原因。受經濟增速影響，中國能源需求放緩，在電力需求方面尤為顯著。據國家統計局數據，如圖1-6所示，中國的能源消費總量增速在2004年達到頂峰，電力消費總量增速也較高，分別為16.8%和15.4%。2000—2007年，GDP增速就保持在較高水平，且呈現出不斷增長的

態勢，到 2007 年，達到 14.2%。2008 年，國際金融危機中，中國也未能幸免，但是較其他發達國家而言，中國受到的影響相對較小，但 2008 年，中國的 GDP 增速開始放緩，隨後一直以較平穩的態勢下降，到 2015 年為能源消費總量增速也下降到負增長 9.6%。2008 年，能源消費增速也大幅下降，為 5.6%；尤其是電力消費更為明顯，增速僅為 2.9%。2009—2015 年，能源消費總量的增速一直呈波動狀態，電力消費也基本和能源消費總量的趨勢保持一致，到 2015 年，能源消費總量增速和電力消費增速分別為 0.5% 和 0.9%。並且由圖 1-6 可知，中國的能源需求從 2013 年開始，正在逐年放緩，隨著經濟增速的放緩，在未來中國的能源消費需求也將繼續減緩。

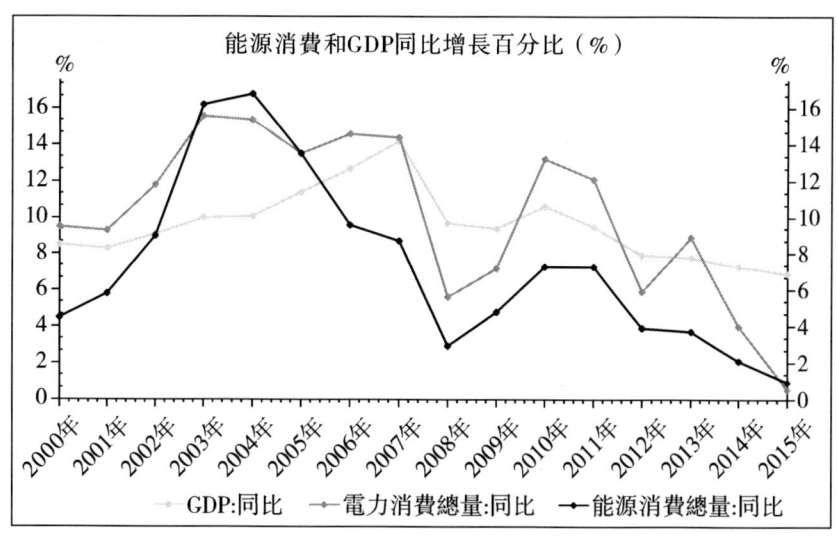

圖 1-6　能源消費總量、電力消費總量和 GDP 同比增長情況

② 能源供應多元化總體進程加快

從長遠戰略考慮，為減少對石化能源的依賴、保護環境、保障能源供應安全、應對氣候變化，近兩年來中國能源供應多元化進程明顯加快。能源供應多元化包括能源品種多元化，也包括能源來源多元化。

中國是新能源和可再生能增長速度最快的國家。2015 年，全國可再生能源增長 20.9%，僅十年，中國可再生能源在全球總量中的份額從 1.7% 提升到了 2015 年的 17.2%，利用量達到 62.7 百萬噸油當量。2015 年，全球核能發電量增長 1.3%，幾乎所有增長都來自中國，較 2014 年增長 28.9%，中國已超越韓國成為第四大核能發電國，占全球比例為 6.6%。全球水力發電量增長 1%，低於其十年均值 3%，中國以 5% 的增速成為世界最大水力發電國；並且，

同核能一樣，全球水電淨增長全部來自中國。中國還是世界上風能發展最快的國家，2015年中國新增風能裝機容量11,664萬千瓦，占全球增量的48%。截至2015年年底，風電累計並網裝機容量達到1.29億千瓦，占全部發電裝機容量的8.6%。風電發電量1,863億千瓦時，占全部發電量的3.3%。巨大的新增裝機容量，讓中國在2015年超過了歐盟，成為全球風電累計裝機量最大的國家（地區）。國內風電技術研發也取得了較大進展，目前已具備3兆瓦級風力發電機組的生產能力。

從以上數據可以看出，中國未來的能源品種將保持多元化態勢，且新能源的應用將逐漸增加，其發展速度也較快。

③ 節能降耗減排面臨較大挑戰

2015年是實現「十二五」節能目標的最後一年。依據截至目前的初步核實數據測算，與2010年相比，2015年中國單位GDP能耗累計下降了18.2%，超過了「十二五」16%的降幅目標，節能降耗工作取得較大成效。在「十二五」期間，中國的清潔能源也快速發展，水電、核電、風電、太陽能發電裝機規模分別增長了1.4倍、2.6倍、4倍和168倍，帶動非化石燃料消費比重提高2.6%，中國可再生能源發電總裝機達到4.8億千瓦，占全球總量的24%，新增裝機占全球增量的42%，中國成為世界節能和利用新能源可再生能源第一大國。同時，減排工作也在全國積極推進，二氧化硫、氮氧化物和菸塵排放累積分別下降33%、35%和39%以上。全國的節能降耗減排工作取得顯著成效，但中國能耗總量和污染物排放總量較大，特別是中國的區域間能耗水平存在較大差異，這使中國的節能降耗減排工作面臨更大的挑戰。

1.2 研究意義

為了緩解嚴峻的能源問題，政府制定了一系列措施。節能減排計劃最早出現在「十一五」規劃中，制定了在「十一五」期間單位GDP能耗較之前下降20%的目標。「十二五」期間單位GDP能耗較2010年下降16%。2015年，中國單位國內生產總值能耗同比下降5.6%，降幅比2014年擴大0.8個百分點，2016年上半年降幅達到5.2%。能源利用效率提高，單位GDP需要消耗的能源減少，這也在一定程度上使得用電量增速放緩幅度大於經濟增速放緩幅度。儘管中國節能工作取得了很大成績，但從總體來看，目前能源效率依然較低。無論是在能源開採、加工轉換、貯運、終端消費和回收利用等方面，還是在經

濟結構方面；無論是在能源資源配置，還是在能源要素利用方面，中國的能源效率都與發達國家存在較大差距，改善潛力較大。在中國國家法規和政策層面上，能源效率和節能問題受到了更多重視，節約能源已成為一項基本國策，「堅持節約優先」已成為中國能源戰略基本內容之一。

中國較世界平均水平2倍以上的單位生產總值能耗是制約節能減排計劃最大的障礙，改善偏低的能源利用率刻不容緩。目前，「十三五」規劃提出了要深入推進能源革命，而如何推進能源方面的革命則是值得我們思考的問題。「十三五」規劃中，提高能源效率成了非常重要的一項工作。之前看到目前中國的能源消費結構，煤炭消費占中國一次能源消費的比重很大，這個數字要高出全球平均水平一倍多。煤的消費量大，污染物排放也隨之增加，這些年嚴重的霧霾天氣都和化石能源消費有著很大的關係。因此，解決能源與環境問題已迫在眉睫，提高能源效率、減小環境污染刻不容緩。

總的來說，中國能源供給矛盾突出，各省市地區能源效率也具有明顯的差距，同時各省市地區節能減排目標完成的情況不盡相同。中國各個省市資源稟賦、地理位置不同等因素在一定程度上都影響了經濟的發展，整個經濟發展呈現了不平衡的狀態，各個省市的能源效率更是特點不一。提高能源效率，推進能源革命，不能一味從整體上去改善，而是要不斷改善各個省市、各個地區的能源問題，如此才能實現真正意義上的提高改善。

然而，政府在制定節能減排措施時忽略了一個重要的影響因素，即省際能源效率的差異性，因此節能減排政策可能存在「一刀切」的情況。此外，節能減排計劃都是針對整體而言，並沒有細分下去。如果能源效率低的地區能夠像能源效率高的地區「看齊」，縮小二者之間的差距，這樣會使得全國的能源效率水平得到提高。通過研究地區的能源效率差異性，並針對地區發展實際情況，制定差異化的節能減排措施，這樣才能夠保證全國整體節能減排目標的實現。

因此，研究區域能源效率差異性，能夠使我們更加合理地瞭解中國省際能源效率的情況及發展趨勢，從而提出符合地區實際發展情況的節能減排計劃，這對解決能源供需矛盾、緩解環境污染與經濟發展問題有著重要意義。

1.3 研究思路及研究方法

1.3.1 研究思路

本書以區域能源效率為依託，從邏輯上相互聯繫的四大板塊研究了中國的

區域能源效率差異，通過對能源效率的測度研究、能源效率的影響因素研究、區域能源效率收斂性的空間計量分析以及能源的回彈效應研究，並以成渝經濟區為例，分析經濟圈內的能源效率差異，從各個層面提出了應對措施。具體包括以下內容：

首先，對區域能源消費總量進行了統計分析。研究統計分析了中國的能源消費總量、能源消費結構、能源消費對外依存度、能源消費及能源效率的區域差異，為后面的分析打下堅實基礎。

其次，總結了目前不同的測算能源效率的方法，並對中國省際區域能源效率進行了測算。能源效率的測算方法包括參數效率測度方法和非參數效率評價方法。參數效率評價方法主要以隨機前沿分析（SFA）為代表；非參數效率評價方法主要是指採用DEA方法測算能源效率，包括傳統DEA方法對只有期望產出的能源效率測算以及DEA-SBM模型、超效率DEA方法等多種可用於處理非期望產出的不同的能源效率測算和評價方法。在此基礎上，本書採用超效率DEA模型對中國省際能源效率進行了測算分析。

第三，分析區域能源效率的影響因素。本書通過對區域能源效率的影響因素進行概述，分析整理了產業結構、能源價格、技術進步、對外貿易、經濟發展水平等因素對能源效率產生的影響。在已有研究成果的基礎上，本書將引入空間計量模型，考慮二氧化碳排放等非期望產出，採用超DEA模型估計出全國29個省（不含西藏、海南，重慶並入四川）的能源效率，並以地理加權迴歸模型實證檢驗技術進步對能源效率的空間溢出效應；同時，構建時變參數狀態空間模型，分析中國人均GDP和產業結構對能源效率的動態影響。

第四，在技術進步的條件下，實證分析基於技術進步的能源回彈效應。本書對能源回彈效應的研究現狀進行了深入的研究，並做出了詳細述評。同時，本書還介紹了能源回彈的相關理論，並運用LMDI方法，建立能源回彈的技術進步和產業結構調整的分解模型，對中國1978—2010年的時間序列對能源回彈效應進行估算，分析中國能源回彈的變動因素。

第五，對區域能源效率的收斂性的空間計量分析。本書總結了區域能源效率收斂性的基本理論，對比分析了傳統能源效率收斂機制和空間依賴視角下的能源效率收斂機制、能源效率收斂性的檢驗方法，並通過實證分析，檢驗了區域能源效率的空間相關性以及在空間視角下的中國區域能源效率的收斂性。

第六，以成渝經濟區為例，從地級市的視角對區域能源效率的差異進行實證分析。本書基於DEA方法，以成渝經濟區（重慶和四川省的15個市）作為研究對象，選擇了這些城市2013年度的相關投入和產出變量，對該區域能源

效率差異進行分析，並提出縮小能源效率差異的政策建議。

最后，結論與展望。對以上區域能源效率研究進行總結並得出結論，為提高能源效率和縮小區域間的能源效率差異提出了具有操作性和前瞻性的政策建議，並對區域能源效率和產業鏈一體化下的能源效率研究進行了展望。

本書的技術路線如圖 1-7 所示：

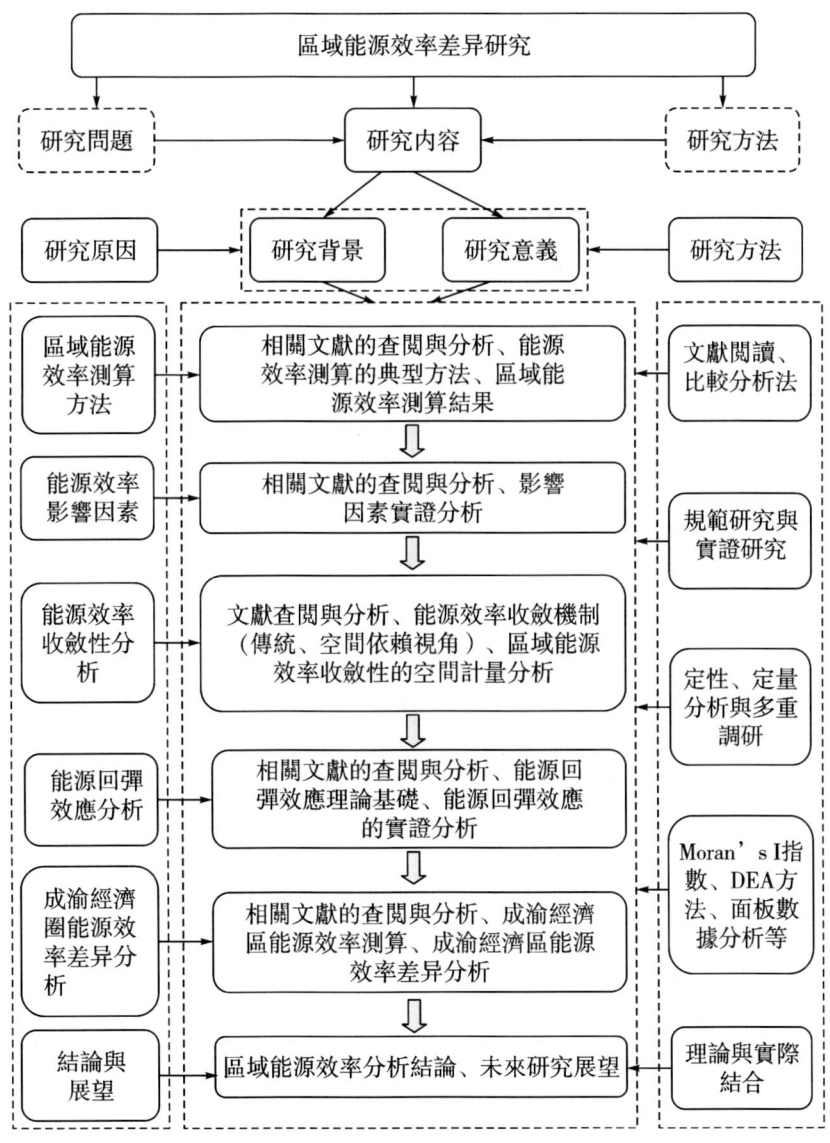

圖 1-7　技術路線圖

1.3.2 研究方法

本書以科學發展觀為指導，採用以下研究方法對區域能源效率差異進行了全方位、多層次、多視角的研究：第一，採用分散與集中、規範研究和實證研究相結合的方法，把中國區域劃分和圈層劃分相結合，深化經濟區一體化發展模式基本理論，並用超 DEA 模型、對數平均迪氏指數法（LMDI 方法）、IPAT 方程、層次分析法（AHP）、空間計量方法等對區域能源效率進行了有效的測算和分析，使項目的研究更具系統性、靈活性和真實性，能夠得到較為真實的估計結果和完備的理論體系。第二，採用定性、定量和多重調研相結合的方法，全面系統地考察了中國省、直轄市及自治州的能源效率，東、中、西部區域能源效率的差異及收斂性，並以成渝經濟區為例，從地級市的角度，對成渝經濟區城市發展一體化模式下能源效率的現狀及能源效率差異進行了分析。第三，採用比較研究的方法比較分析了省際能源效率的差異，全國中、東、西部能源效率的差異及收斂性，成渝經濟區內部各市的能源效率情況的異同。第四，採用理論與實際相結合的方法，以理論指導實踐，又以實踐豐富理論，從而使本書所提出的評價結果、指標體系、因素分析、發展模式和政策建議更加完善和切合實際，使提出的措施和方案更具有可操作性。

1.4 主要創新點

本書的創新點主要體現在以下幾個方面：

（1）採用非徑向、非角度的 SBM 方向性距離函數，並基於 SBM - Undesirable 模型改進了超效率 SBM 模型。在投入產出框架中，在產出要素中加入期望產出與非期望產出，其中非期望產出又分別選擇了二氧化碳排放量與二氧化硫排放量。大部分學者在測算全要素能源效率時只考慮了經濟產出，而沒有考慮能源消費帶來的環境污染。本研究解決了非期望產出的問題，並在三種不同情況下分別測算了省際能源超效率值。結果發現，在不考慮 SBM 有效的決策單元時，各省的能源效率均比不考慮非期望產出的 SBM 模型的效率值低，考慮二氧化硫非期望產出的 SBM 模型的效率值又高於考慮二氧化碳非期望產出的效率值。

（2）採用泰爾指數測算了考慮環境約束下省際能源效率差異與地區之間的能源效率差異。通過研究發現，環境約束下的省際全要素能源效率差異呈現

不斷減小的趨勢。在總差異中區域內的差異佔有絕對的比重，全要素能源效率的區域內差異構成了總體差異的主要部分。根據結果來看，在考慮了二氧化碳非期望產出的情況下，西部地區內部能源效率差異卻呈現出波動變化特徵，而中部地區及東部地區內部的能源效率差異不斷變小。雖然區域間的差異在總體差異的比重小於區域內差異，但區域間的差異卻在不斷增大。近年來，西部地區內部差異最大，中部地區次之，東部地區最小。

（3）充分考慮了地區間的空間相關性，在收斂性檢驗模型中加入空間權重，採用空間計量模型檢驗區域能源效率的收斂性特徵，彌補了傳統檢驗方法可能產生有偏迴歸結果的不足。現有關於區域能源效率收斂性問題的研究主要是借鑑傳統經濟增長收斂性研究方法，該方法的一個重要的假設條件是經濟體是相互獨立的。而事實上，地區之間的經濟交流、技術合作越來越頻繁，區域之間存在顯著的空間相關性。研究從空間經濟學的角度分析了區域能源效率的收斂機制，並在傳統的收斂性檢驗模型中加入了空間權重，採用空間誤差模型和空間滯后模型實證檢驗了東、中、西部三大區域的能源效率收斂性特徵。結果證明，與傳統收斂性檢驗結果相比較，考慮空間相關性后的區域能源效率收斂速度更快、收斂性特徵更加顯著，地區能源效率增長率不僅與該地區的能源效率初始水平負相關，還與相鄰地區能源效率增長率的誤差衝擊正相關。

（4）根據中國能源效率影響因素的實際情況，運用對數平均迪氏指數法（Logarithmic Mean Divisia Index，LMDI）將影響能源效率的因素分解為技術效應值和產業結構效應值，使技術進步從影響能源效率的因素中分解出來，進一步精確技術進步對能源效率的影響，解決了多數學者將能源效率的影響因素（產業結構調整、政府管制等其他影響因素）全部歸結為技術進步的問題，以此對中國1978—2010年的能源回彈效應進行估算和分析。結果發現：一方面，中國能源回彈效應一直存在，且整體呈上升的趨勢。這與國內部分學者的研究結論有所不同，20世紀80年代中國能源回彈效應平均值為21.57%，而2000年至今，中國能源回彈效應平均值為59.04%，明顯提高。另一方面，我們發現了各單獨年份和區間回彈效應值差異較大。20世紀80年代，中國能源回彈效應相對平穩，但個別年份的波動較大；20世紀90年代，中國能源回彈效應值總體保持在40%以內，且各單獨年份能源回彈效應值波動較小；2000年至今，中國能源回彈效應非常不平穩，各單獨年份波動較大，且個別年份出現「逆反效應」。

2 區域能源效率測算

能源是經濟運行中不可替代的生產要素之一，對經濟生產和發展起著重要的作用。改革開放以來，中國經濟總量快速增長，能源消費量也急遽增長，與此同時，各種各樣的能源問題日益暴露，且愈演愈烈，成為制約中國經濟可持續發展的重要問題。為緩解中國國內日益嚴峻的能源問題，探索出一種新的發展模式以實現經濟社會的可持續發展迫在眉睫。中國在哥本哈根大會上也曾向世界做出莊嚴承諾：到 2020 年，非化石能源占一次能源消費的比重達到 15% 左右；到 2020 年，單位 GDP 二氧化碳排放強度比 2005 年下降 40%～45%。在 2015 年召開的巴黎氣候大會上，中國再次提出上述兩個指標分別達到 20% 左右和 60%～65%。要實現上述目標，能源利用效率便是關鍵。在保障經濟增長的同時提升能源效率，是在環境約束下實現經濟增長方式轉變的重要途徑。為此，有必要對中國區域能源效率進行測度和分析，為提升能源效率奠定基礎。

2.1 研究現狀

2.1.1 能源效率評價

能源效率指用較少的能源生產同樣數量的服務或有用的產出，也就是單位能源投入所能夠帶來的經濟效益多少，根據不同分析框架中採取的投入與產出的數目，可以將能源效率劃分為單要素能源效率及全要素能源效率。

（1）單要素能源效率

早期在對能源效率相關研究中，學者們主要在單要素能源效率框架下定義能源效率，並採用能源強度和能源生產率這兩個指標來衡量能源效率，即單要素能源效率僅考慮了生產過程中的能源投入和有用產出。

由於研究起步時間較早，國內外學者對單要素能源效率的研究成果相對豐

富。對已有單要素能源效率研究文獻進行歸類總結，我們發現一部分學者是在單要素能源效率框架下定義的能源效率，並採用能源強度和能源生產率這兩個指標來衡量能源效率，如蔡昉和都陽（2000）、沈坤榮和馬俊（2001）以及林毅夫和劉培林（2003）、鄒豔芬和陸宇海（2005）、史丹（2006）、王玉燕等（2013）、李夢蘊等（2014）等。然而，這種能源效率衡量方法的一個重要假設是經濟生產只採用能源這一種生存要素，但這並不符合實際情況。事實上，勞動力、資本、能源等都是經濟生產重要的生產要素，僅採用能源強度和能源生產率測算能源效率，忽略了要素之間的替代作用，誇大了真實的能源效率。Hu 和 Wang（2006）充分考慮了勞動力、資本、能源要素投入，在全要素能源效率框架下，重新定義了能源效率，並提出採用數據包絡分析（DEA）方法計算全要素能源效率。隨後，部分學者認同這種定義方法，並將其運用於中國區域能源效率的測算中，如魏楚和沈滿洪（2007）、李國璋和霍宗杰（2010）、孫廣生等（2011）、陳德敏等（2012）、王兆華等（2013）、潘雄鋒等（2014）等。

另一部分學者採用單要素能源效率進行了更細緻的研究，研究內容主要包括：單要素能源效率與經濟增長的關係（史丹和張金隆，2003；董利，2008；曾勝等，2009）、單要素能源效率在不同國家、不同行業、不同區域之間的比較（楊紅亮和史丹，2008）以及單要素能源效率的影響因素（國涓等，2009；陳曉玲等，2015；張勇和蒲勇健，2015）。董利（2008）針對 1998—2004 年中國 30 個省區，分析了其單要素能源效率變化趨勢，研究發現中國單要素能源效率與經濟發展之間符合 U 形曲線特徵，並發現在國內的政治經濟體制和發展模式的影響下，在人均 GDP 較低的水平上出現了中國單要素能源效率的拐點。劉建（2013）主要對單要素能源效率的影響因素進行了分析，並且比較了不同地區間的單要素能源效率，發現產業結構等因素是單要素能源效率的重要影響因素。中國的能源效率仍與發達國家有一定差距，國內經濟發展較快的地區能源效率也較高。

通過這些文獻不難發現，單要素能源效率指標計算簡單，測算國與國之間、行業與行業之間的單要素能源效率，更利於進行差異對比。但單要素能源效率很多的測量指標都難以體現效率的因素，大多只反映了指標值大小的變化，而且單要素能源效率只是在測量能源投入與產出之間一個比例，忽略了影響產出的勞動、資本等其他投入要素，這明顯不符合實際情況。

（2）全要素能源效率

由於單要素能源效率研究方法存在一些不足，一部分學者們開始採用全要素能源效率評價方法來測算能源效率。

最早提出全要素能源效率的是 Hu 和 Wang（2006），他們重新定義了能源效率，使產出能夠在給定條件的投入要素下實現最大，或者使投入在一定水平的產出要素下實現最小。楊紅亮和史丹（2008）以 2005 年中國各地區的能源效率為研究對象，分別採用一種單要素方法和三種全要素方法對能源效率進行了測算，之後再對其進行比較分析，發現全要素方法相較於單要素方法能夠更好地反映一個地區中要素稟賦結構對能源效率的影響。單要素能源效率與全要素能源效率的比較如表 2-1 所示。總的來說，單要素能源效率最大的優勢就是在計算能源效率時更簡單，但是卻沒有考慮到其他投入要素對產出的影響，以及這些投入要素之間的相互影響。這些投入要素不僅有能源，還有勞動力與資本。全要素能源效率卻更加全面地反映了各個投入要素一起對產出要素的影響，更接近真實值。

表 2-1　　單要素能源效率與全要素能源效率的比較

類別	單要素能源效率	全要素能源效率
概念	能源投入與經濟產出的比值	能源、勞動力、資本等多元投入與經濟產出之間的關係
比較標準	單一投入指標（如能源消費）	多種投入指標綜合（如勞動力、資本、能源消費）
量綱有否	有，由投入產出指標的單位決定	無
優點	計算簡單	沒有忽略其他投入要素在生產中的利用程度，更靠近真實值
缺點	沒有考慮其他要素的影響，與現實生產環境有差，未體現真實變化的能源效率	指標選取的方法與指標的計算方法決定了計算結果，且計算繁瑣

國內外很多學者針對全要素能源效率的相關內容做過大量的研究，主要的思路是：通過測度樣本點相對於生產前沿面的距離來進行相對效率比較。這些方法主要包括了參數效率評價方法和非參數效率評價方法。參數效率評價方法主要以隨機前沿分析（Stochastic Frontier Analysis，SFA）為代表，而非參數效率評價法主要以數據包絡分析（Data Envelope Analysis，DEA）為代表。

一部分學者運用 SFA 方法對全要素能源效率進行了研究。Iglesias 等（2010）在研究風力發電廠的全要素能源效率時採用 SFA 方法，得到結果之後，與單要素能源效率的評估結果進行了對比分析。史丹等（2008）以生產函數為基礎，採用隨機前沿生產函數（SFA）對區域全要素能源效率進行了測算。趙金樓等（2013）採用 SFA 方法對中國 29 個省（市和自治區）1980—

2010 年的能源效率進行了測算，並分析了地區差異及影響因素，發現能源效率地區差異明顯。劉劍鋒（2015）採用 SFA 方法研究了 2002 年到 2013 年中國 28 個省份的全要素能源效率及其影響因素，發現在這些影響因素中農業產值比例與能源效率值呈相同方向的變化，而工業產值的比例與能源效率值呈相反方向的變化，同時，金融發展對能源效率產生了負向的影響。

採用 SFA 方法測算能源效率需要先明確生產函數的具體形式，各個省份的生產函數形式千變萬化，這使得研究的計算量大，且並不準確。而 DEA 方法需要測算生產函數的要素參數，採用非參數的方法測算能源效率，測算過程更加簡單，能夠較快得出效率值。因此，相較於 SFA 方法，大部分學者採用了數據包絡分析（DEA）方法對全要素能源效率進行研究。DEA 由 Farrell（1957）提出，在 Charnes 等（1978）的研究中得到了發展。隨後，部分學者在能源效率的測算中都採用了 DEA 方法，如 Hu 和 Wang（2006）、Honma 和 Hu（2009）、魏楚和沈滿洪（2007）、孫廣生等（2012）、範秋芳（2014）、李旭等（2015）等。還有一部分學者（師博和沈坤榮，2008；張子龍等，2015）採用超效率 DEA 的方法研究了全要素能源效率。與傳統 DEA 模型相比，超效率 DEA 允許有效決策單元的效率值大於等於 1，這樣可以對效率最優單元進行深入比較。

隨著研究的進一步深化，考慮到環境因素，一部分學者（吳軍等，2010；葉祥松和彭良燕，2011；王兵等，2010；Li 和 Hu，2012；範丹和王維國，2013；馮博等，2014；吳文潔和鞏芯儀，2015）將環境污染物納入生產模型來測度全要素能源效率，將污染物作為非期望產出，這種測量方法綜合考慮了產出增加和污染減少。Tone（2010、2013）最早提出了 SBM 模型與包含非期望產出的 SBM 模型來測量全要素能源效率。劉心和李淑敏（2015）以 2012 年中國 28 個省份為研究對象，採用包含非期望產出的 SBM 模型測算全要素能源效率，研究發現考慮了非期望產出的能源效率值要低於沒有考慮非期望產出的能源效率值，同時環境污染變量對中西部地區的影響比對東部地區更為顯著。李博等（2016）同樣也運用了考慮非期望產出的 SBM 模型對中國資源型城市全要素能源效率進行了研究，結果表明大多城市能源效率非有效，而且差異明顯。

2.1.2 全要素能源效率測度指標研究

在進行全要素能源效率測算時，指標選擇是很重要的一個步驟，不同的投入產出指標對同一研究對象的研究結果存在很大的差距。根據在選擇投入要素

和產出要素時數目的不同，全要素能源效率測算指標被分為：多種投入一種產出的全要素能源效率指標和多種投入多種產出的全要素能源效率指標。在早期研究中，國內外大多數學者選擇多種投入一種產出的全要素能源效率指標測算全要素能源效率測算指標。其投入要素一般為能源、資本和勞動力投入，產出要素大多為經濟產出即地區生產總值（GDP）。如孫廣生等（2012）研究中國29個省、市、自治區的能源效率時，以能源消費量、就業人員數、資本存量作為投入指標，以各地區生產總值作為總產出指標，分析中國各地區的全要素能源效率及其影響因素的變化情況。Honma 和 Hu（2008）選擇了14個投入指標來測算日本區域全要素能源效率時，而只選擇了日本的國內生產總值這一種指標作為產出要素。

多種投入多種產出的全要素能源效率指標是指在投入產出框架中，在多種投入要素的同時不止一種產出。我們都知道，在實際的生產過程中，除了我們所期望產生的一系列產品，還有一些「壞」的產出，這些產品被稱為非期望產出（undesirable outputs）。近年來，隨著能源與環境問題的加重，一部分學者將環境污染物作為非期望產出指標，以此更科學地測算能源效率。王兆華和豐超（2015）在測算中國省際全要素能源效率時，投入要素選取了能源消費總量、勞動力、資本存量，期望產出選擇了地區生產總值，同時將環境污染排放量和溫室氣體排放量作為非期望產出。劉心和李淑敏（2015）選擇了同樣的投入指標和期望產出指標，但在選擇非期望產出指標時，把幾種形態的環境污染物處理為一個綜合的產出指標，視為綜合的非期望產出指標。李榮杰等（2016）在選擇投入指標時同樣選擇了能源消費、就業人口數、資本存量，同時，他們把國內生產總值和二氧化碳排放量作為期望產出和非期望產出指標，測算了分區域的全要素能源效率。不難看出，將非期望產出納入全要素能源效率的測度已逐漸成為普遍採用的測算思路。

2.1.3 全要素能源效率差異性研究

國內外學者對全要素能源效率的差異性也做了大量的研究，包括國家與國家之間、地區與地區之間的差異等。國外研究中，Sun（2002）採用了平均方差的方法來衡量1971—1992年OECD國家中給定組內或組間的能源效率差異，發現OECD國家間的能源效率差異呈現不斷減小的趨勢。Cornillie 和 Fankhauser（2004）通過對各個國家能源效率進行研究，發現在轉型過程中的國家能源效率有所下降，但是各國或地區的進展程度卻是不一樣的，大多數轉型國家的能源效率比西方國家高。國內研究中，王玉燕和林漢川（2013）為

了得到西部能源消費的洛倫茲曲線，考察了西部地區各省市的地區生產總值在西部地區生產總值的比重與各省能源消費量在西部能源消費的累計比重之間的關係，然后比較了洛倫茲曲線與絕對公平線，發現西部能源配置有所偏離，配置方式需要改善。範丹和王維國（2013）利用 SBM 模型測算了中國各省份的全要素能源效率，然后採用變異系數針對全要素能源效率的差異進行了分析。張豔東和趙濤（2015）採用泰爾指數對中國能源消費的區域差異進行了研究，把整體差異分解成了區域間與區域內部差異，發現採用中、東、西三地區分法和根據富裕度分區兩種方式下的差異結果不同，採用三地區分法時能源消費差異主要來自區域內差異；根據富裕度分區時，區域間差異則占主導地位。

從方法上來看，衡量能源效率差異的方法主要參考了測算經濟差異或收入差異的方法，包括變異系數（Coefficient of Variation）、GINI 系數、Theil 指數、洛倫茲曲線等。其中，運用泰爾指數研究省際差異問題可以比較不同區域內部存在的差異。泰爾指數（Theil 指數）可以將總體的差異分解成組合間及組合內部差異，並在進行差異研究時得到了充分運用。除此之外，泰爾指數還能通過計算組合間、組合內差異變化在總體差異中所占的比重，反映不同差異對總體差異的貢獻。

2.1.4 研究評述

綜上所述，國內外學者對省際能源效率進行了深入的研究，理論較為豐富，為研究奠定了基礎，同時也存在一些不足。

（1）大部分學者對全要素能源效率進行研究時主要採用了傳統的 DEA 模型。傳統的 DEA 模型是徑向的、角度的。當出現投入過度或產出不足，也就是存在鬆弛量時，DEA 測算的效率值不夠準確。這是因為徑向的 DEA 效率會過高估計測算決策單元的相對效率，而角度的 DEA 效率評價要選擇是基於投入導向還是產出導向的角度來測算效率值，測算的效率值都存在一定的偏差。同時，在傳統 DEA 效率測算方法中，效率最優單元的效率值最大為 1，多個決策單元可能同時處於前沿面。因此，效率最優單元之間無法進行比較。

（2）在考慮非期望產出時，大多數學者選擇一種污染物指標或多種污染物指標作為環境污染的替代變量，較少有文獻針對不同非期望產出對全要素能源效率的關係進行比較研究。

（3）採用單一的方法對能源效率差異進行測算，無法辨別測算能源效率差異的最優方法。

因此，本章將從以下幾點進行拓展研究：

（1）將環境污染作為壞產出納入研究框架，在超效率 SBM 模型中加入非期望產出，用考慮了非期望產出的超效率 SBM 模型測算中國各省的全要素能源效率。

（2）將不同的環境污染物作為在非期望產出指標，再分別比較不同污染物條件下的省際全要素能源效率。

（3）採用多種指標測算能源效率差異，利用泰爾指數，對比分析省際全要素能源效率差異、區域間能源效率以及區域內部能源效率差異。

2.2 非期望產出效率評價方法：SBM 模型

2.2.1 傳統 DEA 模型

Hu 和 Wang（2006）充分考慮了勞動力、資本、能源要素投入，在全要素能源效率框架下，重新定義了能源效率。全要素能源效率的研究方法主要包括了隨機前沿分析法（Stochastic Frontier Analysis，SFA）與數據包絡法（Data Envelopment Analysis，DEA）。

DEA 方法最早是由 Farrell（1957）提出的，此方法是基於相對效率的多投入多產出分析法。DEA 估計生產前沿面的方法是通過實際的觀測樣本構建一個非參數線性凸面，並以此凸面來計算生產前沿面。隨后，Charnes 等（1978）在此基礎上提出了規模報酬不變（CRS）的 DEA 模型，該模型得到了進一步的關注和發展。后來，Banker 等（1984）在他們基礎上又提出了基於可變規模報酬（VRS）的 DEA 模型。近年來，測量能源效率已被確定為 DEA 的一個重要的應用領域。

DEA 是一種使用數學規劃（包括線性規劃、多目標規劃、半無限規劃等）的模型，評價具有多個輸出，特別是多個輸出「部門」或「單位」（決策單元，DMU）間的相對有效性，即首先確定相對有效的生產前沿面，然后通過計算決策單元對 DEA 前沿面的偏離程度來測算它們的相對效率值。如果決策單元在效率前沿面上，則被稱為有效單元，如果決策單元沒有在效率前沿面上，則被稱為無效單元。

假定生產系統有 n 個決策單單元，在每個決策單元中產出有 S 種，投入有 m 種，則 DEA 模型如（2-1）所示：

$$\underset{\theta,\lambda}{Min}\theta \qquad (2-1)$$

$$S.T. \begin{cases} -y_i + \sum_{i=1}^{n} Y_i \lambda_i \geq 0 \\ \theta x_i - \sum_{i=1}^{n} X_i \lambda_i \geq 0 \\ \lambda \geq 0 \end{cases}$$

其中 θ 為標量，λ 是一個 $N \times 1$ 的常向量，解出來的 θ 值即為 DMU_i 的效率值，一般有 $\theta \leq 1$，如果 $\theta = 1$ 則意味著該單元是技術有效的，且位於前沿上。這就是在規模報酬不變（CRS）條件下的效率模型，因此式（2-1）被稱為 CCR 模型。

除了 CCR 模型以外，還有基於可變規模報酬（VRS）假設的 DEA 模型，也就是指在方程中添加約束條件 $\sum_{i=1}^{n} \lambda_i = 1$，因此式（2-2）被稱作 BCC 模型。但是，Fare 和 Lovell（1978）認為在 VRS 假設下，基於投入法和產出法所計算的效率是不一樣的。

$$\underset{\theta,\lambda}{Min}\theta \qquad (2-2)$$

$$S.T. \begin{cases} -y_i + \sum_{i=1}^{n} Y_i \lambda_i \geq 0 \\ \theta x_i - \sum_{i=1}^{n} X_i \lambda_i \geq 0 \\ \sum_{i=1}^{n} \lambda_i = 1 \\ \lambda \geq 0 \end{cases}$$

上述的經典 DEA 模型都存在這樣一個基本假設，在一定的條件下以最小的投入生產足夠多的產出。但是在實際生產過程卻不是這樣的，其中很多不是我們所期望生產的產品，被稱為「非期望產出」。傳統的 DEA 模型沒有考慮到在生產過程中的非期望產出，它同樣把我們希望減少的非期望產出看成期望產出使之增加，因而不能真實地反映能源效率的值。

2.2.2 SBM-Undesirable 模型

傳統 DEA 模型並不能處理包含非期望產出的能源效率問題，它們大都是從角度和徑向兩方面來評價效率，角度指的是按照投入主導型或產出主導型對效率進行評價，而徑向指的是投入和產出按照一定比例來測算效率。但是在生

產過程中存在投入冗餘或產出不足的現象，不能考慮「鬆弛量」對效率評價的影響。如果不把這些鬆弛性問題考慮在內，得到的效率值將是不準確的。

Tone（2001）提出了 SBM（slack-based model）模型，這是一個基於鬆弛測度的 DEA 模型，SBM 模型把直接鬆弛變量加入到了目標函數中。假定生產系統中有 n 個決策單元，每個決策單元中有投入與產出兩個向量，兩個向量表示成 $X = (x_{ij}) \in R^{m \times n}$ 和 $Y = (y_{ij}) \in R^{s \times n}$；其中 $X > 0$，$Y > 0$。可以定義生產可能集 P，如式（2-3）：

$$P = \{(x, y) | x \geq X\lambda, y \leq Y\lambda, \lambda \geq 0\} \quad (2-3)$$

λ 是一個非負的向量。可以定義決策單元 (x_o, y_0) 的表達式，如式（2-4）：

$$\begin{cases} x_o = X\lambda + S^- \\ Y_o = Y\lambda - S^+ \end{cases} \quad (2-4)$$

其中，$\lambda \geq 0$，$S^- \geq 0$，$S^+ \geq 0$，它們分別表示投入冗餘或產出不足，也就是投入與產出的鬆弛量。在 $X > 0$，$\lambda > 0$ 時，$x_o \geq s^-$。通過鬆弛量，我們可以定義指數 ρ 的計算公式，如式（2-5），ρ 滿足單元的不變單調性，並且 $0 < \rho \leq 1$。

$$\rho = \frac{1 - \frac{1}{m} \sum_{i=1}^{m} \frac{s_i^-}{x_{io}}}{1 + \frac{1}{S} \sum_{r=1}^{s} \frac{s_r^+}{y_{ro}}} \quad (2-5)$$

為了測算每個決策單元的效率，Tone 提出了 SBM 模型，即式（2-6）。

$$\rho^* = \min \frac{1 - \frac{1}{m} \sum_{i=1}^{m} \frac{s_i^-}{x_{io}}}{1 + \frac{1}{S} \sum_{r=1}^{s} \frac{s_r^+}{y_{ro}}} \quad (2-6)$$

$$\text{S.T.} \begin{cases} x_o = X\lambda + S^- \\ Y_o = Y\lambda - S^+ \\ \lambda \geq 0, S^- \geq 0, S^+ \geq 0 \end{cases}$$

隨后，Tone（2003）又提出了處理非期望產出的 SBM 模型，把產出要素分為了期望產出與非期望產出。假定生產系統中有 n 個決策單元，每個決策單元中包括了投入、期望產出和非期望產出這三個向量，投入、期望產出和非期望產出分別表示成 $x \in R^m$，$y^g \in R^{S_1}$，$y^b \in R^{S_2}$；可以定義矩陣如 X，Y^g，Y^b，即 $X = (x_{ij}) \in R^{m \times n}$，$Y^g = (y_{ij}) \in R^{s_1 \times n}$，$Y^b = (y_{ij}) \in R^{s_2 \times n}$，其中 $X > 0$，$Y^g > 0$，$Y^b > 0$。

為了更加符合實際生產中期望產出和非期望產出一起生產的情況，Fare 等人提出了關於生產可能集的兩個假設。

假設1：產出弱可自由處置性。如 $(x, y^g, y^b) \in T$ 且 $0 \leq \theta \leq 1$，那麼 $(x, \theta y^g, \theta y^b) \in T$。

假設2：期望與非期望產出空連接。如：$(x, y^g, y^b) \in T$，若 $y^g = 0$，則 $y^b = 0$。

基於以上兩個假設，可以定義生產可能集 P，如式 (2-7)：

$$P = \{(x, y^g, y^b) | x \geq X\lambda, y^g \leq Y^g\lambda, y^b \geq Y^b\lambda, \lambda \geq 0\} \quad (2-7)$$

$\lambda \in R^n$ 是常數向量，表示每個 DMU 的權重。

依照 Tone 提出的 SBM 模型的處理辦法，非期望產出 SBM 模型如式 (2-8) 所示：

$$\rho^* = \min \frac{1 - \frac{1}{m}\sum_{i=1}^{m}\frac{s_i^-}{x_{io}}}{1 + \frac{1}{s_1+s_2}(\sum_{r=1}^{s_1}\frac{s_r^g}{y_{ro}^g} + \sum_{r=1}^{s_2}\frac{s_r^b}{y_{ro}^b})} \quad (2-8)$$

$$\text{S.T.} \begin{cases} x_o = X\lambda + s^- \\ y_o^g = Y^g\lambda - s^g \\ y_o^b = Y^b\lambda + s^b \\ \lambda \geq 0, s^- \geq 0, s^g \geq 0, s^b \geq 0 \end{cases}$$

其中，每個決策單元有 m 個投入，有 S_1 個期望產出，S_2 個非期望產出，投入、期望產出、非期望產出的鬆弛量分別用 S^-，S^g，S^b 表示，λ 是權重向量。目標函數 ρ 是關於 S^-，S^g，S^b 嚴格遞減的，並且 $0 \leq \rho \leq 1$。

對於待估決策單元，當且僅當 $\rho^* = 1$，即 $S^- = 0$，$S^g = 0$，$S^b = 0$ 時，該決策單元是有效的。當 $0 \leq \rho^* \leq 1$ 時，即 S^-，S^g，S^b 三者中存在至少有一個不等於零時，表示被評價單元是非有效的評價單元。

2.2.3　包含非期望產出的超效率 SBM 模型

我們知道，一部分學者在進行能源效率測算時運用了超 DEA 模型，使得效率值更加準確，便於比較。傳統 DEA 效率測算方法已經無法滿足研究的需求。這是由於在 DEA 效率測算方法中，效率最優單元的效率值最高僅為 1，效率最優單元之間無法進行比較。Tone（2002）在 SBM 的基礎上提出了超效率 SBM 模型，用於評價 SBM 有效的決策單元，彌補了不能將所有決策單元效率值計算出來的缺點。

在 SBM 決策單位有效的前提下進行討論。用 (X, Y) 可去除點 (x_o, y_o)。定義生產可能集 P，如式（2-9）：

$$P \setminus (x_o, y_o) = \{(\bar{x}, \bar{y}) | \bar{x} \geq X\lambda, \bar{y} \leq Y\lambda, \bar{y} \geq 0, \lambda \geq 0\} \quad (2\text{-}9)$$

同時，定義 $\bar{P} \setminus (x_o, y_o)$ 為 $P \setminus (x_o, y_o)$ 的子集，如式（2-10）。假設 $X > 0, \lambda > 0, \bar{P} \setminus (x_o, y_o)$ 非空。

$$\bar{P} \setminus (x_o, y_o) = P \setminus (x_o, y_o) = \cap \{\bar{x} \geq x_o \text{ and } \bar{y} \leq y_o\} \quad (2\text{-}10)$$

則式（2-11）為超效率 SBM 模型：

$$\delta^* = \min \frac{\frac{1}{m} \sum_{i=1}^{m} \frac{\bar{x}}{x_{io}}}{\frac{1}{s} \sum_{r=1}^{s} \frac{\bar{y}_r}{y_{ro}^g}} \quad (2\text{-}11)$$

$$\text{S.T.} \begin{cases} \bar{x} \geq X\lambda \\ \bar{y} \leq Y\lambda \\ \bar{x} \geq x_0 \text{ and } \bar{y} \leq y_0, \\ \bar{y} \geq 0, \lambda \geq 0 \end{cases}$$

Tone（2002）所提出的超效率評價模型是在原本 SBM 的基礎上進行再評價的，也就是採用超效率 SBM 對 SBM 中有效的 DMU 再進行測算。正如我們前面所探討的一樣，環境與能源的矛盾日益突出，考慮能源問題不得不考慮環境問題。在現實的生產過程中，都會有大量的污染物產生，不管是廢氣廢水，還是固體污染物。因此，在效率評價模型中我們都不得不考慮到這些「壞」產出。上面也提到，Tone（2003）提出了一個解決非期望產出的 SBM 效率評價模型，在產出中包括了兩部分，期望產出與非期望產出。

考慮環境因素，將環境污染作為非期望產出加入到投入產出框架中。借鑑將非期望產出引入 SBM 模型的方法，將非期望產出引入超效率 SBM 模型中。

用 (X, Y) 可去除點 x_o, y_o^g, y_o^b 定義生產可能集 $P' \setminus (x_o, y_o^g, y_o^b)$，如式（2-12）。

$$P' \setminus (x_o, y_o^g, y_o^b) = \{(\bar{x}, \bar{y}^g, \bar{y}^b) | \bar{x} \geq X\lambda, \bar{y}^g \leq Y^g\lambda, \bar{y}^b \geq Y^b\lambda, \bar{y} \geq 0, \lambda \geq 0\} \quad (2\text{-}12)$$

同樣，可以定義 $\bar{P}' \setminus (x_o, y_o^g, y_o^b)$ 為 $P' \setminus (x_o, y_o^g, y_o^b)$ 的子集，如式（2-13）所示。假設 $X > 0, \lambda > 0, \bar{P}' \setminus (x_o, y_o^g, y_o^b)$ 非空。

$$\bar{P}' \setminus (x_o, y_o) = P \setminus (x_o, y_o) = \cap \{\bar{x} \geq x_o \text{ and } \bar{y} \leq y_o\} \quad (2\text{-}13)$$

則把非期望產出加入到 SBM 模型中的超效率 SBM 模型公式如式（2-14）

所示：

$$\alpha^* = \min \frac{\frac{1}{m}\sum_{i=1}^{m}\frac{\overline{x}}{x_{io}}}{1+\frac{1}{s_1+s_2}(\sum_{r=1}^{s_1}\frac{s_r^g}{y_{ro}^g}+\sum_{r=1}^{s_2}\frac{s_r^b}{y_{ro}^b})} \quad (2-14)$$

$$S.T. \begin{cases} \overline{x} \geq X\lambda \\ \overline{y^g} \leq Y^g\lambda \\ \overline{y^b} \geq Y^b\lambda \\ \overline{x} \geq x_0, \overline{y^g} \leq y_0, \overline{y^b} \geq y_0^b, \lambda > 0 \end{cases}$$

因此，之前的模型改進了包含了非期望產出的超效率 SBM 模型，採用此模型計算省際全要素能源效率值，得到更加靠近真實值的結果，並且比較在不同產出物對省際全要素能源效率值的影響，以此來分析在考慮環境約束下的省際全要素能源效率差異。

2.3 省際全要素能源效率測算

2.3.1 變量及數據選取

以省際全要素能源效率為研究對象，我們測算中國 29 個省份（包括省、直轄市、自治區）的 1994—2014 年的全要素能源效率。由於西藏數據難以搜集，因此這裡剔除了西藏數據。重慶市的數據並入四川省的數據。

採用包含非期望產出的超效率 SBM 模型測算考慮非期望產出的全要素能源效率值，分別選擇投入要素和產出要素。其中，投入要素包括了能源、人力、資本要素，一般選擇變量為勞動力、資本存量、能源消費量；產出要素包括期望產出與非期望產出，期望產出變量選擇各省份的實際地區生產總值，非期望產出變量選擇二氧化硫排放量與二氧化碳排放量。

具體的指標選取和數據處理如下：

（1）能源：用各省份的能源消費總量來表示。數據來源於 WIND 數據庫，單位為萬噸標準煤。

（2）勞動力：用當年就業人數來表示。當年就業人數＝（年初就業人數＋年末就業人數）/2。數據來源於 1995—2015 年《中國統計年鑒》。

（3）資本：用資本存量來表示。由於統計年鑒中並沒有資本存量的數據，

需要根據給定的相關數據進行計算。一般採用永續盤存法來估算資本存量,主要參考了張軍等(2004)資本存量計算式子中各變量的指標選取方法,$K_{i,t}$ 為地區 i 第 t 年的資本存量,$I_{i,t}$ 是地區 i 第 t 年的投資額,採用當年的固定資產形成總額衡量。初始資本存量為各省份 1952 年的固定資本形成總額除以 10%。具體計算式子如(2-15):

$$K_{i,t} = K_{i,t-1}(1-\delta_{i,t}) + I_{i,t} \qquad (2-15)$$

其中,i 表示第 i 個省份,t 表示第 t 期。固定資本形成總額以及固定資產投資價格指數來源於 1995 年到 2015 年的地區統計年鑒。

(4)期望產出:用地區生產總值來表示。數據來源於 WIND 數據庫,並將名義地區生產總值轉換成實際地區生產總值。

(5)非期望產出

根據目前環境污染中大家較為關注的空氣污染,此處選擇煤炭消費主要可能產生的兩種氣體污染物:二氧化硫及二氧化碳。

第一,用二氧化硫排放量來表示。二氧化硫排放量的數據直接可以從統計年鑒中獲得,數據來源於 1995—2015 年《中國統計年鑒》。

第二,用二氧化碳排放量來表示。二氧化碳排放量數據不能直接獲得,借鑑其他學者的二氧化碳排放量計算方法,用能源消耗乘以與之相對應的碳排放系數,即:

$$CO_2 = \sum_{i=1}^{6} CO_{2i} \qquad (2-16)$$

此處選擇了包括天然氣、煤炭、煤油、燃料油、汽油、柴油在內的六種能源的碳排放系數計算各省市的二氧化碳排放量。其中,i 表示第 i 種能源,E_i 表示第 i 種能源的消耗量,α_i 表示第 i 種能源的碳排放系數,排放系數主要 IPCC 提供的數據,單位為萬噸,六種能源的碳排放系數分別為 0.447,9KgC/Kgce、0.755,2KgC/Kgce、0.573,7KgC/Kgce、0.617,6KgC/Kgce、0.553,2KgC/Kgce、0.591,3KgC/Kgce。

2.3.2 省際能源效率測算結果

收集整理投入要素(勞動力投入、資本存量、能量消費)與產出要素(實際地區生產總值、二氧化硫排放量、二氧化碳量)各省份相關年份數據,這些指標體系的描述性統計分析見表 2-2。

表 2-2　　1994—2014 年各地區投入與產出變量的描述性統計

	勞動力投入（萬人）	資本存量（億元）	能源消費（萬噸標準煤）	地區 GDP（億元）	二氧化硫排放量	二氧化碳排放量
Mean	3,067.948	33,336.63	14,598.38	12,546.44	63.691,90	3.062,381
Median	2,788.500	27,795.10	12,011.00	10,317.41	58.380,00	2.570,000
Maximum	6,593.450	88,929.39	36,511.00	37,727.99	159.020,0	8.830,000
Minimum	316.500,0	5,638.535	1,820.000	875.670,0	3.260,000	0.490,000
Std. Dev.	1,891.123	23,598.72	8,794.409	10,574.87	34.513,93	2.007,089

為了對比不同產出物下的能源效率值，利用超效率 SBM 模型計算三種不同情況下各省市地區的能源效率值。三種情況分別為不考慮非期望產出、考慮二氧化硫非期望產出及考慮二氧化碳非期望產出。基於投入導向的規模報酬可變的超效率 SBM 模型，我們運用 Max DEA 軟件對中國 29 個省市全要素能源效率的三種不同情況進行了測算，結果如表 2-3、表 2-4、表 2-5 所示。同時，需要說明的是通過計算得出的能源效率只是一個相對指標，如果一個省份處於效率生產前沿面，這說明這個省份在一定程度上相較於其他省份占優，還是有機會減少污染物排放的。

表 2-3　　中國 29 個省份部分年份不考慮非期望產出的 SBM 效率值

年份 地區	1996	1999	2002	2005	2008	2011	2014
北京	0.667,06	0.672,71	0.680,26	0.648,22	0.656,07	0.659,59	0.740,65
天津	0.788,03	0.819,25	0.872,72	1.003,27	0.877,12	0.836,1	1.014,61
河北	0.546,85	0.542,09	0.521,66	0.531,98	0.524,64	0.532,08	0.503,65
山西	0.408,51	0.408,07	0.411,56	0.426,73	0.410,33	0.398,92	0.399,78
內蒙古	0.516,93	0.506,18	0.542,8	0.559,15	0.571,42	0.537,63	0.499,35
遼寧	1.035,25	1.083,67	1.109,44	1.117,92	1.077,07	1.112,89	0.735,75
吉林	0.564,55	0.630,93	0.648,43	0.659,51	0.62	0.646,3	0.613,44
黑龍江	0.639,2	0.635,72	0.738,57	0.772,3	0.760,32	0.780,93	0.649,45
上海	1.232,07	1.253,38	1.299,31	1.277,66	1.286,78	1.254,95	1.223,15
江蘇	0.736,3	0.782,35	0.816,22	0.800,27	0.839,11	1.018,42	1.042,37
浙江	0.847,29	0.841,5	0.786,88	0.797,84	0.794,63	0.813,7	0.797,72
安徽	1.009,22	1.031,53	1.053,75	1.099,75	1.107,63	1.144,75	0.640,05
福建	1.147,31	1.134,71	1.058,59	1.031,04	1.011,86	1.007,93	0.736,23

表2-3(續)

年份 地區	1996	1999	2002	2005	2008	2011	2014
江西	0.594,05	0.608,53	0.614,49	0.581,26	0.578,73	0.604,4	0.593,19
山東	0.604,98	0.632,83	0.570,2	0.570,98	0.584,34	0.605,56	0.663,48
河南	0.516,99	0.487,6	0.498,94	0.486,01	0.464,21	0.457,49	0.443,78
湖北	0.812	0.677,35	0.665,37	0.641,36	0.640,63	0.674,97	0.580,21
湖南	0.531,19	0.604,25	0.636,45	0.594,47	0.595,1	0.607,92	0.533,05
廣東	1.357,26	1.289,42	1.253,09	1.276,46	1.235,03	1.212,01	1.112,76
廣西	0.662,14	0.649,13	0.683,71	0.644,36	0.611,46	0.567,04	0.560,58
海南	1.601,55	1.541,93	1.501,25	1.637,96	1.632,38	1.611,74	1.681,81
四川	0.487,15	0.567,14	0.572,02	0.556,56	0.589,52	0.660,56	0.800,55
貴州	0.433,55	0.415,99	0.385,51	0.390,24	0.412,26	0.446,79	0.444,28
雲南	1.256,43	1.176,94	1.168,49	1.155,8	1.146,54	1.103,22	0.467,99
陝西	0.415,55	0.494,48	0.511,83	0.504,04	0.517,63	0.543,45	0.518,35
甘肅	0.321,99	0.321,44	0.341,63	0.342,64	0.338,84	0.353,41	0.471,79
青海	1.091,61	0.949,31	1.054,04	1.060,29	1.078,4	1.109,5	1.097,7
寧夏	1.028,64	1.057,5	1.039,25	1.011,09	0.869,99	0.846,55	1.043,11
新疆	0.535,32	0.529,92	0.533,07	0.514,36	0.501,21	0.492,3	0.424,35

表2-4　中國29個省份部分年份考慮二氧化硫非期望產出的SBM效率值

年份 地區	1996	1999	2002	2005	2008	2011	2014
北京	0.636,86	0.629,95	1.084,81	1.101,24	1.226,87	1	1
天津	0.665,91	0.715,55	0.783,52	0.842,98	0.811,31	0.774,95	0.755,66
河北	0.540,84	0.537,43	0.511,32	0.521,92	0.514,75	0.521,75	0.495,06
山西	0.379,33	0.382,21	0.376,33	0.393,7	0.379,36	0.372,46	0.343,6
內蒙古	0.473,53	0.465,74	0.492,5	0.512,22	0.540,21	0.506,93	0.453,92
遼寧	1.030,43	1.070,47	1.104,37	1.108,91	1.061,21	1.098,63	0.708,73
吉林	0.529,87	0.595,66	0.601,02	0.615,96	0.579,51	0.603,56	0.546,51
黑龍江	0.633,42	0.627,02	0.707,52	0.742,76	0.733,17	0.752,47	0.613,11
上海	1.231,97	1.252,98	1.292	1.278,3	1.284,24	1.517,69	1.431,48
江蘇	0.735,69	0.781,76	0.814,03	0.798,14	0.837,17	0.891,79	0.846,92
浙江	0.846,39	0.840,92	0.777,54	0.789,29	0.786,47	0.804,4	0.761,68

表2-4(續)

年份 地區	1996	1999	2002	2005	2008	2011	2014
安徽	0.767,19	0.853,53	1.013,82	1.089,47	1.104,23	1.145,97	0.622,57
福建	1.250,73	1.162,85	1.162,53	1.027,67	1.008,94	1.003,89	0.730,93
江西	0.556,55	0.574,85	0.581,51	0.554,53	0.552,97	0.574,55	0.538,11
山東	0.601,53	0.625,12	0.567,41	0.568,44	0.581,9	0.603,15	0.608,82
河南	0.504,62	0.475,98	0.490,81	0.478,82	0.457,36	0.449,92	0.436,94
湖北	0.672,68	0.661,56	0.665,34	0.626,66	0.627,05	0.660,37	0.576,59
湖南	0.530,04	0.600,73	0.630,24	0.579,59	0.581,63	0.593,34	0.523,47
廣東	1.092,35	1.064,55	1.134,66	1.156,94	1.159,69	1.163,48	1.042,88
廣西	0.639,89	0.628,41	0.657,41	0.621,85	0.590,44	0.543,69	0.525,6
海南	1.095,45	1.018,09	1.053,34	2.470,07	2.450,16	1.253,6	0.629,85
四川	0.476,28	0.554,53	0.563,92	0.548,92	0.581,85	0.652,54	0.794,72
貴州	0.339,45	0.341,73	0.338,99	0.357	0.376,68	0.405,71	0.345,89
雲南	1.206,95	1.130,03	1.113,08	1.096,07	1.092,7	1.048,59	0.420,8
陝西	0.391,33	0.471,14	0.480,06	0.476,49	0.490,84	0.513,85	0.473,74
甘肅	0.275,47	0.279,08	0.3	0.303,34	0.297,5	0.306,82	0.351,72
青海	0.401,17	0.364,72	0.376,97	0.365,65	0.38	0.387,54	0.259,18
寧夏	0.379,55	0.374,35	0.357,91	0.321,75	0.317,25	0.309,21	0.224
新疆	0.459,44	0.460,96	0.458,48	0.444,87	0.435,78	0.427,31	0.304,39

表2-5　中國29個省份部分年份考慮二氧化碳非期望產出的SBM效率值

年份 地區	1996	1999	2002	2005	2008	2011	2014
北京	0.634,87	0.629,95	0.630,75	0.607,63	0.614,3	0.623,32	0.706,71
天津	0.665,91	0.715,55	0.783,52	0.842,98	0.811,31	0.774,95	0.770,54
河北	0.540,84	0.537,43	0.511,32	0.521,92	0.514,75	0.521,75	0.495,06
山西	0.379,33	0.382,21	0.376,33	0.393,7	0.379,36	0.372,46	0.343,6
內蒙古	0.473,53	0.465,74	0.492,5	0.512,22	0.540,21	0.506,93	0.453,92
遼寧	1.030,43	1.070,47	1.104,37	1.108,91	1.061,21	1.098,63	0.716,55
吉林	0.529,87	0.595,66	0.601,02	0.615,96	0.579,51	0.603,56	0.546,51
黑龍江	0.633,42	0.627,02	0.707,52	0.742,47	0.733,17	0.752,47	0.613,11
上海	1.231,97	1.253,13	1.296,91	1.282,38	1.261,9	1.250,03	1.172,79

表2-5(續)

年份 地區	1996	1999	2002	2005	2008	2011	2014
江蘇	0.735,69	0.781,76	0.814,03	0.798,14	0.837,17	0.891,79	1.026,18
浙江	0.846,39	0.840,92	0.777,54	0.789,29	0.786,47	0.804,4	0.770,36
安徽	0.767,19	0.853,53	0.933,66	1.087,54	1.099,46	1.139,01	0.622,57
福建	1.202,9	1.305,17	1.087,47	1.023,81	1.006,59	1.003,56	0.780,12
江西	0.556,55	0.574,85	0.581,51	0.554,53	0.552,97	0.574,55	0.538,11
山東	0.601,53	0.625,12	0.567,41	0.568,44	0.581,9	0.603,15	0.608,82
河南	0.504,62	0.475,98	0.490,81	0.478,82	0.457,36	0.449,92	0.436,94
湖北	0.672,68	0.661,56	0.665,34	0.626,66	0.627,05	0.660,37	0.576,59
湖南	0.530,04	0.600,73	0.630,24	0.579,59	0.581,63	0.593,34	0.541,03
廣東	1.091,56	1.064,55	1.134,66	1.474,55	1.239,2	1.542,07	1.136,85
廣西	0.639,89	0.628,41	0.657,41	0.621,85	0.590,44	0.543,69	0.547,41
海南	1.095,45	1.018,09	0.811,76	1.002,81	0.838,19	0.826,63	0.629,85
四川	0.476,28	0.554,53	0.563,92	0.548,92	0.581,85	0.652,54	1
貴州	0.339,45	0.341,73	0.338,99	0.357	0.376,68	0.405,71	0.345,89
雲南	1.226,86	1.197,05	1.177,53	1.096,07	1.092,7	1.048,59	0.420,8
陝西	0.391,33	0.471,14	0.480,06	0.476,49	0.490,84	0.513,85	0.473,74
甘肅	0.275,47	0.279,08	0.3	0.303,34	0.297,5	0.306,82	0.351,72
青海	0.401,17	0.364,72	0.376,97	0.365,65	0.38	0.387,54	0.259,18
寧夏	0.379,55	0.374,35	0.357,91	0.321,75	0.317,25	0.309,21	0.224
新疆	0.459,44	0.460,96	0.458,48	0.444,87	0.435,78	0.427,31	0.304,39

2.3.3 省際全要素能源效率分析

通過測算，得到了中國29個省份在不考慮非期望產出、考慮二氧化碳非期望產出和考慮二氧化碳非期望產出三種情況下的全要素能源效率超效率值。全國平均能源效率及變化趨勢如圖2-1所示。中國的全要素能源效率總體水平還不夠高，距離有效生產前沿面還有一定距離，同時與其他先進國家也還有差距，中國還存在著巨大的節能潛力。全國平均水平的能源效率值，不考慮非期望產出的效率值一般比考慮了非期望產出能源效率值要高，這表明污染物的排放在某些程度都會降低各地區的能源效率。同時，在不同污染物的投入指標下，所測算出的能源效率值也有所不同，在考慮了二氧化碳非期望產出的測算

了能源效率值大多低於考慮了二氧化硫非期望產出的能源效率值。這樣看來，二氧化碳排放的出現相對於二氧化硫排放量對能源效率的影響更大，減少碳排放在一定程度上更能夠提高能源效率值。相較於控制二氧化硫排放，減少二氧化碳排放對提高能源效率具有更深遠的意義，這也符合學者們大多對碳排放更加關注的趨勢。

從整體變化趨勢來看，1994—2014年全國的能源效率變化並不是很明顯，一開始小幅度的增長，在「十五」「十一五」期間出現了小幅的下降，隨後在「十二五」期間出現一定的增長，在2012年出現了相對高點，整體呈現了較平穩的趨勢，但是在最近幾年卻出現了下降趨勢。因此，在「十三五」期間要繼續深入推進能源革命，提高能源效率，仍然面臨著嚴峻的挑戰。總的來說，在考慮了非期望產出的所測算的超效率全要素能源相對效率更加準確。

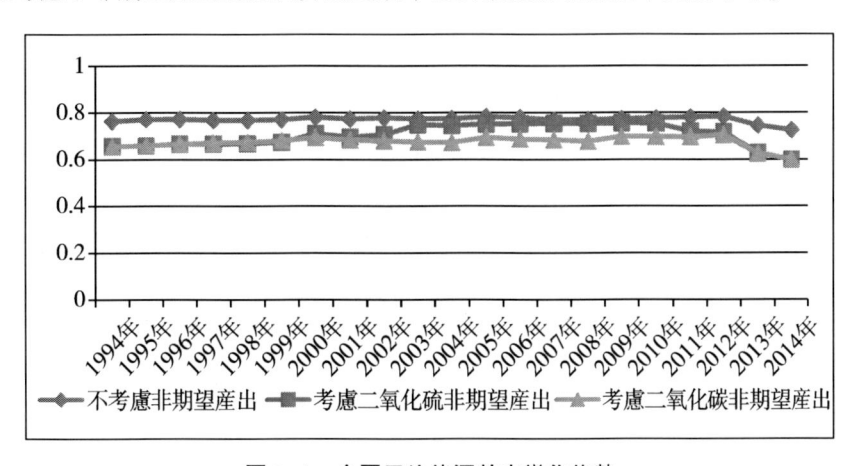

圖 2-1　全國平均能源效率變化趨勢

為了更好地說明不考慮非期望產出超效率SBM模型的能效值與考慮二氧化硫非期望產出與考慮二氧化碳非期望產出超效率SBM模型的能效之間的差異，分別對三個模型之間進行非參數檢驗與配對樣本T檢驗，檢驗結果如表2-6、表2-7所示。

表 2-6　考慮期望產出效率值與考慮二氧化硫非期望產出效率值顯著性檢驗

年份	Mann-Whitney U 檢驗	Kolmogorov-Smirnov Z 檢驗	Pariaed-Samples T 檢驗
1994—2004	-0.598（0.004）	0.831（0.012）	7.398（0.000）
2005—2014	-0.434（0.004）	0.799（0.015）	6.677（0.000）
1994—2014	-1.765（0.001）	1.387（0.019）	8.012（0.000）

表 2-7　考慮期望產出效率值與考慮二氧化碳非期望產出效率值顯著性檢驗

年份	Mann-Whitney U 檢驗	Kolmogorov-Smirnov Z 檢驗	Pariaed-Samples T 檢驗
1994—2004	-0.632（0.003）	0.831（0.012）	7.798（0.000）
2005—2014	-0.474（0.003）	0.656（0.015）	6.377（0.000）
1994—2014	-1.965（0.001）	1.432（0.019）	8.116（0.000）

　　兩個表的結果表明不考慮非期望產出超效率 SBM 模型的效率值與考慮非期望產出超效率 SBM 模型的能效之間存在顯著差異。同時，考慮不同非期望產出物的影響也不相同，考慮二氧化碳非期望產出比考慮二氧化硫非期望產出更加顯著。

　　從各區域來看，按照多數研究的區域分法，可將中國分為三個主要區域，如表 2-8 所示。

表 2-8　　　　　　　　中國三大區域劃分

東部地區	北京、天津、河北、遼寧、上海、江蘇、浙江、福建、山東、廣東、海南
中部地區	黑龍江、吉林、山西、安徽、江西、河南、湖北、湖南
西部地區	四川、貴州、雲南、陝西、甘肅、青海、寧夏、新疆、廣西、內蒙古

　　然后，針對三個地區的考慮二氧化碳非期望產出超效率 SBM 能效平均值進行分析，如圖 2-2 所示。

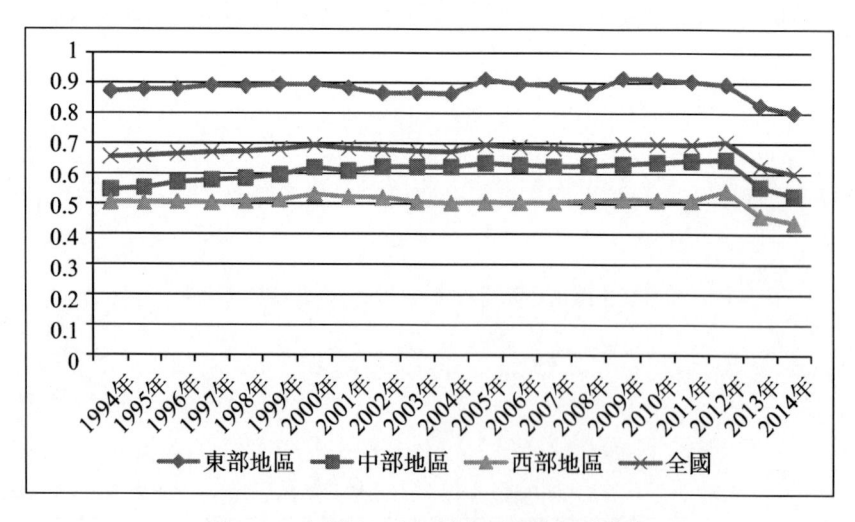

圖 2-2　全國及三大區域全要素能源效率值

東部地區的效率值在1994—2014年一直是中國三大大區域中效率值最高的地區，其平均效率值為0.88。整個地區的平均效率值都保持在0.800以上，區域的能源效率值隨時間推移呈現先上升後下降的形態，其波動幅度在三大區域中最大。

中部地區的效率值在三大區域中處於中間的位置，但還是低於全國平均水平與東部地區有很大差距。1994—2014年，整體呈緩慢增長的趨勢，由最初的0.55逐漸穩定在0.6以上。整體趨勢與全國平均能源效率值變化趨勢一樣，同樣在最近兩年出現了小幅下降。

西部地區的效率值在三大區域中處於最後的位置，遠遠低於東部地區，其效率值一直在0.5左右，這樣看來，西部地區還有很大的提升空間。1994—2014年，西部地區的能源效率值一直維持在同一水平，但在2012年出現了下降的趨勢，逐漸接近0.4。

總的來說，根據上面分析不難發現中國三個區域的能源效率存在著很大的差別。並且，能源效率值差異空間上存在的差異與中國經濟發展水平空間上的分佈存在著一定的相似性。東部地區省份的能源效率值都處於較高水平，大多數西部地區的省份的能源效率值都處於較低水平。除此之外，再對2014年三個地區在不同產出要素下的效率值進行對比分析，見表2-9。

表2-9　　　　　　2014年三大區域平均能源效率對比分析

區域＼類型	不考慮非期望產出的模型	考慮二氧化硫非期望產出的模型	考慮二氧化碳非期望產出的模型	降低率（%）	
東部	0.932	0.819	0.801	12.09	14.02
中部	0.556	0.525	0.527	5.66	5.26
西部	0.632	0.415	0.438	34.35	30.7
全國	0.725	0.598	0.600	17.43	17.21

從2014年三大區域能源效率發展狀況來看，中西部地區的平均能效值比全國的平均能效值低，東部地區的平均能效值率比全國的平均能效高。同時，考慮二氧化硫非期望產出與考慮二氧化碳非期望產出超效率SBM模型的能效值都低於不考慮非期望產出的超效率SBM能效值，但各地區降低的幅度不一樣。東部地區平均值分別降低12.09%、14.02%，中部地區平均值分別降低5.66%、5.26%，西部地區分別降低了34.35%、30.7%，全國的平均值分別降低了17.43%、17.21%。

由此可見，西部地區對環境因素的敏感程度要比東部、中部地區大，低於

全國平均水平。東部地區二氧化碳的降低率要稍高於二氧化硫的降低率，但是中部地區與西部地區二氧化碳的降低率都要略低於二氧化硫的降低率，這可能與中西部本身的資源禀賦與能源消費結構都有一定的關係。

然后從各省份來看，我們分別做出了對三個模型下 29 個省份 1994—2014 年的能源效率趨勢圖，如圖 2-3、圖 2-4、圖 2-5 所示。從三個圖可以看出，各個省份的能源效率都具有很大的差距，每個省份逐年的變化趨勢也不盡相同，有些省份變化相對平穩，有些省份變化比較明顯。大多能源效率較低的省份都沒有太大的變化趨勢，能源效率較高的省份其能源效率變化的幅度也較明顯。只有少部分省份處於有效前沿面，大多數省份都處於非有效前沿面，能源效率都還有較大的提升空間。同時，還可以看出，在不考慮非期望產出的效率值變化相對平穩，考慮二氧化硫非期望產出次之，考慮二氧化碳非期望產出的變化較為明顯。

根據 1994—2014 年各省份平均效率值來看，在不考慮非期望產出的模型下，能源效率處於生產前沿面的省份有遼寧、上海、福建、廣東、雲南、安徽和青海；在考慮了非期望產出的兩個模型下，其所計算出來的處於有效前沿面的省份是一樣的，有遼寧、上海、福建、廣東、雲南；在三個模型下，能源效率有效的省份有：雲南、遼寧、福建、上海、廣東，說明這 5 個省份在考慮了污染物的前提下，在當前的決策單元仍然處於有效前沿面。在 29 個省份中，只有 5 個省份處於有效前沿面，還有 24 個省份的能源效率值偏低，距離有效生產前沿面還有很大的距離。要想提高整體能源效率，必須要提高大部分省份的能源效率，縮小各省份之間能源效率的差距。

其中，不考慮非期望產出的模型下，上海、廣東、海南在整個研究期間一直處於效率前沿面，在考慮了非期望產出的模型下，上海、廣東在整個研究期間一直處於效率前沿面。也就是說，上海、廣東在三個模型中整個研究期間都處於最佳效率狀態，是評價其他省份能源效率水平高低的標尺。但同時我們也能看到，遼寧、福建、海南等省份在 2013 年之前都處於效率前沿面，在 2013 年突然出現下降，這與整個經濟形勢有著密不可分的關係。在考慮了非期望產出的模型下，山西、貴州及寧夏三個省份在整個研究期間，能源效率值都低於 0.4，處於相對落後的地方。在整個能源革命中，提高能源效率的時期，它們都是需要重點關注的省份。

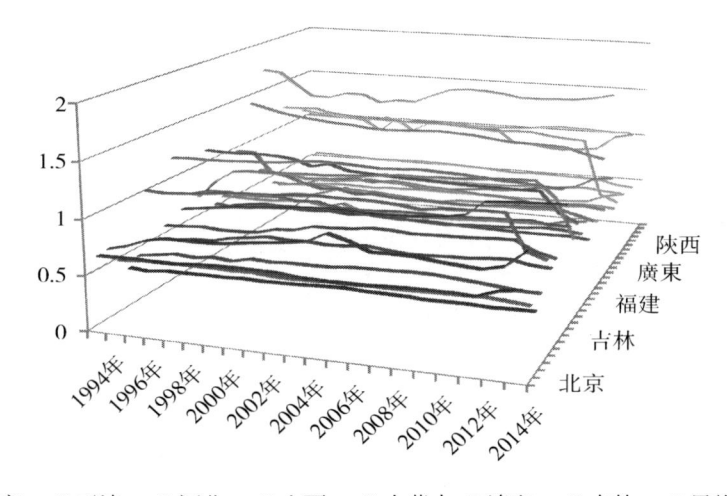

圖 2-3　不考慮非期望產出的 SBM 效率值

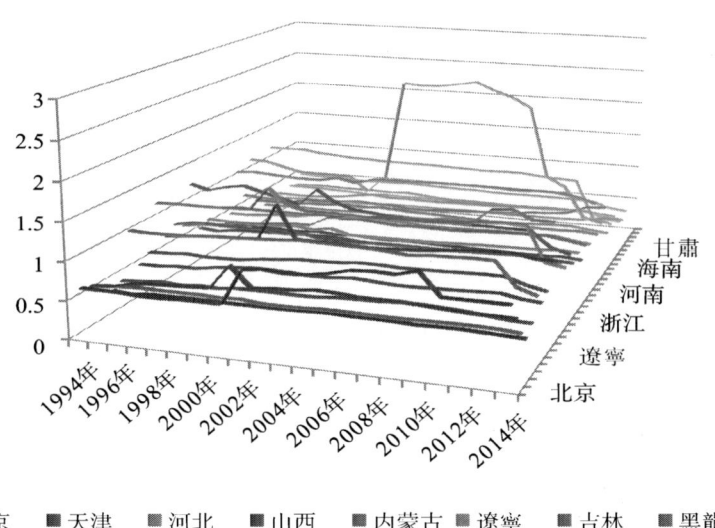

圖 2-4　考慮二氧化硫非期望產出的 SBM 效率值

2　區域能源效率測算 | 41

图 2-5 考慮二氧化碳非期望產出的 SBM 效率值

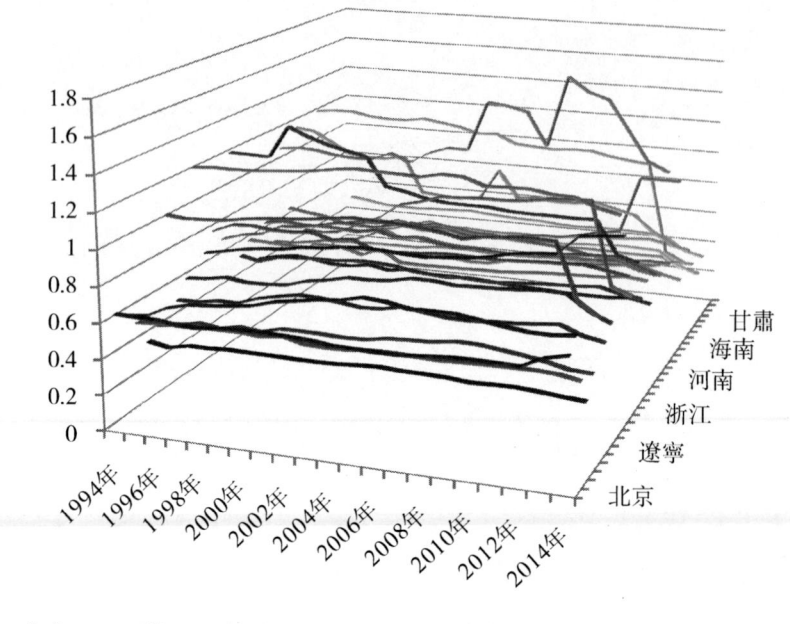

　　將 1994—2014 年各個省份平均能源效率值在不同模型下進行排名，結果如表 2-10 所示。不難看出，在不考慮非期望產出的模型下，全國平均能源效率排名前六的省份為海南、廣東、上海、雲南、青海、遼寧，能源效率排名在後五位的是陝西、河南、貴州、山西、甘肅；在考慮二氧化硫非期望產出的模型下，全國平均能源效率排名前六的省份為海南、上海、廣東、福建、雲南、遼寧，能源效率處於後五名的是山西、青海、貴州、寧夏、甘肅。在考慮二氧化碳非期望產出的模型下，全國平均能源效率排名前六的省份為上海、廣東、福建、雲南、遼寧、安徽，能源效率處於後五名的是山西、青海、貴州、寧夏、甘肅。在三種模型下，山西、貴州、甘肅一直都處於較低水平，其能源效率均值都為超過 0.4，遠離能源效率前沿面。

表 2-10　　　　1994—2014 年各省份效率平均值排名

省份	不考慮非期望產出的 SBM 效率值	名次	考慮非期望產出二氧化硫的 SBM 效率值	名次	考慮非期望產出二氧化碳的 SBM 效率值	名次
北京	0.668	15	0.929	8	0.629	13
天津	0.856	10	0.767	11	0.754	10
河北	0.530	23	0.522	20	0.522	20
山西	0.407	28	0.375	25	0.375	25
內蒙古	0.531	22	0.489	21	0.489	21
遼寧	1.057	6	1.047	6	1.047	5
吉林	0.619	17	0.578	17	0.578	18
黑龍江	0.708	13	0.685	12	0.685	11
上海	1.262	3	1.327	2	1.257	1
江蘇	0.845	11	0.831	9	0.828	8
浙江	0.811	12	0.802	10	0.803	9
安徽	1.028	8	0.944	7	0.937	6
福建	1.043	7	1.081	4	1.098	3
江西	0.594	19	0.561	19	0.561	19
山東	0.602	18	0.595	15	0.595	16
河南	0.478	26	0.471	22	0.470	22
湖北	0.701	14	0.647	13	0.647	12
湖南	0.587	21	0.577	18	0.578	17
廣東	1.266	2	1.119	3	1.249	2
廣西	0.630	16	0.607	14	0.608	15
海南	1.595	1	1.553	1	0.903	7
四川	0.591	20	0.582	16	0.617	14
貴州	0.415	27	0.356	27	0.356	27
雲南	1.106	4	1.054	5	1.078	4
陝西	0.495	25	0.468	23	0.468	23
甘肅	0.346	29	0.298	29	0.298	29
青海	1.071	5	0.371	26	0.371	26
寧夏	0.977	9	0.333	28	0.333	28
新疆	0.510	24	0.437	24	0.437	24

在前面的分析中我們提到，東部地區的能源效率值普遍高於中部地區與西部地區，但從各省份效率值排名來看，並不是所有東部地區的省份能源效率值都處於高水平，也不是所有中部地區省份與西部地區省份都低於東部地區。綜合三種模型來看，排名靠前的省份大多數屬於東部地區，但屬於中部地區的安徽與西部地區的雲南均一直排名靠前。西部地區的平均能源效率值在三大區域中處於最低水平，從排名靠后的省份也可以看出，大多都是來自西部地區的省份，只有山西屬於中部地區。大多數中部地區省份排名都處於相對中間的位置。

究其原因，主要是因為中國各省際地區的資源稟賦與能源消費存在著明顯的地域差異。第一，上海、廣東、福建、浙江、江蘇等地區經濟發達，經濟發展程度靠前，由於經濟的快速發展帶來了巨大的能源消費，但是這些地區由於資源優勢不夠充分，能源產量不足，必要的時候只得依靠長距離的能源輸送，如西電東輸等，這樣才能滿足能源需求。也就是這些地區在本身能源生產量不足的情況，又有巨大的能源需求，所以，這些地區資源約束強，都處於能源效率前沿。第二，寧夏、貴州、甘肅、青海是在三種情況下能源效率都相對較低的四個地區。這些地區的經濟增長模式長期以來都是粗放型的經濟增長模式，同時工業管理水平、生產設備及技術水平落後，在能源消費結構中，煤炭消費佔有巨大的比例，都是導致這些地區的能源效率偏低的原因。

2.4　省際全要素能源效率差異分析

2.4.1　省際全要素能源效率差異測算

衡量能源效率差異的方法包括洛倫茲曲線、基尼系數（GINI）、泰爾指數（Theil）等方法。他們主要參考了測算經濟差異或收入差異的方法。在進行收入差異測算時，泰爾指數對上層收入水平的變化明顯，基尼系數一般對中等收入水平的變化相對明顯，對數離差均值對低收入水平的變化明顯。為了更加準確的測算比較能源效率差異，選用基尼系數、泰爾指數及平均對數離（GE）及三個指標來對考慮二氧化碳非期望產出的超效率SBM效率值分析。

基尼系數是由義大利經濟學家基尼提出的，是按照洛倫茲曲線的定義來判斷收入分配公平程度的指標。因此，測算各省份全要素能源效率的基尼系數的公式為：

$$GINI = \frac{2}{n^2 \mu_e} \sum_{i=1}^{n} ie_i - \frac{n+1}{n} \qquad (2-17)$$

其中，n 為地區的數目；全要素能源效率個體的能源效率水平由 e_i 表示；能源效率水平的平均值由 μ_e 表示。

泰爾指數是根據信息理論中的熵概念來測算收入的差異的。泰爾指數值範圍為大於等於 0，地區能源效率的差異越小，泰爾指數就越小。泰爾指數用 TI 來表示，計算公式為：

$$TI(e) = \frac{1}{n} \sum_{i=1}^{n} \frac{e_i}{\mu} \ln \frac{e_i}{\mu} \qquad (2-18)$$

式中的 n 為地區的數目，全國整體全要素能源效率的平均值由 μ 表示為，各地區的全要素能源效率值由 e_i 表示。

平均對數離差（GE）的方法與泰爾指數法的原理相似，取值範圍為 0 與 1 之間，地區能源效率的差異越小，平均對數離差就越小。其計算公式為：

$$GE(e) = \frac{1}{n} \sum_{i=1}^{n} \ln \frac{\mu}{e_i} \qquad (2-19)$$

式中的 n 為地區的數目，全國整體全要素能源效率的平均值由 μ 表示，各地區的全要素能源效率值由 e_i 表示。

根據式（2-17）、式（2-18）和式（2-19），可以分別計算出 29 個省市間 1994—2014 年能源效率差異的基尼系數（GINI）、泰爾指數（TI）和對數離差均值（GE）。結果如表 2-11 所示。

表 2-11　　　　　　　　省際全要素能源效率差異指標

年份	GINI 系數	TI	GE
1994	0.217,07	0.084,0	0.065,7
1995	0.206,23	0.099,9	0.075,1
1996	0.171,2	0.090,2	0.073,6
1997	0.172,2	0.088,1	0.067,4
1998	0.174,8	0.084,8	0.067,5
1999	0.176,9	0.084,1	0.067,7
2000	0.160,7	0.076,8	0.063,5
2001	0.156,7	0.081,3	0.064,1
2002	0.150,1	0.076,6	0.053,9
2003	0.171,4	0.081,4	0.068,1
2004	0.170,0	0.080,0	0.069,7
2005	0.163,6	0.073,6	0.065,0
2006	0.164,7	0.074,7	0.064,5

表2-11(續)

年份	GINI 系數	TI	GE
2007	0.165,5	0.074,4	0.055,2
2008	0.163,9	0.072,4	0.063,7
2009	0.163,2	0.070,7	0.059,0
2010	0.160,1	0.069,0	0.054,3
2011	0.162,3	0.072,3	0.062,7
2012	0.163,8	0.074,4	0.063,8
2013	0.163,0	0.073,2	0.064,3
2014	0.163,6	0.074,4	0.064,4

圖2-6反映了中國省際全要素能源效率差異指標的變化趨勢，三種不同的差異指標的變化趨勢差不多。其中基尼系數的變化幅度較大，在早期出現了下降趨勢，隨後趨於平穩。而泰爾指數與對數離差均值具有相似的結果，在研究期間一直都處於相對平穩的狀態，只有小幅度的波動。基尼系數相較於泰爾指數與對數均值處於較高水平，由基尼系數對中等收入差異比較敏感可以得知，中國省際全要素能源效率都處於一個相對中等的水平。這說明中國省際能源效率的差異隨著年份的變化有小幅的下降，但仍有需要縮小的空間，同時中國各省市能源效率的內部結構在一定程度上沒有太大的變化，能源結構也需要改善。在1994—2014年，泰爾指數和平均對數離差的最大值都出現咋在1995年，分別為0.99、0.07，也就是這一年省際能源效率差異最大。基尼系數的最大值出現在1994年，為0.22，差異最大的年份也是聚集在研究期間的前些年。1994—2014年，省際能源效率差異的三個指標分別下降了24.6%、11.4%、1.9%，三種指標都說明中國省際能源效率差異在不斷減小。

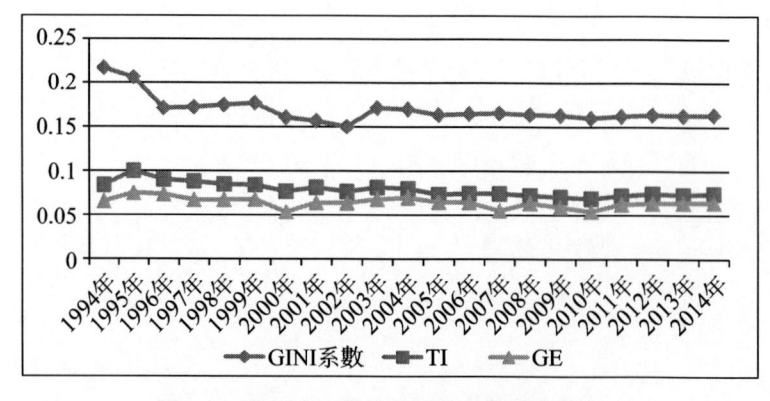

圖2-6 省際全要素能源效率差異指標趨勢圖

根據全要素能源效率值可以看到，能源效率在不同的區域也存在較大的差異，整體省際能源效率差異呈下降趨勢，但幅度不大。因此，有必要分區域測算能源效率差異，並更加清楚地分析區域之間的差異。

2.4.2 K-Means Cluster 聚類分析

根據超效率 SBM 模型測算的全要素能源效率，可以看出，並不是所有全要素能源效率高的省份都集中在東部，也不是西部所有的地區的全要素能源效率都低，如雲南省能源效率值在全國的排名中一直在排在前面。為此，根據所測算的全要素能源效率，利用 K-Means Cluster 聚類法把全國各省份分為幾個類別，把擁有相似並且明顯特點的地區劃分為同一類的地區。對中國 29 個省份 1994—2014 年的平均效率值，包括不考慮非期望產出的能源效率、考慮二氧化硫非期望產出的能源效率和考慮二氧化碳非期望產出的能源效率採用 SPSS19.0 做 K-Means Cluster 聚類分析，29 個省份被分為能源高效區、能源中效區、能源低效區，其結果如表 2-12 所示。

表 2-12　　　　　　　　K-Means Cluster 聚類結果

類型分區	不考慮非期望產出能源效率值	考慮二氧化硫非期望產出能源效率值	考慮二氧化碳非期望產出能源效率值
高效區	海南	上海、海南	遼寧、上海、安徽、福建、廣東、海南、雲南
中效區	天津、遼寧、上海、江蘇、浙江、安徽、福建、廣東、雲南、青海、寧夏	北京、天津、遼寧、江蘇、浙江、安徽、福建、廣東、雲南	北京、天津、吉林、黑龍江、江蘇、浙江、江西、山東、湖北、湖南、廣西、四川
低效區	北京、河北、山西、內蒙古、吉林、黑龍江、江西、山東、河南、湖北、湖南、廣西、四川、貴州、陝西、甘肅、新疆	河北、山西、內蒙古、吉林、黑龍江、江西、山東、河南、湖北、湖南、廣西、四川、貴州、陝西、甘肅、青海、寧夏、新疆	河北、山西、內蒙古、河南、貴州、陝西、甘肅、青海、寧夏、新疆

從表 2-12 的結果可以看出，三種不同產出變量下的聚類結果大不相同。其中，不考慮非期望產出的模型下，高效區只有海南省，中效區的省份一共有 11 個，低效區的省份有 17 個；考慮二氧化硫非期望產出的模型下，高效區有上海市和海南省，中效區的省份一共有 9 個，處於低效區的省份有 18 個；考慮二氧化碳非期望產出的模型下，高效區省份有 7 個，低效區的省份一共有

12個，處於低效區的省份有10個。三種情況下的差異很大，考慮了二氧化碳非期望產出的能效聚類結果較平均，而其他兩種情況下，處於高效區的省份數目很少，處於低效區數目較多。同時，處於高效的省份大部分為東部地區省份，特別是海南省一直處於高效區，海南的能效值一直位於生產前沿面。處於中效區的省份不盡相同，但是大多數是中部地區省市，這與其地區的經濟發展水平也有一定的關係，這部分地區是全要素能源相對效率還有提升空間的地區。位於低效區的省份，在三種不同情況下也發生了改變，不考慮非期望產出時的省份數目最多，而考慮了二氧化碳的非期望產出時最少，而山西、貴州、甘肅、新疆這4個省份一直處於低效區，它們與高效區的能源效率水平還有很多的差距，是節能減排、提高能源效率的重點地區。

總的來說，省際能源效率之間依舊具有明顯的差異，處於能源效率低效區的省份與處於能源效率高效區的省份還有一定的距離。

2.4.3 區域能源效率差異分析

在平均對數離（GE）、基尼系數（GINI）及泰爾指數（Theil）三種指標中，運用泰爾指數可以比較不同組合內的差異，也就是說泰爾指數可以被分解為組合間和組合內部差異。測算全要素能源效率差異時把區域生產總值為做權重測算泰爾指數，並且將總差異進行分解，得到下面全要素能源效率地區差異分析式子。具體式子如下：

$$TI_{at} = \sum_{j=1}^{3} \frac{Y_{jt}}{Y_t} ln\left(\frac{TE_{jt}}{TE_t}\right) \qquad (2-20)$$

$$TI_{bt} = \sum_{j=1}^{3} \frac{Y_{jt}}{Y_t} TI_{jt} \qquad (2-21)$$

$$TI_{jt} = \sum_{i=1}^{n} \frac{Y_{it}}{Y_{jt}} ln\left(\frac{TE_{it}}{TE_{jt}}\right) \qquad (2-22)$$

$$TI_t = TI_{at} + TI_{bt} \qquad (2-23)$$

其中，$j(j = 1, 2, 3)$分別表示中國能源東、中、西部區域，t表示第t時期，TI_t表示第t時期的泰爾指數，Y_{jt}表示j區域在第t時期的地區生產總值，TE_{jt}表示j區域在第t時期的整體全要素能源效率，Y表示第t時期的國內生產總值，TE_t表示第t時期的全國整體全要素能源效率。i表示第i個省份，Y_{it}表示i省份在第t時期的地區生產總值，TE_{it}表示i省份在第t時期的全要素能源效率。

將中國1994—2014年的地區相關數據代入上述式子進行計算，可以得到中國區域全要素能源效率差異情況，結果如表2-13所示。

表 2-13　　　1994—2014 年能源效率泰爾指數分解項比較

指標年份	總體泰爾指數	區域間泰爾指數	區域內泰爾指數	東部 TI	中部 TI	西部 TI	區域間占比
1994	0.084,0	0.026,3	0.057,7	0.068,7	0.031,7	0.058,4	31.30%
1995	0.099,9	0.034,8	0.065,1	0.068,4	0.066,6	0.052,5	34.84%
1996	0.090,2	0.033,6	0.056,6	0.061,4	0.044,8	0.056,9	37.29%
1997	0.088,1	0.032,6	0.055,4	0.058,3	0.052,1	0.050,5	37.05%
1998	0.084,8	0.033,3	0.051,5	0.053,5	0.040,1	0.060,7	39.28%
1999	0.084,1	0.031,5	0.052,7	0.053,0	0.042,9	0.064,9	37.40%
2000	0.076,8	0.020,3	0.056,5	0.059,0	0.040,1	0.070,3	26.49%
2001	0.081,3	0.028,2	0.053,1	0.052,0	0.049,9	0.061,5	34.69%
2002	0.076,6	0.022,7	0.053,9	0.054,3	0.050,7	0.057,2	29.62%
2003	0.081,4	0.028,3	0.053,1	0.052,3	0.046,1	0.065,6	34.75%
2004	0.080,0	0.030,3	0.049,7	0.050,6	0.038,4	0.061,9	37.91%
2005	0.073,6	0.028,6	0.045,0	0.045,8	0.038,4	0.051,0	38.85%
2006	0.074,7	0.029,2	0.045,5	0.045,3	0.039,2	0.053,1	39.08%
2007	0.074,4	0.029,2	0.045,2	0.044,9	0.039,5	0.054,0	39.25%
2008	0.072,4	0.029,5	0.042,9	0.042,7	0.036,5	0.052,2	40.70%
2009	0.070,7	0.028,7	0.042,0	0.042,1	0.034,6	0.051,4	40.58%
2010	0.069,0	0.027,7	0.041,3	0.041,1	0.034,0	0.051,5	40.20%
2011	0.072,3	0.029,6	0.042,7	0.041,5	0.034,2	0.058,0	40.91%
2012	0.074,4	0.030,7	0.043,8	0.041,1	0.034,8	0.063,7	41.22%
2013	0.073,2	0.028,5	0.044,7	0.035,7	0.040,3	0.078,9	38.95%
2014	0.074,4	0.030,3	0.044,1	0.033,9	0.040,5	0.081,0	40.67%

從表 2-13 中總體泰爾指數、區域間泰爾指數及區域內泰爾指數的變化可以看出，對於三大區域間的差異，1994 年至 2014 年，地區間差異在總體差異的比重均值為 37.19%，2008 年區域間差異在總體泰爾指數的比重達到最大值，為 40.7%。比較同一年中的比重，發現區域內差異都比區域間的差異大，這說明在總差異中區域內的差異分量很重，全要素能源效率的區域內差異構成了總體差異的主要部分。也就是說，區域間的差異占次要的位置，但區域間的

差異也不容忽視。

　　從圖 2-7 可知，1994—2014 年中國全要素能源效率的總體泰爾指數和區域內泰爾指數變化基本一致，1994—1995 年有小幅的增加，隨后不斷減小，2000—2003 年又出現了增加的趨勢，2004 年后便不斷減小，整體上呈現逐漸減小的狀態，從 1994 年到 2014 年分別減小了 11.4% 和 23.6%；而區域間泰爾指數則相對穩定，呈現出微幅的波動，1994—2000 年先增加后減小，在 2000 年到達最小值，2000—2003 年的短時間出現波動，2004—2014 年基本保持在 0.03 的水平，從 1994 年到 2014 年，區域間泰爾指數增加 15.2%。

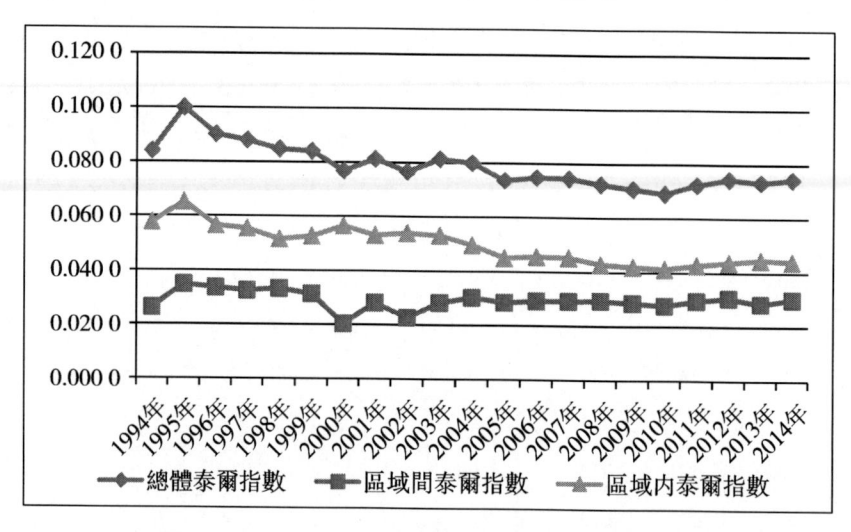

圖 2-7　1994—2014 年中國區域能源效率的泰爾指數

　　通過對區域內部指數進一步進行分解，我們可以得到東、中、西部地區的內部差異，如圖 2-8 所示。由圖 2-8 可知，中國三大區域內部能源效率的差異性在 1994—2014 年有著不同的變化趨勢，中部地區在一開始出現了不停地波動后也呈現不斷變小的趨勢，西部地區在一開始出現了劇烈的波動變化，在后期還出現了小幅度的增長，而只有東部地區內部能源效率差異長期趨勢平穩，不斷緩慢減小。

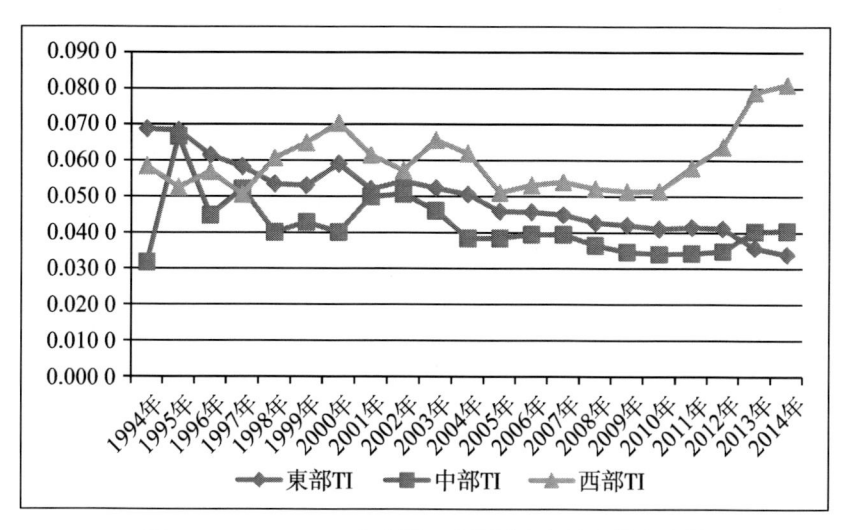

图 2-8　1994—2014 年中國三大區域內部能源效率差異

　　1994—1997 年，東部地區區域內平均泰爾指數最大，西部地區次之，中部地區最小，也就是東部地區能源效率差異最大，西部地區次之，中部地區最小。東部地區內部能源效率差異比中部地區與西部地區都高，我們不難發現東部地區包括經濟發展水平高的北京、上海、廣州等地區，經濟增長對能源的依賴程度較低，能源效率水平較高。而遼寧、山東等也處於東部地區，但能源效率水平與其他東部地區有明顯的差距，這是由於它們工業發展程度靠前，經濟增長對能源表現出了較高的依賴，能源效率水平較低，這樣一來東部地區內部差異就很明顯。但三大區域中部地區的內部能源效率差異卻出現了明顯的波動。中部地區的內部的經濟發展水平與工業化水平都存在著較大的差異，導致中部地區內部同時存在著能源效率水平高的省份與能源效率水平低的省份。在這段時期，西部地區能源效率差異只有小幅的波動，但均低於中部地區與東部地區，其原因是西部地區整體經濟發展水平不高，位於西部地區的省份能源效率都是一個較低的水平，地區內部的差異並不明顯。

　　1998—2005 年，西部地區區域內平均泰爾指數最大，中部地區次之，東部地區最小。西部地區先大幅上升後下降隨後小幅上升後又下降，中部地區泰爾指數先下降後上升隨後又下降，東部地區趨於平穩地下降，三大區域在 2002 年的內部差異基本相同。1998 年開始，西部地區內部能源效率出現了明顯的增長，差異值在三大區域中最大。在西部地區中，四川、雲南等省份由於經濟水平的不斷提高，其能源效率水平也不斷提高，然而青海、甘肅等省份仍然比較落後，能源效率水平仍然不高，差異沒有明顯的變化。2000 年的時候，

西部地區內部能源效率差異出現了最大值。與此同時，中部地區經濟發展水平有了明顯的提升，能源效率水平不高的省份有了一定的提高，與中部地區的能源效率水平較高的省份差距也縮小了。並且在1998—2005年中部地區能源效率差異都是最低的水平。同時，東部地區內部能源效率差異也在不斷減小，各省市經濟發展水平和能源消耗水平整體趨於平衡，其內部能源效率差異在2005年降到較低水平。

2006—2014年，西部地區區域內平均泰爾指數最大，中部地區次之，東部地區最小。在此研究期間，三大地區發展趨勢相對平穩，沒有明顯的波動。西部地區區域內泰爾指數一直在不斷增加，東部地區與中部地區一直在減小。2013年，東部地區泰爾指數在三個地區處於最低水平。在「十一五」「十二五」期間，經濟水平快速提升，但是提升速度卻有著不同程度的差異，三大區域內部能源效率差異也發生了不同的變化。其中，西部地區能源效率差異十分明顯，2009—2013年的增長速度較快，整個研究期間西部地區內部差異都是不斷增加的趨勢。中部地區的波動並不明顯，一直處於不斷減小的趨勢，但在近兩年出現了小幅的增長。東部地區內部差異在不斷減小，沒有明顯的波動，位於東部地區的省份的能源效率的差距在縮小。

總的來看，1994—2014年，東部地區泰爾指數下降了50.65%，中部地區泰爾指數增加了27.72%，西部地區泰爾指數增加了38.71%。說明東部地區能源效率差異明顯地減小了。同時，中部地區的能源效率差異也在不斷減小，然而西部地區內部能源效率差異卻一直在增加。

2.5 本章小結

本章梳理了國內外關於能源效率的文獻，對比分析了全要素能源效率的研究方法，發現了現有文獻的不足，並將環境因素納入全要素能源效率的分析框架中。同時，我們借鑑了Tone提出的考慮非期望產出的SBM模型與超效率SBM模型，將非期望產出加入到超效率SBM模型中。在模型改進的基礎上，進行了實證分析。將能源消費與二氧化硫、二氧化碳分別納入生產函數的投入產出分析框架中，基於非期望產出的超效率SBM模型測度了1994—2014年中國29個省份（不含西藏，重慶數據並入四川）環境約束下的全要素能源效率，並把兩種考慮非期望產出的全要素能源效率與傳統不包含非期望產出的全要素能源效率進行了對比分析。在此基礎上，深入分析了省際全要素能源效率

及其差異。最後，根據實證結果提出了具有針對性的政策建議。主要的具體結論如下：

（1）從各省的能源效率測算值可以看出，不考慮非期望產出超效率 SBM 模型的效率值與考慮非期望產出超效率 SBM 模型的能效之間存在顯著差異。在考慮非期望產出的有效決策單元時，各省市的能源效率均比不考慮非期望產出的 SBM 模型的效率值低。同時，考慮二氧化碳非期望產出比考慮二氧化硫非期望產出更加顯著。考慮二氧化硫非期望產出的超效率 SBM 模型的效率值又高於考慮二氧化碳非期望產出的超效率 SBM 效率值。

（2）全要素能源效率排名靠前的省份主要有上海、福建、廣東、雲南、遼寧、安徽、海南，其中上海、廣東兩個省份在三種情況下 1994—2014 年都處於最佳效率狀態。能源效率排名靠後的有陝西、河南、貴州、山西、甘肅，其中，山西、貴州、甘肅一直都處於較低水平，其能源效率均值都未超過 0.4，遠離能源效率前沿面。

（3）中國省際能源效率的差異明顯，仍有需要縮小的空間。三種不同的差異指標大體上都呈現出差不多的變化趨勢。其中 GINI 系數的變化幅度較大，在早期出現了下降趨勢，隨後趨於平穩。而泰爾指數與對數離均值差具有相似的結果，在研究期間一直都處於相對平穩的狀態，只有小幅度的波動。

（4）省際全要素能源效率的差異主要是區域內差異，區域間差異的貢獻率較小，但區域間的差異仍在不斷增大。東部地區能源效率差異明顯地減小了，同時，中部地區的能源效率差異也在不斷減小，然而西部地區內部能源效率差異卻一直在增加。近年來，西部地區內部差異最大，中部地區次之，東部地區最小。

（5）中國 29 個省份被劃分為高效區、中效區、低效區。在三種情況下的差異很大，考慮二氧化碳非期望產出時，能效的聚類結果中省份分佈比較平均，而其他兩種情況下，處於高效區的省份數目很少，處於低效區數目較多，山西、寧夏、貴州等省份處於低效區的省份，也就是說這些省份是節能減排、提高能源效率的重點省份。

（6）中國東、中、西三個地區能源效率存在著明顯的差異。能源效率值差異空間上存在的差異與中國經濟發展水平空間上的分佈存在著一定的相似性。東部地區省份的能源效率值都處於較高水平，中部地區省份的能源效率值處於中間大多數西部地區的省份的能源效率值都處於較低水平。

3 區域能源效率差異的影響因素分析

改革開放 30 多年以來，中國經濟取得了舉世矚目的成就，以年均 9.83% 的速度增長成為世界上經濟發展最快的國家之一，經濟總量躍居世界第二，幾乎與美國相當（劉生龍、高宇寧、胡鞍鋼，2014），且正在超越美國。但在經濟快速發展的同時，中國的能源消費隨之出現較大幅度上漲。能源消費總量由 1978 年的 57,144 萬噸標準煤增長至 2013 年的 375,000 萬噸標準煤，年平均增長 5.52%，能源年消費量躍居世界第一。到 2015 年，能源消費量達到 4.3 億噸標準煤，大量的能源需求正成為中國經濟進一步發展的制約因素，中國能源產業面臨內有能源結構不合理、能源利用效率低的憂患，外有戰略儲備不足、受制於國際能源市場的困境。

與此同時，大量的能源消耗所產生的排放也給生態環境帶來了巨大壓力。在未來一段時間裡，中國經濟仍將保持快速增長，能源消費也會相應增加，在保持經濟快速發展的同時，又要較大幅度地降低能源強度（能源強度＝能源消費總量/國內生產總值，與能源利用效率成反比），中國面臨的任務非常艱鉅。因此有必要研究影響能源強度的各種因素，針對各種因素採取相應的措施，這才能從根本上有效地降低能源強度，提高能源效率。為使經濟實現可持續性發展，在「十一五」期間，國家嚴格貫徹國務院 2007 年《節能減排綜合性工作方案》制定的節能減排的政策和量化指標，在基本完成「十一五」規劃的節能減排約束性目標後，又在 2011 年制定了「十二五」的節能減排目標和基本措施。然而各省份減排任務完成情況並不樂觀。由於各省份的資源禀賦、經濟發展水平、技術水平等方面存在差異，減排措施需要因地制宜。從第二章的分析可以看出，近年來中國整體的能源效率在 2012 年達到高點，之後開始下降，各省（市、自治區）間能源效率也存在較大差異，且東部地區能源效率最高，

高於全國平均水平，其次是中部地區和西部地區，均低於全國平均水平。那麼，是什麼原因導致了地區能源效率的變化呢？區域間的能源效率差異產生的原因又是什麼呢？這些都是本章將要研究的問題。

3.1 研究現狀

眾多學者對宏觀經濟時間序列進行了分析，主要考察的是中國能源效率變動的趨勢以及背後的驅動力。他們一般認為主要有以下幾個因素：①產業結構的調整促使各種要素包括能源，從低生產率的行業流向高生產率的行業，從而降低了能源消耗強度；②技術進步和創新使得降低能耗在技術上成為可能；③能源價格可以直接或者間接影響能源效率。

3.1.1 產業結構與能源效率研究

由於人類生產活動中增加了能源要素投入，從而極大地提高了勞動生產率，推動了經濟與社會發展。但過度依賴於不可再生能源以及能源資源的過度消耗又成為影響經濟可持續發展和生態環境惡化的重要原因。中國把節能減排、提高能源效率作為當前及未來經濟發展的重要目標之一，提高能源效率是解決能源矛盾的重要出路，而產業結構變動是影響區域能源效率提高的重要因素之一。在現代經濟發展過程中，產業結構升級與提高區域能源效率密切聯繫，產業結構狀況與能源效率共同反映一國的經濟發展方向、發展水平和經濟可持續發展能力。2007年至今，由於生態環境日益惡化，礦產資源逐漸匱乏，政府開始強調節能、減排、降耗的重要性，東部發展基礎較好的省（市、自治區）主動採取產業結構升級並培育基於高新技術的研發產業，使得結構調整對該地區能源利用效率的提高作用明顯；而中西部欠發達省（市、自治區）本身經濟發展基礎較差，大部分為資源密集型產業，經濟發展方式粗放，結構調整往往是基於現有資源型產業的生產技術進行改進，結構調整對能源效率提高效果不明顯，從而導致全國結構調整對能源效率提高的影響地區差異增大。

產業結構變化對能源需求的影響可以表現在三個方面：資源配置的優化（包括能源消費結構的優化），產業結構的調整以及行業結構、企業結構與產品結構的調整。此處著重探討產業結構變化可能會對能源需求產生的影響。一般來說，第三產業能耗低，而第二產業，特別是工業，能耗較高。因此，一個國家第一、第二和第三產業在產業結構中的比重直接影響著該國的能源效率。

20世紀80年代，美日等發達國家都通過改變國內的產業結構，提高第三產業的比例，來降低單位GDP的能耗，因此，工業能耗在能源消費結構中的比重逐年降低，並持續穩定在一個較低水平。比如，2015年，美國第三產業占GDP的比重約為50.5%，工業能耗在其能源消費結構中只占33.33%左右。在「先進」國家中，重工業已不復具有吸引力，而是正紛紛向渴望外商投資的海外基地遷移。

　　結構變動對能源效率的影響最初反映在「結構紅利假說」中，Denison（1967）、Maddison（1987）等認為，由於各行業（部門）生產率水平和增長速度存在系統差別，能源作為生產要素之一，從低生產率或者生產率增長較低的部門向高生產率或者生產率增長較高的部門轉移時，就會促進由各部門組成的經濟體的總的能源效率提高，而總生產率增長率超過各部門生產率增長率加權和的餘額，就是結構變化對生產率增長的貢獻。Samuels（1987）、Reitler等（1987）、Liu等（1992）、Ang（1994）、Richard和Adam（1999）在研究中都發現，產業（部門）結構的優化，尤其是從重工業轉向輕工業以及工業內部結構的調整，有利於降低整個國民經濟的能源消耗強度。學者對中國產業結構與能源效率之間的關係進行了諸多研究。Dai（2004）等採取了中國自第九個五年計劃開始的數據，研究能源強度變化的影響因素。測算結果表明，產業結構是所有影響能源消費強度因素中最重要的，其對單位產值的能耗貢獻率大約是70%。Fisher-Vanden（2004）等從中國2,500個大中型能源密集型行業採集數據進行了研究。結果顯示，導致能源強度下降的主要原因包括：結構的調整、技術進步以及可能存在的一些統計誤差。而Kambara（1992）則認為工業內部結構變化比三大產業結構變化對能源消費的影響更大。他分析了中國1980—1990年的國民收入和能源消費的關係。研究結論認為，中國能源強度提高的主要原因是工業結構的調整。他指出經濟結構的變動，即從能耗強度較高的工業向能耗強度較低的工業結構轉換，是產生中國能源強度下降的原因。Vaclav（1990）對於中國20世紀80年代到90年代中期能源消耗強度下降的原因進行實證分析后認為，中國的工業產業結構從能耗高的重工業向能耗低的輕工業轉移這一結構變動是能耗下降的主要原因；World Bank（1997）在一份報告中也認為，20世紀90年代中國能耗強度下降有35%~45%的原因歸功於產業結構的調整，特別是服務業在經濟中所占比重的上升；而Chunbo與David（2008）在研究了1980—2003年影響中國能源效率提升因素的貢獻份額後得出結論：技術進步是主要推動因素，而產業結構變動一定程度上起著阻礙作用；Fisher-Vanden等（2006）運用1997—1999年中國大中型工業企業的面板數

據，使用 Divisia 分解方法計算了能源效率改進中的結構效應和部門效應。結果發現，工業結構的調整以及部門生產率的提高都能夠解釋中國能源消耗強度下降的現象。

儘管通過調整經濟結構可以實現資源的更優配置，從而提高要素的效率，並且也已成為大多數國家的實踐，但結構調整是否一定會改善能源效率呢？以及結構調整真的能帶來較大的能源效率提升麼？一些學者對此提出疑義，認為「結構紅利說」存在一定適用範圍，並對此進行了大量的理論和實證研究，發現在不同的經濟發展階段，工業化水平高低與能源消費強度（能源利用效率的倒數）的變化關係存在差異，即在經濟發展水平較低時期，工業能源強度幾乎為 0；當工業化水平處於最高峰時期，由於技術革新、新工藝的採用，以及新興部門的出現和發展，能源強度開始上升逐漸穩定並呈現下降趨勢；當經濟發展進入后工業化時期，服務業逐漸成為主導產業，能源強度持續下降（Nakicenovic N，1998）。實證研究證明產業結構對能源效率存在影響，然而這種影響因研究方法、樣本數據選取等因素的存在而有所不同。

目前，研究產業結構對能源效率影響的實證方法主要有兩種。一種是採用因素分解法，將能源效率分解為結構影響和技術影響（於超，2010；王迪，2011；張秋菊等，2012；韓岳峰，2013）；一種是通過構建不變參數計量模型驗證產業結構對能源效率的影響（魏楚和沈滿洪，2008；屈小娥，2009；汪克亮等，2010；胡宗義等，2011；孫久文和肖春梅，2012；王維國和範丹，2012；賈惠婷，2013）。由此，產業結構對能源效率的影響，不同學者有不同的看法。部分學者認為，就全國總體情況而言，產業結構對能源效率提高的促進作用比較明顯（張唯實，2010；劉佳駿，2011；沈能和範丹，2012）。也有學者認為，與技術進步相比，產業結構對能源效率提升的作用不顯著（趙媛等，2010；汪克亮等，2010；韓一杰和劉秀麗，2011）。除此之外，還有學者認為，隨著經濟發展階段的不同，產業結構對能源效率的作用存在差異（沈能和王群偉，2013；張同斌和宮婷，2013）。

Ang 和 Zhang（2000）在綜合了 124 項實證研究后發現，對工業化而言，結構效應對能耗強度的影響相對較小，而且影響方向不穩定，對於發展中國家的分析結果之間差異性會大一些，但是對大部分國家來說，部門單耗效應比結構效應的影響要大；劉偉和李紹榮（2001）建立了一個一般化模型來描述經濟結構對經濟規模和要素生產力的影響，用 1993—2000 年的時間序列數據進行迴歸后發現，產業結構的變化主要是影響經濟的生產規模，對於要素的生產效率影響不大；Wei 和 Shen（2006）通過一個簡單的生產曲線模型解釋到，通

過結構調整只是一種無限逼近最優生產前沿面的「有限改善」，也就是結構調整對能源效率改進的影響是有限度的，而且結構調整對能源效率的邊際改進將越來越困難，成本會越來越高，真正要實現「無限改進」只能依靠技術進步。

大量的實證研究也證實了這一點。一部分研究表明產業結構對能源利用效率有著顯著的正向的影響，如 Huang（1993）、Sinton 等（1998）在對中國 20 世紀 90 年代能耗強度下降的研究中發現，是工業部門能源效率的提高而非部門結構變動導致了全國能耗強度的持續下降，在他們所考察的 1980—1990 年，製造業部門結構的變動，或者從第一產業轉向第二、三產業的變動對能耗強度只有名義上的影響，在長期看來並不能持續；Garbaccio 等（1999）基於中國的投入產出表研究發現，中國在 1978—1995 年能源消耗系數下降了 55%，但到底是行業部門內的技術進步還是行業之間的結構變化所致呢？這個問題在當時引起了很大的爭論，根據 Jorgenson 的計算，在 1987—1992 年，從兩位數行業層次上看，部門內部的技術變化解釋了能源-產出比降低的絕大部分，結構變化實際上增加了能源消耗；Zhang（2003）使用 Laspeyres 分解法，對 1990—1996 年中國全部工業部門（包含採掘業和公用事業）的能耗強度進行分解後發現，產業結構的貢獻為 6.69%，而部門能耗強度下降的貢獻則高達 93.31%，這表明，結構調整並不是工業部門能耗強度降低的主要動力。

史丹（2003）認為在不同時間段，產業結構變動對能源消耗強度的影響是有差異的，在 1990 年以前，產業結構變動導致能源消耗強度降低，而 1990 年以後，產業結構變動卻導致能源消耗強度增加。楊洋（2008）利用最小二乘法考察了中國 1978—2006 年的相關數據，對中國能源強度的影響因素進行實證研究。結果表明，對能源強度降低影響程度最大的因素是產業結構變動。張宗成、周猛（2004）的研究指出，導致中國 1995—2000 年能源消費彈性降低的主要原因是產業結構調整。趙麗霞、魏巍賢（1998）利用三要素的 C-D 生產函數對中國 1978—1996 年的宏觀數據進行了統計檢驗，並通過分解模型揭示了 1978 年以來單位 GDP 能耗下降的主要因素是產業結構、技術進步以及資本投入，但對於各因素並沒有進行測算。屈小娥（2009）通過構建能源效率面板模型分析能源效率差異及其影響因素，認為第三產業增加值占比提高對改進能源效率有積極作用。冉啓英（2010）運用協整理論和誤差修正模型，對新疆 1978—2007 年產業結構與能源效率之間的關係進行了分析。研究結果表明，能源效率的提高需要通過長時期的產業結構調整來實現。劉佳駿、董鎖成、李宇（2011）認為產業結構是影響區域能源效率提高的因素之一，當區域以較高的能源效率增長速度發展時，該區域往往有比較合理的產業結構，產

業結構變動對能源效率提高的貢獻較小；當區域能源效率提高速度降低時，產業結構不合理的矛盾開始激化，此時就需要對產業結構進行調整，結構變動的貢獻開始上升，產業結構趨向合理，從而導致能源效率增長率的又一次提高。周勇等（2006）應用適應性加權迪維西亞指數對中國 1980—2003 年能源強度（單位 GDP 的能源投入）的變化因素進行了分解，結果表明：前期產業結構的正向作用顯著，后期有減弱趨勢。王克亮等（2013）的研究表明，中國能源經濟效率與經濟增長之間存在倒 U 形曲線關係，同時產業結構是能源經濟效率的顯著影響因素。呂文棟等（2012）指出由於第二產業對中國經濟的決定性作用，產業結構變化必然能提高能源效率。劉佳駿等（2011）從空間角度探討產業結構變動對區域能源效率提高的貢獻，利用三次產業結構 GDP 和相關能源利用統計數據，結合數學模型和空間分析方法，以中國 31 個省（市、自治區）相關數據為樣本，分析得出經濟結構合理且經濟基礎好的省（市、自治區），產業結構調整對區域能源效率提升貢獻明顯；而經濟基礎薄弱尚未形成主導產業的省（市、自治區）與形成較為合理的低端產業結構的省（市、自治區），產業結構變動對區域能源效率提高的貢獻不明顯。陳夕紅等（2013）基於 1997—2007 年中國 30 個省份的面板數據，採用 Malmquist DEA 方法測算了廣義技術進步指數並進行分解，然后運用面板方法分析了經濟增長質量與能源效率的作用機制。研究結果表明技術進步與產業結構升級能夠促進能源效率的提升。朱勝清等（2013）通過分析中國 30 個省（市、自治區）產業結構和能源效率的演變特徵，建立了向量自迴歸模型，揭示了能源效率對產業結構演變的響應機理及區域差異。結果顯示：東部地區產業結構演變程度大於中西部和東北地區，中國能源效率總體呈自東南向西北遞減態勢。周肖肖等（2015）從能源效率和產業結構對經濟增長的交叉作用入手，基於「環境成本」的思想，構建了包含環境、能源、勞動力、資本四要素的三部門模型，實證分析了能源效率和產業結構對經濟增長的影響。其結果表明：中國經濟增長顯著存在能源效率——產業結構協同效應，能源效率可通過倒逼產業結構優化促進經濟增長；能源效率和經濟增長之間存在產業結構的雙門限效應。

另一部分學者認為，產業結構變動對能源效率影響並不顯著，甚至呈反向作用。如楊福霞等（2015）採用基於向量誤差修正模型的廣義脈衝響應函數分析方法，考察了能源相對價格、產業結構、能源結構以及科技進步四個因素在時序維度上對中國能源效率影響的動態特徵。研究結果表明，在整個衝擊響應期內，產業結構的變動在不同程度上阻礙著中國能源效率的提高，但產業結構對能源效率的影響相對較弱。陳曉毅（2015）採用 ARDL 模型方法對能源效

率及其影響因素的研究表明，產業結構調整在短期內不利於提高能源效率，長期內卻表現出明顯的促進作用。李科（2013）利用中國1995—2009年30個省份的面板數據，以有效勞動力、有效資本存量和能源為投入變量，各地GDP為產出變量，考慮技術俱樂部的異質性，以產業結構合理化水平為閾值變量，應用閾值效應隨機前沿模型對中國全要素能源效率及其影響因素進行了分析。研究表明，中國各地的經濟增長存在3個技術俱樂部，且產業結構逾合理，其全要素能源效率值逾高；對外貿易、「國退民進」式的產權制度改革和以降低碳強度為目標的環境污染治理均有助於提高全要素能源效率。劉立濤等（2010）構建了TFEE固定影響模型對1998—2007年中國能源效率影響因素進行了研究，發現產業結構與能源效率存在顯著負相關關係；同樣，韓智勇等（2004）基於三次產業結構變動與能源效率的研究認為，1998—2000年產業結構演變對能源效率變動有反向作用，得出相似結論的還有吳巧生等（2006）。王玉潛（2003）運用投入產出技術與統計因素分析模型，初步解釋了1987—1997年中國能源消耗強度變動的原因。結果表明，產業結構的調整對降低單位產出能耗的作用是負面的。周鴻、林凌（2005）對中國工業能耗強度在1993—2002年的變動進行了分析，利用Divisia方法分解為產出因素、強度因素和結構因素。研究結果表明，主要是各行業，尤其是電子電器、機械製造等行業的能源使用效率的提高，使得總的能耗每年減少7.2%，部分行業如黑色金屬冶煉、有色金屬冶煉和化學原料產業其能耗甚至有所上升，整個工業的結構效應和產出效應不明顯，說明這10年中工業產值結構和能耗結構的變化對於能源使用效率影響不大。齊志新、陳文穎、吳宗鑫（2007）同樣基於Divisia分解法，計算了1993—2005年工業部門內部輕重結構變化對能耗強度的影響，結果和之前的研究類似，即工業輕重結構的變化對能耗強度的影響小於部門強度因素，但近幾年重工業比重的增加對工業能耗強度的影響增大，2003年工業能耗強度反常上升，78%可以歸結為結構變化因素。

對於為何產生不同的研究結論，Ang和Zhang（2000）在一篇綜述中提出：研究結論因國別而異，取決於具體的分析時期、數據定義、數據割分的詳細程度以及分解方法。譬如在研究的對象上，有的是從一、二、三產業來分析，有的則選擇重工業和輕工業比重，還有的選擇的農、工、建、交、商、其他等六個產業部門，此外，有些研究則直接選擇的工業或者是製造業；從研究區段來說，以中國為例，主要包括兩個時期，一個是2000年之前能耗下降時期，另一個則是考察2000年左右出現能耗上升階段，不同時期由於工業化進程不同，因此結構調整對於整個能源效率的變化影響也是不同的；從分析的工具上來

說，考察結構變動效應最常見的是採用因素分解法，其中最基本的又可分為拉氏（Laspeyres）因素分解和迪氏（Divisia）因素分解；正是由於採用了不同的研究工具對不同的研究對象在不同時期的變化特徵進行研究，最後導致了這些結論可能大相徑庭。

3.1.2 能源價格與能源效率研究

學者們關於能源價格對能源效率的影響研究，主要體現在間接作用和直接作用上。

在能源價格對能源效率的間接影響方面，Hicks 早在 1932 年就提出「誘導性創新」這一概念。Hicks（1932）認為當某種生產要素價格上漲時，就會誘使節省該種昂貴生產要素的創新出現，進而間接地影響能源消費，即生產要素相對價格變化是發明的動力，能源價格通過影響能源技術對能源效率間接產生影響。Lanjouw 和 Mody（1996）的研究也表明，能源價格對能源效率具有最大的誘導效應，但是他們的研究並沒有估算能源價格的彈性。后來 Jaffe 和 Palmer（1997）的研究彌補了上述不足。Popp（2001）的研究結論表明，能源價格的變化將推動節能技術的變化，通過技術創新，間接地影響能源消費。他指出，由於能源價格改變引致要素替代彈性的變化導致能源消費改變了 2/3。他還分析了由於能源價格變動使得各種不同的能源技術的專利究竟發生了怎樣的變化。后來，Popp（2002）又利用美國 1970—1994 年的數據進行了實證研究。結果證實了在 20 世紀 70 年代，美國能源價格的衝擊對能源利用效率的提高具有顯著的正向影響。

也有學者認為，能源價格主要是通過對能源消費結構產生影響，間接實現對能源消費的影響。孔婷等（2008）運用 1995—2005 年的數據，以中國製造業中 24 個重要行業為例，採用層次迴歸法對能源價格和能源強度的關係進行了實證研究。結果表明，對大多數行業來說，能源價格的影響更多地表現為通過促進能源消費結構轉變來降低行業的能源消耗強度。田立新、劉晶（2010）分別對全國和江蘇省 1990—2008 年的時間序列數據進行了分析，計量研究了能源相對價格對能耗強度的影響效果。研究結果顯示，近幾年來，全國和江蘇省能源強度明顯下降了，其中，電力相對價格的上升促使了能源強度的下降，但總體能源相對價格的提高對降低能源強度的作用並不顯著。

還有學者則認為，能源價格主要是通過影響產業結構，進而對能源消費產生間接影響的。杭雷鳴、屠梅曾（2006）採用了 1985—2003 年的時間序列數據，以中國製造業為例，對能源價格與能源強度的關係進行了實證研究。他們

指出，能源相對價格的提高有利於降低能耗強度，通過提高能源價格來改善中國能源利用效率是一個有效的政策工具。胡宗義等（2008）將能源強度指標和能源替代模塊納入了中國 CGE 模型，研究能源價格變動對能耗強度和經濟增長產生的影響。結果表明：在短期和長期內提高能源價格均會導致中國能源消耗強度顯著地降低，其原因是通過提高能源價格優化了中國產業結構，第二產業尤其是重工業所占 GDP 中比重有所下降，因此減少了總體能源消費。

在能源價格對能源效率的直接影響方面，Birol 和 Keppler（2000）運用相關經濟學理論分析得出結論：運用經濟手段提高能源價格能夠有效地改善能源使用效率，進而降低能源強度，同時闡明了能源價格變化對能源強度影響的傳導機制大致分為兩類：①生產要素間相對價格的變化對現行技術的選擇機制；②能源相對價格變化對新技術的誘導機制。Cornillie 和 Fankhauser（2004）通過對中東歐和蘇聯一些經濟轉型國家的數據進行比較研究後發現，能源價格提高是能源使用效率提高的主要動力，這一結論支持了 Birol 和 Keppler（2000）的觀點。Kaufmann（2004）在分析美國能源效率和能源價格的關係時發現，能源價格對能源效率具有顯著的影響，但在價格上漲和下降過程中其作用是不同的。在能源價格上漲過程中，節能收益的提高促進節能投入增加和能源效率的提高，能源效率向上調整是靈活的。但在能源價格下降過程中，已投入的技術和設備在一種程度上具有沉沒成本的特徵，並不會被完全閒置，使能源效率的向下調整表現出一定的黏滯性。所以，能源效率和能源價格之間的關係不是線性的，而是表現出不對稱性。譚忠富、張金良（2010）利用 1978—2006 年樣本數據，通過狀態空間模型、向量誤差修正模型、脈衝響應函數和方差分解模型分析了能源效率及其影響因素之間的動態變化關係。研究結果表明：改革開放以來中國能源效率與其影響因素之間存在長期均衡關係，能源價格在長期均衡關係中，對能源效率有著促進作用，而從各因素對能源效率的貢獻百分比來看，能源價格對能源效率的貢獻最大。陳曉毅（2015）的分析表明，長期中能源價格有利於能源效率的提升。但短期內，能源價格對能源效率的作用存在滯後效應。王俊杰和史丹等（2014）通過理論分析發現，能源價格偏低會激勵經濟主體用能源要素替代其他生產要素，將對能源效率產生負面影響。同時，他們還選取了 39 個國家 1995—2012 年的數據進行實證分析。分析結果表明，能源價格提高確實有助於能源效率的提升，這種影響在 2004—2012 年顯著，而在 1995—2003 年不顯著，表明能源價格只有足夠高時才能對能源效率產生顯著的影響。研究還發現能源價格提高對能源效率提升的促進作用在發展中國家更為顯著，平均而言，能源價格提高 10%，將導致發展中國家單位

GDP 能耗下降大約 1%。與其他大國相比，中國能源價格明顯偏低，這是導致中國能源效率低下的重要原因。唐安寶、李星敏（2014）利用中國 1990—2010 年的相關數據就能源價格與技術進步對能源效率的影響進行了研究。研究發現能源價格的提高和技術進步在短期和長期都促進了能源效率的提升；能源價格對技術進步有「引致效應」，但其對能源效率作用的發揮受能源市場化程度制約；技術進步對能源效率的影響受制於其自身的發展水平，且會通過降低能源價格對能源效率產生負面影響。

3.1.3　技術進步與能源效率研究

技術進步對經濟發展的推動力毋庸置疑，技術進步也對能源消費乃至生產供應都產生了影響。技術經濟學理論認為技術進步既可以增加經濟產出，又可以減少能源消耗，是能源效率提升的本質來源。因此，技術進步被認為是影響能源效率的另外一個重要因素。在能源消費部門，科學技術的發展可以促進產業部門效率的提高。一方面，可以提高設備的工作效率，直接降低單位產品的能耗；另一方面，通過信息產業、電子商務、通信設備等產業的迅猛發展，縮短了交易過程，降低了中間環節的成本，使得能源強度下降進而降低了能源消費量。利用技術進步和科技革新降低經濟發展與能源消費之間的彈性關係，可以保持較高的節能率。現有新技術的充分利用同樣會帶來能源效率的大幅提高，其主要表現在兩方面：一是高效應用技術，二是能源的高效轉換技術。美國的研究數據顯示，已經上市的節電技術如果得到普遍採用，可節省全部用電的 3/4。同時，把證明為最佳的節油和省氣的新技術實際投入應用，可節省至現時全部用油量的 4/5。目前，學者普遍認為，技術進步是提高能源效率的重要途徑之一，並且與產業結構調整相比，技術進步對能源效率帶來的改善效應要高於產業結構對能源效率的影響（史丹，2006；魏楚和沈滿洪，2007；趙媛等，2010；韓一杰和劉秀麗，2011）。

一些國外學者專門對中國的數據進行了研究。Richard F. Garbaccio 等（1999）在對 1987—1992 年中國的投入產出表進行因素分解分析後認為，技術因素對能源效率會產生改善作用，而且是能源效率提高的主要原因。Huang（1993）認為 20 世紀 80 年代中國能效提高有 73%～87% 應歸功於技術的進步。Sinton 和 Levi（1994）分析了中國 1980—1990 年工業行業的相關數據，認為效率改進是中國能源強度下降的主要原因。Chunbo Ma（2008）的研究也顯示，效率改進是中國能源消耗強度下降的主要因素。Lin 和 Polenske（1995）對中國的宏觀時間序列數據的研究表明：改革開放以來，技術進步促進了能源效率

的改進，而且是能源效率提高的主要因素。目前國內外學者對技術進步影響能源效率的研究主要有兩大類。

第一類學者主要通過研究能源效率的多方面影響因素進而得出技術因素與能源效率的關係，如師博、沈坤榮（2008）採用超效率 CRS-DEA 模型測算了 1995—2005 年中國省際全要素能源效率，並計量分析了產業結構、能源價格、市場化和經濟開放性等因素對全要素能源效率的影響。劉暢、孔憲麗和高鐵梅（2008）建立了能源效率影響因素的固定效應變截距面板數據模型，以中國工業行業的面板數據作為研究對象。研究發現，科技研發經費支出的增加有利於高能耗行業能源效率的提高。徐國泉、姜照華（2007）定性分析了技術進步、經濟結構和能源價格對能源消費和能源效率的影響，在此基礎上確立了能源效率的表達模型，提出了 R&D 知識存量測度方法，測算出了美國 1957—2004 年的 R&D 知識存量，並選取美國 1980—2004 年的能源生產率、R&D 知識技術存量、第三產業比重以及石油價格等變量的時間序列作為樣本數據，通過迴歸分析看出美國結構變化對能源效率的影響最為顯著，經 Granger 因果關係檢驗，技術進步與能源效率之間存在雙向因果關係。李國璋和王雙（2008）利用廣義費雪指數方法，對區域能源強度的變動進行了因素分解分析，認為技術進步是中國能源效率提高的有效解釋因素。張同斌、宮婷（2013）採用時變參數的狀態空間模型，基於庫茲涅茨假說和結構紅利理論，研究了經濟增長、產業結構變動、技術進步在不同工業化階段對能源效率的差異化影響。結論認為，經濟增長和產業結構對能源效率提升潛力的影響不斷減弱並趨於穩定，技術進步對能源效率潛力的貢獻逐漸增強。馮烽（2015）從內生性視角構建了分析能源效率及其影響因素動態效應的經驗模型，並以中國省際面板數據實證研究了能源價格、技術進步與能源效率之間的長期均衡關係及動態效應。結果表明，技術進步對改善能源效率具有很大的提升空間，完成「硬」技術進步由生產效率導向型向節能導向型轉變是實現技術進步促進能源效率提高的重要途徑。傅曉霞和吳利學（2010）從企業成本函數出發，推導出能源條件需求函數，並將之擴展為宏觀能源效率的經驗分析模型，採用半參數的變系數能源效率模型，估計了生產率趨勢、工業化程度、重工業比重和能源相對價格對能源效率的作用方向和影響程度，發現中國改革開放前技術進步對能源效率變化的貢獻較小，改革開放後其影響顯著為正且作用很大。齊志新、陳文穎（2006）運用拉氏因素分解法，分析了中國 1980—2003 年能源強度以及 1993—2003 年工業部門能源消耗強度下降的原因。研究結果表明：技術進步是中國能源強度下降的決定性因素。原毅軍、郭麗麗和孫佳（2012）應用隨機前沿分析法分析

了技術進步、結構調整、管理在長短期內對能源效率的影響。結果發現技術進步可促進能源效率的提升。金繼紅和毛顯強（2013）採用投入產出分析法，對中國各產業部門增長的貢獻因素進行了分解，實證分析了技術進步、投資、居民消費和出口對能源效率的影響。結果表明技術進步對能源效率有著正面影響，但影響有限。程中華、李廉水、劉軍（2016）採用 Malmquist-Luenberger 生產率指數對存在環境約束下的技術進步及其分解進行測算，並利用中國 1998—2013 年 30 個省（區）的統計數據，採用動態空間面板模型實證分析環境約束下技術進步對能源效率的影響。研究表明：技術進步整體上保持了良好發展態勢，且有利於能源效率的提升；科技進步是推動技術進步的主要因素，但由於能源回彈效應的存在，使科技進步對能源效率的提升作用不顯著；技術效率改善推動技術進步的貢獻相對較少，但能顯著推動能源效率的提升。詹國華、陳治理（2013）利用 2005—2009 年省際面板數據，在考慮空間效應的情況下，運用空間面板模型進行實證分析，發現國內 R&D 投入、人力資本和專利授權數對提高能源利用效率有積極影響，而外商直接投資幾乎無影響；省域之間的個體差異是影響能源效率空間分佈格局的主要因素。由此可見，此類研究主要從宏觀層面研究了技術進步對能源效率的促進或阻礙作用。

　　第二類學者對技術進步與能源效率的關係進行深入研究。例如 Turner（2011）針對蘇格蘭經濟利用模型研究了技術革新對能源效率的影響，認為技術進步可以提高能源效率減弱經濟增長對環境質量的影響。Greene（2010）指出，美國需要廣泛發展能源技術以達到其劃定的能源目標，方法是減少 11 個技術領域的技術進步不確定性以達到二氧化碳減排和能源依存度降低的目的；國內學者主要是通過測算中國 31 個省區的全要素生產率並利用分解技術得到技術進步和技術效率對能源效率的作用程度。王群偉、周德群、陳洪濤（2009）利用非參數的 DEA-Malmquist 生產率指數法將廣義技術進步分解為科技進步和技術效率兩個部分，又採用更具小樣本特性的自迴歸分佈滯后方法（Autoregressive Distributed Lag，ADL）來檢驗兩者與能源利用效率間的協整關係，最后運用脈衝響應函數分析了科技進步和技術效率對能源效率衝擊的時滯區間和作用效果。結果顯示，科技進步、技術效率對能源效率的改善均具有正向的積極作用。吳巧生和成金華（2006）考察了中國 1980—2004 年相關數據。研究表明：各部門能源使用效率的提高是導致中國能源消耗強度下降的主要原因，而工業部門的技術改進是影響中國能源消費強度的主導因素。李廉水和周勇（2006）採用 35 個工業行業的樣本，運用非參數 DEA-Malmquist 生產率方法，將廣義技術進步分解為純技術效率、規模效率和科技進步三個部分，然后

运用面板技術分別估算了這三個部分對能源效率的影響作用。結果表明，技術效率提高是工業部門能源效率提高的主導因素。王群偉、周德群（2008）的研究也得出上述的相似的結論。還有部分學者利用 DEA 和 SFA 測算技術進步，並將其分解為科技進步和技術效率，進而分析其對能源效率的影響，但結果存在差異，如宣燁和周紹東（2011）研究發現技術效率改善是能源效率提升的主要動力，而科技進步對能源效率的貢獻度相對較低；餘泳澤和杜曉芬（2011）的研究卻發現科技進步是能源效率提升的主要因素，而技術效率改善對能源效率提升的貢獻相對較少。葉依廣、孫林（2002）通過定性方法闡述了科技創新是提高能源效率的根本途徑，這是因為一方面科技創新和技術進步可以通過提高生產要素的邊際生產力、研製和開發先進的技術設備和科學的生產方法來提高能源使用效率，另一方面科技創新對產業結構的優化升級起著主導和決定性作用，通過促進產業結構的升級實現了能源在不同部門、產業間的優化配置，從而提高能源的配置效率。Wei 等（2006）運用投入——產出分析法，考察了中國到 2020 年技術對節能潛力的影響，其結果也是具有正向改善作用的。施衛東、程瑩（2016）運用 Malmquist-Luenberger（ML）生產率指數方法測算並比較了 2001—2010 年中國製造業在碳排放約束下全要素能源生產率水平及其分解。他們在無碳排放約束下利用傳統距離函數和方向距離函數從全國、區域和省際 3 個角度來探究了能源生產率水平並分解技術進步與效率改善，運用 Tobit 模型對影響全要素能源生產率的因素進行了實證檢驗。研究發現：3 個角度下全要素能源生產率年均都呈正增長，主要得益於技術進步；全國角度下 ML 指數呈 W 形波動，2005 年和 2009 年是拐點；區域角度下發現效率改善對中西部全要素能源生產率促進作用越來越大；全要素能源效率、節能減排及外資流入的提高對全要素能源生產率的增長有正向作用。呂榮勝、陳曉杰（2014）對中國物流業的全要素能源效率進行了分析，認為中國物流行業整體能源效率水平不高，且呈現從東向中西部地區遞減的趨勢，在影響物流業能源效率的因素中，技術進步起著正向的推動作用。

　　還有學者以技術進步的表徵變量作為解釋變量進行迴歸分析。姜磊和季民河（2011）基於空間變系數地理加權迴歸模型實證分析了技術進步對能源效率的影響。結果顯示研發投入的貢獻最大，其次是外資和人力資本。範柏乃、江蕾、羅佳明（2004）曾經利用科技投入作為技術進步的代理變量，基於中國 1953—2002 年的統計數據研究了它同經濟增長之間的關係，Granger 因果檢驗的結果表明，科技投入的增長導致了經濟的增長，但通過廣義差分迴歸方法揭示出兩者的依存度並不十分顯著。Fisher-Vanden 和 Jefferson 等（2006）在

研究中發現，技術研發（R&D）活動是能源效率提高的重要原因，並將技術研發細分為內部自行研發創新和通過市場進行技術引進吸收兩種情況考察。結果是內部研發與外部技術轉移（通過 FDI 或者市場方式）相比，前者對能源效率的改善更為重要。上述研究得出的結論主要是技術進步有利於能源效率的提高，但能源消費沒有因為技術進步而減少的客觀事實使得「回彈效應」成為學術界關注的問題。

回彈效應最早是由 Khazzom（1980）提出的，Birol 和 Keppler（2000）對此進行過探討。其影響機制是：技術進步一方面可以降低能源消耗和開支，從而提高能源效率和經濟產出；但另一方面由於技術進步使得經濟增長，這又導致了能源需求的增加，同時由於能源開支減少，實際能源價格下降，真實收入水平上升，這兩者也會使得對能源需求增加，從而使得能源效率下降。由於技術進步所產生的兩種不同影響，使得研究變得複雜起來，最后的影響結果要取決於這兩者分別對能源效率的影響程度。

技術進步對能源效率的提升作用是顯而易見的，技術進步通過節能技術創新、能源設備改進等達到對能源要素的充分利用，通過優化產業結構、促進工業發展模式轉變等實現對能源要素的優化配置，技術進步對能源效率提升具有正向的促進作用。技術進步提高能源效率的同時，也促進了經濟增長，而對於處在工業化初期和中期的經濟體而言，經濟增長模式一般是粗放型的，能源的消耗強度高、能源效率低，經濟增長對能源效率的影響是負面的，技術進步可能會引發不利於能源效率提升的「回彈效應」。因此，技術進步具有提升能源效率與引發回彈效應的雙面性，進而導致技術進步對能源效率影響的方向和幅度具有不確定性。

儘管大多數研究表明，技術進步對於能源效率的提高有著正面影響，但是如果將關注的重心從技術進步對能源效率的影響延伸到由技術進步引起的能源效率的變化對能源消費量、溫室氣體排放量的影響上來，則可以將這一研究範圍進一步擴展，並得出一些有益的結論。

Jeferson 等（2000）證實了能源效率和能源結構改善均能有效降低二氧化碳排放，其中能源效率改進作為減排的關鍵因素在降低能源依賴和節約成本方面發揮著重要作用。林伯強等（2011）認為能源強度是影響中國二氧化碳減排最重要的因素。範丹、王維國（2013）在工業企業的全要素能源效率評價體系中納入了能源和二氧化碳，並通過四階段 DEA 和 Bootstrapped 方法進行實際分析。結果顯示各地區工業企業全要素能源率提高的主要原因是技術研發的投入，且對能源和碳排放減少所做貢獻最大。但也有學者對此提出質疑，如魏

一鳴等（2008）認為能源強度和能源結構變化未必能降低二氧化碳排放量。事實上，技術進步對二氧化碳等污染物的排放可能存在雙刃效應。Acemoglu D. 等（2009）認為技術進步在推動經濟增長的同時可能帶來更多碳排放，也有部分學者支持技術進步可以實現節能減排的觀點，如 Valentina Bosetti 等（2006）、何小鋼等（2012）。還有學者認為技術進步對二氧化碳排放的影響具有不確定性，也即技術進步既可能增加也可能會減少二氧化碳排放水平，如 Jaffe A. B. 和 Newell R. G. 等（2002）。申萌等（2012）基於區域面板數據考察了技術進步和經濟增長對於二氧化碳排放的直接和間接效應，認為部門碳排放強度受產品先進程度和技術進步彈性影響，但未進一步解釋技術進步通過何種具體途徑降低了碳排放強度。金培振、張亞斌、彭星（2014）基於產品質量改進思想構建了考慮能源效率改進與二氧化碳減排的經濟增長模型，利用1999—2011年中國工業35個行業面板數據，探討技術進步通過影響經濟增長與能源效率，進而作用於二氧化碳減排的雙刃效應。研究發現，技術進步在工業領域通過能源效率改進帶來的減排效應尚不能抵消其推動經濟增長帶來的二氧化碳增長效應，但會使輕、重工業行業的二氧化碳排放強度向低端收斂；與輕工業相比，重工業的能源效率改進相對經濟增長而言對二氧化碳減排的影響更強，以綠色技術創新帶動重工業的能源效率提升將是未來節能減排工作的切入點與著力點。

3.1.4 其他因素與能源效率研究

此外，一些學者還從體制改革、政府管制、國際貿易、經濟發展水平等方面對能源效率進行研究。Newell 等（1999）的研究認為，政府對能源價格的管制和對能源使用效率標準的制定，都會引起能源使用效率的提高。Benjamin（2009）的研究指出，政府的干預在促進可再生能源的利用和提高能源使用效率的過程中是十分必要的，同時指出了政府最偏好的幾種政策：對常規能源與成熟能源的技術取消補貼，對可再生能源實施進入補貼，保證能源價格彈性的靈活性，提高公眾認知度。史丹（2002）運用中國1978—2000年的數據，分析了產業結構變動、對外開放和體制改革對能源使用效率的影響效果。結果認為：結構調整、對外開放和經濟體制改革對中國能源利用效率的提高影響很大。下面將從體制改革、對外開放與國際貿易、經濟發展水平等方面對能源效率影響因素的相關研究進行梳理。

(1) 體制改革

學者們對發展中國家和轉型國家的研究得到了更多有趣的結論。研究發現，能源效率除了結構調整和技術水平因素外，可能還同其他因素如制度、市場改革等相關。其影響主要包括：市場經濟和制度創新改進了企業內部的能源效率，改善了能源的配置效率，同時更加靈敏的價格信號將更好地起到槓桿作用。研究的基本結論是較為一致的，即不斷開放的市場將促進能源效率的提高。但在研究中所採取的代理變量往往各不相同，主要包括產權制度安排、所有制變化、對外開放程度等變量。

在宏觀經濟層面，Anderson（1995）認為，一個國家（地區）所採取的經濟政策越市場化，將使得該國（地區）的市場開放程度越高，同時也將促進能源效率的可持續改進，這一結論在發展中國家尤其適用。Meyers（1998）討論了旨在強化市場效率的政策也將同時產生更有效的能源效率。Sinton 和 Fridley（2000）發現，中國實施的從國有經濟向集體、私人經濟以及外國投資的產權關係改革對改善能源效率具有重要的正向影響；劉偉、李紹榮（2001）認為中國改革開放中所有制結構的變遷，尤其是國有制比重下降而非國有制比重上升大大提升了要素效率。林伯強（2003）在三要素生產函數框架下，應用協整分析和誤差修正模型研究了中國電力消費與經濟增長之間的關係，認為旨在提高經濟效益的經濟改革可以節省能源，同時提高能源利用效率，將有利於促進長期可持續的經濟增長。Fan 等（2007）在1979—2003年宏觀時間序列數據的基礎上，對能源價格彈性、能源替代彈性以及能源與資本和勞動的交叉價格彈性進行了計算，結合超對數成本函數進行分段迴歸，來驗證了市場改革是否會改善中國的能源效率。結果表明市場改革有利於能源效率提高、節約能源的假設。

在微觀層面上，劉小玄（1995、2000）、謝千里、羅斯基（2001）對中國工業企業的研究發現，非國有企業的產權制度安排決定了其具有比國有企業更高的要素生產率增長，因為前者對企業所有者來講更有激勵的動力。同時，劉小玄（2000）在應用1995年工業普查數據檢驗所有制結構對效率的影響時還發現，越是遠離計劃控制鏈條的企業發展越快、效率越高，而且這種效率正在通過市場競爭機制「輻射」到其相鄰地區，推動了較低層次企業的民營化先於較高層次的企業。涂正革、肖耿（2005）利用隨機前沿生產模型對1995—2002年的22,000家大中型企業數據進行了分析，並認為產權結構是導致技術效率的核心因素，是生產力革命的制度基礎。劉小玄、李利英（2005）通過

對451家樣本企業在1994—1999年的調查數據分析，得到了企業改制的典型特徵，即國退民進的改制方向與企業要素效率提高的方向是一致的，也就是企業的產權改革推動了各生產要素的提高。Jefferson等（2006）在對中國大中型企業的TFP變動研究中發現，企業的所有制改革將激勵經理層更加合理利用資源，從而採取成本節約措施並進行創新。胡一帆、宋敏、鄭紅亮（2006）使用世界銀行在1996—2001年對中國5城市6部門的700多家公司調查的統計數據研究了所有制多元化對績效的影響。研究發現，私有股份和外資股份相比國有股份更能激勵公司的生產率，從而表明了中國國有企業的民營化改革將提高企業的競爭力。

（2）對外開放與國際貿易

國際貿易對東道國的影響是多渠道的，其不僅對東道國具有資本累積的直接效應，而且還具有間接的外溢效應——技術擴散、人力資本提高和制度變遷。一方面，對外貿易的擴大和外資的進入不僅可以解決國內就業，帶來先進技術和管理經驗，同樣重要的是它還可以帶來正向的外溢效應，比如競爭示範效應、人員流動效應和供應鏈效應，從而間接的影響東道國企業的績效。但另一方面，憑藉技術、資金和管理經驗的優勢，外資對國內產業會形成一定的衝擊，導致競爭加劇。

王猛、王有鑫等（2013）在探討國際貿易影響能源效率的理論機制的基礎上，利用2000—2009年中國省際面板數據，實證分析了國際貿易對能源效率的影響。結果表明，國際貿易能夠實現技術溢出，進而提高能源效率。王豔麗和李強（2012）將資本、勞動力、能源等要素的互相替代效應納入能源效率的測度模型中，利用DEA的方法測算了1999—2009年中國34個工業行業的能源要素利用效率，實證檢驗了外商直接投資、國際貿易、環境規制和人力資本水平等因素對工業能源要素利用效率的影響及作用機制。研究結果表明，外商直接投資、國際貿易、環境規制和人力資本水平均對中國工業行業能源要素利用效率產生了積極的影響，但作用途徑有所差別。陳娟（2016）採用面板門限模型分析了2001—2011年中國37個工業行業的能源強度與行業對外開放度之間的非線性關係，認為行業對外開放程度對能源強度的影響是漸進式的，表現出四個階段性變化特徵，只有當中國工業行業對外開放程度超過臨界值時，對外開放程度越高會顯著降低行業能源強度。

儘管對外開放程度的擴大和國際貿易比重的上升能夠為東道國帶來技術和效率上的改進，但是眾多學者的研究發現當前也存在著對外開放陷阱，即外商

投資多為數量擴張型，對外貿易也基本上是低附加值產品出口，對中國的技術進步和產業升級推動乏力，而且還憑藉其壟斷優勢和享受的優惠待遇來加劇中國的產業競爭，導致國內企業過度競爭甚至虧損。

沈坤榮、李劍（2003）就貿易影響經濟的機制進行了深入的研究，其基本結論是：貿易影響生產率的主要途徑是通過影響人均資本和制度變革來完成的，此外，技術進步的渠道並不顯著，且主要局限於國內貿易的影響上，國際貿易比重和技術進步之間存在負相關性，這說明開放程度的加大對中國的技術開發激勵存在某種程度的負面影響，這可能是由於競爭的加劇導致技術投資利潤的減少，但是在樣本區間內其負面影響並不顯著，但這並不表明該負面影響在今后也一直不顯著。呂小明和康繼軍（2016）運用25個製造業行業2000—2011年的面板數據，基於能源庫茲涅茲曲線，研究了中國製造業對外開放對能源效率的影響方式。結果表明，製造業對外開放對能源強度的影響呈非線性，能源強度隨外貿依存度變化呈先上升后下降的倒U形曲線，隨外資依存度變化呈先下降后上升的U形曲線。目前中國製造業穩中有降的外貿依存度和穩中有升的外資依存度都對能源效率起到了積極的作用。

（3）經濟發展水平

秦全德、李欣等（2016）經濟發展水平最高的中國東部沿海12個省（區、市）2000—2012年的面板數據為樣本，其能源消耗量占全國的比重較大。以運用非參數數據包絡分析的DEA-SBM模型和DEAMalmquist指數模型，在考慮非期望產出的背景下，從靜態和動態兩個層面測算東部沿海地區的能源效率。研究結果表明：①中國東部沿海地區的能源效率在2001—2012年呈現出整體上升的趨勢，各省市經濟發達程度與能源效率成正向關係。②非期望產出對於各省市的能源效率影響較大。③中國東部沿海地區節能減排的潛力巨大。④技術進步是促進提高中國東部沿海地區能源效率的最重要因素。

高振宇、王益（2006）計算了各省1995—2003年的能源生產率，並進行了聚類分析，將全國劃分為能源高效、中效和低效區，並認為除了產業結構以外，經濟發展水平、投資及能源價格是影響地區能源生產率差異的主要因素。史丹（2006）在中國各地區能源生產率趨同條件下計算了各地的節能潛力，認為影響區域能源生產率的主要原因包括產業結構、人均GDP、能源消費結構、對外開放程度和地理區位。魏楚、沈滿洪（2007）利用全要素生產率框架測度了省級能源效率，在此基礎上對可能的影響因素進行了計量檢驗並發現了一些新鮮結論：政府對經濟的干預同能源效率負相關，但呈現區域的差異

性，譬如對東北老工業基地而言，政府的干預有一定促進作用；對外貿易的影響較為複雜，一方面由於技術引進和知識擴散帶來了能源效率的改善，另一方面由於國際貿易實際上轉移了能源消耗，中國加工貿易「高能耗、低附加值」的技術特徵，同時國內市場競爭的加劇，使得對外貿易的影響表現出地區與時期的差異性。師博、沈坤榮（2008）利用超效率 DEA 方法測算了地區全要素能源效率，並認為全要素能源效率損失的根本原因在於市場分割扭曲了資源配置機制，從而阻礙了地區工業規模經濟的形成。史丹等（2008）則基於隨機前沿生產函數模型，認為全要素生產率的差異是導致各地區能源效率差異擴大的主要原因，只有通過改善中西部地區的資源要素配置效率、促進區域間的技術擴散才能提高落後地區的能源利用效率。

3.1.5 區域能源效率差異的影響因素

關於地區能源利用效率差異及其影響因素的問題，國內外學者已經做了許多的研究，且成果豐富。能源利用效率的差異普遍存在於國家之間、地區之間，甚至各產業部門之間也存在能源效率差異，然而國家、地區、行業之間的能源效率也存在著收斂性，或收斂於同一水平，或收斂於不同水平（Miketa 和 Mudler，2005；史丹，2006；劉則淵，2007；師博和張良悅，2008；賀燦飛和王俊松，2009；梁競和張力小，2010；徐盈之和管建偉，2011；潘雄鋒等，2012；趙金樓等，2013）。經濟發展水平、產業結構、技術進步、能源價格、對外開放程度、市場化水平等是導致地區能源效率存在差異最主要的因素（史丹，2006；魏楚和沈滿洪，2007；楊紅亮和史丹，2008；楊繼生，2009；沈能，2010；屈小娥，2011；陳曉毅，2012；沈能和王群偉，2013）。除此之外，政府行政壟斷、能源消費結構、FDI、人力資本等因素對區域能源效率也有影響（尹宗成，2008；賀燦飛和王俊松，2009；楊騫，2010；蔡海霞和範如國，2011；宋楓和王麗麗，2012；朱鵬和盧愛珍，2013）。部分學者探討了某一行業能源效率影響因素問題（韓一杰和劉秀麗，2011；龐瑞芝，2011；王雪青等，2012；王鋒和馮根福，2013）。

史丹等（2008）在隨機前沿生產函數的框架下利用 1980—2005 年省級地區數據對中國能源效率地區差異進行了方差分解。其發現改革以來中國各地區能源效率存在較大差異，並逐漸從「單峰」分佈向「雙峰」分佈變化，各地區全要素生產率、資本–能源比率和勞動–能源比率的差異都對地區間能源效率差異有較大影響，並且資本–能源比率和勞動–能源比率差異的作用在縮小，

而全要素生產率差異的作用在持續提高，東部地區能源效率的收斂，主要是增長方式趨同的結果，而中西部地區由於體制轉軌進程參差不齊，經濟結構和增長波動導致了內部能源效率差異呈現波動性變化。高振宇、王益（2006）計算了各省 1995—2003 年的能源生產率，並進行了聚類分析，將全國劃分為能源高效、中效和低效區，並認為經濟發展水平、產業結構、投資及能源價格是影響能源生產率的主要因素。史丹（2006）同樣計算了區域間的能源生產率，並在各地區能源生產率趨同條件下計算了節能潛力，認為影響區域能源生產率的主要原因包括產業結構、人均 GDP、能源消費結構、對外開放程度和地理區位。空間計量經濟模型的發展為研究區域能源效率差異帶來了新的突破。事實上，由於地理距離等諸多條件的差異以及區域間經濟合作的加強，不同區域之間的空間關聯性愈發明顯。徐盈之、管建偉（2011）採用超效率 DEA 模型測算了中國各地區的能源效率，並通過 Moran's I 指數分析了地區能源效率的空間相關性，發現地區能源效率存在空間正相關性。事實上，技術進步也存在較強的正外部性，即空間溢出效應。通過購買先進技術設備、引進優秀研發人員等方式，即發揮技術進步的溢出效應，地區能源效率可以因此而得到改善，所以我們在研究技術進步對能源效率的影響時，應當考慮到這一效應，即通過構建空間計量模型研究空間溢出效應的影響。李激揚（2011）的研究發現中國不同地區能源利用效率存在較大的差異，從時間趨勢上來看，變動也比較複雜。為找到這一現象的深層次原因，李激揚利用 1995—2008 年中國 29 個省份的面板數據進行了實證分析，發現能源消費結構和產業結構與能源效率呈負相關關係。湯清、鄧寶珠（2013）利用探索性空間數據方法，運用空間滯後模型和空間誤差模型對全域能源效率的影響因素進行估計，運用地理加權迴歸模型對局域能源效率的影響因素進行估計。結果表明：中國省域能源效率存在顯著的空間相關性，全域層面的人力資本投入和外資技術溢出是促進能源效率提高的主要因素；從局域層面看，東北經濟區的人力資本投入和產業結構調整對能源效率提高的貢獻較大，而廣東等南部地區省份的外商投資帶來的技術溢出對能源效率提高的貢獻最大。沈能、王群偉（2013）運用面板門限模型檢驗了產業結構與能源效率的門檻效應，發現產業結構與能源效率之間呈現倒 U 形關係。因此，在改進能源效率過程中，必須考慮不同地區的經濟發展階段和產業特徵，採取差異化的節能減排政策。

3.1.6 文獻評述

目前，對能源效率影響因素的研究已有相當多的文獻，並且不同的學者在

不同的影響因素上也有不同的結論，如有學者研究認為產業結構對能源效率有促進作用，也有學者對此提出質疑，認為產業結構調整對能源效率的正向影響有限甚至為負。在能源價格對能源效率的影響上，學者認為能源價格通過間接和直接兩種方式對能源效率產生影響，一般認為較高水平的能源價格有利於提高能源效率。而在技術進步對能源效率的影響方面，學者們進行了較深入的研究，基本認為技術進步有利於能源效率的提高。但中國地域範圍廣闊，地區資源稟賦、經濟發展水平、技術水平等存在差異，各地區的能源效率也存在較大差異。通過對已有文獻的梳理，發現技術進步和產業結構是當前影響地區能源效率的主要因素。在技術進步方面，現有文獻關於技術進步對能源效率的影響主要是基於因素分解（李廉水和周勇，2006；王迪等，2011）和模型迴歸（汪克亮，2010；王秋彬，2010；楊冕等，2011），這些方法只是對技術進步整體影響的研究，利用空間計量模型對能源效率的影響因素進行研究的成果較少，考慮到技術進步的空間溢出效應的文獻更少；在產業結構方面，大多數學者採用的是不變參數的計量模型來實證分析產業結構對能源效率的影響機制，而忽略了產業結構在時間階段上對能源效率的影響存在差異。因此，本章將引入空間計量模型，考慮二氧化碳排放等非期望產出，採用超 DEA 模型估計出全國 29 個省（不含西藏、海南，重慶數據並入四川）的能源效率，然後以地理加權迴歸模型實證檢驗技術進步對能源效率的空間溢出效應；同時，將構建時變參數狀態空間模型，以人均 GDP 和產業結構作為衡量中國工業化階段變化的主要指標，分析 1978—2012 年中國人均 GDP 和產業結構對能源效率的動態影響。通過本章的研究，彌補此前研究的空缺，從而更加深入的分析區域能源效率影響因素。

3.2 技術空間溢出效應對區域能源效率差異的影響

3.2.1 省域能源效率測算

（1）考慮考慮非期望產出的超 DEA 模型

傳統的 DEA 效率測度模型可以將決策單元劃分為有效和非有效，但是對於有效地決策單元無法做進一步的比較和排序，而超 DEA 模型彌補了傳統模型這一方面的缺陷。其基本思想是在評價某個決策單元時，將其排除在決策單元的集合之外。對於非期望產出的處理，方法有多種，這裡採用將期望產出作

為決策單元的投入變量進行效率評價。超 DEA 模型如下：

設有 k 各決策單元 DMU_j，其中 e_l （$l=1, 2, \cdots, L$）、x_n （$n=1, 2, \cdots, N$）、y_m （$m=1, 2, \cdots, M$）、u_j （$j=1, 2, \cdots, n$）分別代表每個決策單元的能源投入、非能源投入、期望產出和非期望產出。

$$\theta^* = \min [\theta - \varepsilon E^T(s_n^- + s_l^- + s_m^+ + s_j^-)] \tag{3-1}$$

$$S.T. \begin{cases} \sum_{K=1}^{K} \lambda_k x_{nk} + s_n^- = \theta x_n, \ n=1, 2, \cdots, N \\ \sum_{K=1}^{K} \lambda_k e_{lk} + s_l^- = \theta e_l, \ l=1, 2, \cdots, L \\ \sum_{K=1}^{K} \lambda_k y_{mk} + s_m^- = y_m, \ m=1, 2, \cdots, M \\ \sum_{K=1}^{K} \lambda_k u_{jk} + s_j^- = \theta u_j, \ j=1, 2, \cdots, J \\ \lambda_k \geq 0, \ s^- \geq 0, \ s^+ \geq 0, \ k=1, 2, \cdots, K \end{cases}$$

計算 θ^*，若 $\theta^*=1$，$s^+=0$，$s^-=0$，相應的 DMU 為 DEA 有效；若 $\theta^*=1$，$s^+\neq 0$，$s^-\neq 0$，相應的 DMU 為弱 DEA 有效；③若 $\theta^*<1$，相應的 DMU 為非 DEA 有效。

（2）變量選取與數據收集

本節以 2005—2011 年中國 29 個省份的能源效率為決策單元（西藏、海南數據不易搜集完整，因此不納入研究範圍，重慶作為直轄市時間較短，將其並入四川進行計算），投入產出的數據來自《中國統計年鑑》《中國能源統計年鑑》、地區統計年鑑並經加工整理而得。變量選取和數據處理如下：

生產投入要素包括勞動力、資本、能源。勞動力投入以各省份歷年的從業人員數衡量。資本投入採用張軍（2007）對資本存量的估算方法進行計算。能源投入以各省份歷年能源消費總量衡量。期望產出為 GDP，即各省份的地區生產總值，並採用 1952 年的不變價格計算出實際地區生產總值。非期望產出採用二氧化碳排放量進行衡量。

（3）結果分析

採用 Deap2.1 對各省份的全要素能源效率進行測算，結果如表 3-1 所示。

表3-1　2005年、2011年省域全要素能源效率、技術效率及規模效率值

地區		2005 綜合能源效率	2005 技術效率	2005 規模效率	2011 綜合能源效率	2011 技術效率	2011 規模效率
東部地區	北京	0.825,9	0.885,7	0.932,5	0.876,6	0.890,9	0.983,9
	天津	0.826,1	0.839,3	0.984,3	0.825,2	0.847,1	0.974,1
	上海	1.364,3	0.957,4	1.425,0	1.439,3	1.000,0	1.439,3
	遼寧	0.625,1	0.706,1	0.885,3	0.651,4	0.766,2	0.850,2
	河北	0.580,1	0.667,1	0.869,6	0.564,2	0.671,7	0.840,0
	山東	0.710,4	0.758,3	0.936,8	0.757,6	0.760,9	0.995,7
	江蘇	0.952,6	0.955,2	0.997,3	1.024,8	0.986,4	1.038,9
	浙江	0.987,8	1.000,0	0.987,8	0.973,7	0.985,2	0.988,3
	福建	1.027,8	0.983,5	1.045,0	1.178,2	0.989,3	1.190,9
	廣東	1.057,3	0.903,3	1.170,5	1.136,4	0.961,5	1.182,3
	平均值	0.895,7	0.865,6	1.023,4	0.942,7	0.885,9	1.048,4
中部地區	山西	0.459,2	0.657,1	0.698,8	0.466,4	0.686,8	0.679,1
	黑龍江	1.038,5	0.983,5	1.055,9	1.047,1	0.991,1	1.056,5
	吉林	0.692,2	0.843,2	0.820,9	0.704,2	0.862,4	0.816,6
	河南	0.640,3	0.797,4	0.803,0	0.671,3	0.764,4	0.878,2
	內蒙古	0.511,4	0.612,6	0.834,8	0.529,3	0.674,8	0.784,4
	安徽	1.028,4	0.983,8	1.045,3	1.283,9	0.990,2	1.296,6
	湖北	0.691,8	0.807,7	0.856,5	0.734,2	0.820,1	0.895,3
	湖南	0.650,2	0.795,8	0.817,0	0.693,5	0.808,8	0.857,4
	江西	1.047,4	0.926,8	1.130,3	0.842,2	0.824,1	1.022,0
	平均值	0.751,0	0.823,1	0.895,8	0.774,7	0.824,7	0.920,7
西部地區	青海	0.487,8	0.692,7	0.704,2	0.451,4	0.689,4	0.654,8
	新疆	0.540,1	0.678,6	0.795,9	0.484,3	0.501,2	0.966,3
	甘肅	0.533,5	0.755,8	0.705,9	0.518,8	0.799,6	0.648,8
	廣西	0.844,9	0.883,4	0.956,4	0.812,9	0.898,9	0.904,3
	四川	0.620,4	0.767,2	0.808,7	0.658,9	0.807,8	0.815,7
	雲南	0.570,7	0.740,2	0.771,0	0.585,3	0.776,9	0.753,4
	貴州	0.493,7	0.604,5	0.816,7	0.485,2	0.646,6	0.750,4
	陝西	0.575,7	0.694,8	0.828,6	0.614,4	0.757,6	0.811,0
	寧夏	0.441,7	0.672,5	0.702,2	0.422,3	0.674,4	0.626,2
	平均值	0.567,6	0.721,1	0.787,7	0.559,3	0.728,0	0.770,1
全國平均值		0.715,1	0.795,7	0.884,0	0.734,6	0.804,8	0.894,4

資料來源：根據《中國統計年鑑》（2006—2012）和《中國能源統計年鑑》（2006—2012）的數據計算整理而得。

由於考慮了非期望產出，能源效率的評價結果與其他學者的研究結果有所偏離，但仍然保持大體一致的變化趨勢。

從整體來看，全國能源效率的平均值較低，但保持增長的變化趨勢。2005年，全國能源效率的平均值為 0.715,1，到 2011 年，增長為 0.734,6。從東、中、西部地區的能源效率比較情況來看，東部地區能源效率最高，為 0.895,7，其次為中部地區，最后為西部地區，且僅西部地區低於全國平均水平。東部和中部地區都有部分省份的能源效率大於 1，如上海、福建、黑龍江等，其中，上海地區的能源效率位列全國第一。西部地區大部分省份的能源效率低於全國平均水平，如青海、新疆等。由此可以看出，地區之間的能源效率差異比較顯著。

將綜合能源效率分解為技術效率和規模效率能夠更加深入地分析出能源效率存在地區差異的原因。從全國平均水平來看，技術效率值低於規模效率值，且與綜合能源效率的值相差不大，由此可以看出技術效率是影響綜合能源效率的主要原因。東、中部地區的技術效率值高於西部地區的技術效率值，這與實際情況相符，東、中部地區的技術水平高於西部地區，原因是東、中部地區經濟發展水平較高，擁有更多的資金投入到技術研發中，同時，這些地區的對外開放水平較高，與國外的大型公司有較為密切的合作，這對於引進先進技術具有重要的意義。另外，一些煤炭等能源資源豐富的地區，綜合能源效率與技術效率與資源相對稀缺的地區相比要低，如山西等。

3.2.2 技術空間溢出效應及其對區域能源效率的影響

（1）空間計量模型構建

技術進步對區域能源效率的影響存在較強的正外部性即溢出效應。由於地區間經濟合作的不斷加深，一個地區的技術進步會引起相鄰地區能源效率發生一定程度的變化。下面將利用空間計量模型對技術進步的空間溢出效應進行研究。

影響區域能源效率的因素主要有經濟發展水平、產業結構、技術進步、能源消費結構等。本部分進行實證分析所採用的變量如下：

能源效率用單位能耗 GDP 來衡量，表示為 EE；經濟發展水平用人均 GDP 來衡量，表示為 ED；技術水平除了採用上面得出的技術效率之外，還包括外商直接投資、R&D 投入占 GDP 的比重，分別表示為 TC、FDI、RS；產業結構用第二產業與第三產業產值之比來衡量，表示為 IS；能源消費結構用煤炭占能源消費總量的比重來衡量，表示為 ES。由此，實證分析的計量模型基礎為如

下式子：

$$\ln EE_{it} = C + \beta_{1i}\ln ED_{it} + \beta_{2i}\ln TC_{it} + \beta_{3i}\ln FDI_{it} + \beta_{4i}\ln RS_{it} + \beta_{5i}\ln IS_{it} + \beta_{6i}\ln ES_{it} + \mu_{it} \quad (3-2)$$

i 表示第 i（$i=1, 2, \cdots, 29$）個省份，t 表示第 t 期，μ 是隨機擾動項。為了反映技術進步的空間相關性對能源效率的影響，這裡將衡量技術進步的指標進行地理加權，加入能源效率的空間滯后項，變換后的模型如下：

$$\ln EE_{it} = C + \lambda W_n \ln EE_{it} + \gamma \ln EE_{it-1} + \rho W_n \ln EE_{it-1} + \beta_{1i}\ln ED_{it} + \beta_{2i}W_n \ln TC_{it} + \beta_{3i}W_n \ln FDI_{it} + \beta_{4i}W_n \ln RS_{it} + \beta_{5i}\ln IS_{it} + \beta_{6i}\ln ES_{it} + \mu_{it} \quad (3-3)$$

$W_n (n=1, 2)$ 是空間權重，W_1 按一階鄰接法設置，地理相鄰取 1，不相鄰取 0。W_2 為經濟距離，等於 $\dfrac{1}{1+2|\overline{pgdp_i} - \overline{pgdp_j}|}$，$\overline{pgdp_i}$ 表示某省人均 GDP 的年平均值。

（2）技術空間溢出效應對區域能源效率

本章的數據來自 2006—2012 年《中國統計年鑒》和地區統計年鑒以及國務院發展研究中心信息網的統計數據庫的原始數據並經整理而得。地區生產總值、第二產業增加值和第三產業增加值都按 1995 年不變價格進行平減處理。

首先對式（3-2）進行面板數據的最小二乘估計，迴歸結果如表 3-2 所示：

表 3-2　　　　　　　　　　OLS 迴歸結果

解釋變量	（1）	（2）	（3）
$\ln ED$	0.156,2*** (2.503,3)	0.190,7*** (2.867,4)	
$\ln TC$	0.012,3 (0.894,5)		
$\ln FDI$	0.108,9* (1.899,0)	0.107,9*** (2.725,6)	0.136,8*** (3.089,3)
$\ln RS$	0.102,3** (−2.012,4)	0.101,8*** (2.862,0)	0.131,1*** (3.782,0)
$\ln IS$	−0.064,2** (−2.056,3)	−0.059,0** (−2.193,3)	−0.801,2*** (−2.578,3)
$\ln ES$	−0.037,8* (−1.983,9)	−0.037,0** (−2.093,8)	−0.900,1*** (−2.762,8)
常數項	0.564,1	0.385,2	0.703,0
R^2	0.868,9	0.884,3	0.915,7

表3-2(續)

解釋變量	(1)	(2)	(3)
$Adj\ R^2$	0.850,1	0.877,1	0.903,9
F 值	90.738,3	95.077,4	100.078,1

註：*** 為1%的顯著性水平，** 為5%的顯著性水平，* 為10%的顯著性水平；括號中數據為參數估計值的 t 值；表中數據來自2006—2012年《中國統計年鑒》《中國能源統計年鑒》和地區統計年鑒以及國務院發展研究中心信息網的統計數據庫並經整理處理而得。

迴歸結果中的（1）代表將所有的解釋變量納入模型中進行估計，各解釋變量的顯著性水平比較高，可決系數為0.868,9，模型對問題的擬合較好。人均GDP越高的地區能源效率越高；技術進步能夠帶來能源效率的提高，但用技術效率作為技術進步的代理變量在模型中的顯著性水平較低；第二產業較高的地區能源效率較低；以煤炭為主要的消費能源也會降低一個地區的能源效率。（1）是將技術效率從模型中剔除後的迴歸結果，其他變量的顯著性有一定程度的上升，各變量的系數符號與（1）保持一致。（2）是將人均GDP和技術效率剔除後的迴歸結果。發現其他變量的顯著性有明顯的改善，可能的原因是人均GDP是對整體經濟狀況的概括，與其他技術代理變量、產業結構和能源消費結構存在一定程度的多重共線性，將其剔除後，解釋變量之間的相關性有所改善，從而模型中其他變量對能源效率的解釋程度提高。

然後對（3-3）式進行迴歸估計，對（3-3）式的迴歸方法採用了極大似然估計方法。先對兩種權重進行Moran's I統計量的計算，在 W_1 權重下，該指數為168.019,3，在 W_2 權重下，該指數為346.784,2。這兩種權重下都存在空間效應。使用傳統的面板數據迴歸並不能夠全面地反映地區能源效率差異產生的原因。下面進行極大似然參數估計，兩種權重的迴歸估計結果如表3-3所示：

表3-3 不同權重下ML迴歸結果

參數	W_1		W_2	
	(1)	(2)	(3)	(4)
λ	0.736,2*** (3.503,3)	0.839,2*** (3.028,4)	0.745,6*** (3.383,0)	0.748,2*** (3.578,2)
γ	0.015,7* (1.578,3)	0.032,8** (2.083,8)	0.013,9** (2.189,0)	0.017,8** (2.076,8)
ρ	0.156,7** (2.048,5)	0.103,8** (2.264,7)	0.156,6** (2.195,0)	0.178,4** (2.078,4)

表3-3(續)

參數	W₁		W₂	
	(1)	(2)	(3)	(4)
β_{1i}	0.189,4*** (2.678,4)		0.258,4*** (2.504,0)	
β_{2i}	0.028,3 (0.694,5)		0.043,1 (0.705,6)	
β_{3i}	0.118,9** (2.099,0)	0.134,2*** (2.583,8)	0.093,2** (2.124,3)	0.136,8*** (2.889,3)
β_{4i}	0.132,3*** (2.812,4)	0.264,7*** (3.463,7)	0.107,3*** (2.527,3)	0.231,1*** (2.782,0)
β_{5i}	-0.044,2** (-2.346,3)	-0.143,8*** (-2.578,6)	-0.129,3** (-2.363,4)	-0.101,2*** (-2.898,3)
β_{6i}	-0.057,8** (-2.083,9)	-0.067,3*** (-2.587,7)	-0.051,1* (-1.936,4)	-0.230,1** (-2.362,8)

表3-3中的迴歸結果（2）和（4）都是將人均GDP和技術效率從模型中剔除過后得到的。以W_1和W_2為權重得到的迴歸結果參數的符號基本一致。剔除了人均GDP和技術效率之后，模型中變量的顯著性水平有一定程度的改善。

省域能源效率存在較為顯著的空間效應，λ在兩種權重下的t值都高於2.5，達到了3.0以上，其他地區的能源效率提高對於地區的能源效率變化起到了積極的作用。從γ的顯著性可以看到，前期的能源效率對當期的能源效率存在一定的影響，前期能源效率較高的地區會保持能源效率逐漸增長的變化趨勢，即能源效率的變化存在一種慣性作用。這與現實情況比較相符，如上海等經濟較發達的地區，由於能源資源較為匱乏，其能源利用效率為全國最高，且保持著上升的變化趨勢。前期能源效率的空間效應要小於當期，從ρ的t統計量來看，其他省份前期的能源效率仍然會對本地區的能源效率產生影響。可能的原因是本地區為了在與其他地區的經濟競賽中取得優勢地位，需要提高自身的能源利用效率，由此產生前期能源效率的空間效應。由此可以看出，當期和前一期的地區能源效率存在較為顯著的空間相關性。

外商直接投資占比以及R&D投資占比的空間加權項顯著性較高，技術效率的空間加權項顯著性較低，剔除技術效率后，前兩者的顯著性有一定程度的改善。這證實了前面技術進步空間溢出效應存在的假設。其他地區的技術進步會對本地區的能源效率產生積極的影響作用。在區域合作中，本地區可以通過

與周邊地區的技術共享實現能源利用效率的提高。西部地區能源效率較低的省份可以通過引進外資、購買先進的技術設備和儀器、與周邊地區進行技術合作提高本地區的能源利用效率。

其他控製變量也會對能源效率產生影響。人均 GDP 與能源效率存在正相關關係，人均 GDP 高的地區經濟發展水平較高，可用於技術研發和購買技術設備的資金比較充裕，同時，較高的收入也會吸引一批優秀的技術人員，從而帶來地區能源效率的提高。產業結構中第二產業占比高的地區能源效率較低，這是因為第二產業對能源的需求最大，以目前中國工業生產的現狀來看，工業能源利用效率普遍偏低，所以第二產業占比高的地區整體能源利用效率偏低。能源消費結構中煤炭消費占比較高的地區能源效率也較低。其原因是煤炭消費占比高的地區煤炭資源較為豐富，這些地區的煤炭利用成本相對較低，煤炭利用效率較低，同時，煤炭產生的環境污染較大，非期望產出較高，由此會影響能源整體利用效率。

由上述的迴歸結果還可以看出，以經濟距離為權重比以地理距離為權重的迴歸結果要好。這也符合實際情況，地理位置相鄰的地區不一定是經濟合作較為緊密的地區，其原因在於地理位置相鄰的地區其資源稟賦和經濟發展條件相差不大，它們之間的競爭關係更加突出。

3.3　產業結構對區域能源效率變化的影響

3.3.1　模型構建

一般而言，變量之間的關係用不變參數的模型進行迴歸估計就可以滿足研究的需求，然而為了更加深入地分析變量之間的關係（如在不同階段的關係），不變參數的模型越來越跟不上研究的步伐，於是引入了狀態空間模型。狀態空間模型主要用於估計不可觀測的時間變量，描述的是變量之間隨時間變化的動態關係。下面將對狀態空間模型的形式進行描述。

狀態空間模型包括兩個方程：一個是量測方程，描述的是變量之間的數量關係；另一個是狀態方程，描述的是變量前系數隨時間的變化關係。

設 y_t 是包含 k 個經濟變量的 $k \times 1$ 維可觀測向量，Z_t 表示 $k \times m$ 矩陣，得到如下方程：

$$y_t = Z_t \alpha_t + d_t + \mu_t \tag{3-4}$$

其中，t 表示樣本長度，即時間期間。α_t 表示 $m \times 1$ 維向量，是解釋變量前系數，描述其與被解釋變量之間的數量關係。d_t 表示截距項，是 $k \times 1$ 維向量。μ_t 為隨機擾動項，這裡假設其均值為 0，協方差為 H_t。這個方程稱為量測方程。

一般而言，α_t 是不可觀測的，但是可以表示為一階馬爾科夫過程，式子如下：

$$\alpha_t = T_t \alpha_{t-1} + c_t + R_t \varepsilon_t \tag{3-5}$$

其中，T_t 表示 $m \times m$ 矩陣，描述 α_t 隨時間變化的系數。c_t 表示 $m \times 1$ 維向量，為截距項。R_t 表示 $m \times g$ 矩陣。ε_t 表示 $g \times 1$ 向量，為隨機擾動項，假設其均值為 0，協方差為 Q_t。這個方程稱為狀態方程。

當模型構建完成之後，模型中的參數需要得到估計值。卡爾曼濾波法就是解決這一問題的。其計算原理是：當擾動項和初始狀態向量服從正態分佈時，通過預測誤差分解計算似然函數，估計未知參數，並且在新的觀測值得到後連續的修正狀態向量。

設 a_{t-1} 表示基於信息集合 Y_{t-1} 的 α_{t-1} 的估計量，P_{t-1} 表示估計誤差的 $m \times m$ 協方差矩陣，即 $P_{t-1} = E[(\alpha_{t-1} - a_{t-1})(\alpha_{t-1} - a_{t-1})']$。由此，當給定 a_{t-1} 和 P_{t-1} 時，α_t 的條件分佈的均值為 $\alpha_{t|t-1} = T_t \alpha_{t-1} + c_t$。估計誤差的協方差矩陣為

$$P_{t|t-1} = T_t P_{t-1} T_t' + R_t Q_t R_t' \qquad t = 1, 2, \cdots, T \tag{3-6}$$

上述兩式稱為預測方程。得到了新的預測值 y_t 後，可以修正 α_t 的估計值 $\alpha_{t|t-1}$，得到更新方程為：

$$\alpha_t = \alpha_{t|t-1} + P_{t|t-1} Z_t' F_t^{-1} (y_t - Z_t \alpha_{t|t-1} - d_t) \tag{3-7}$$

$$P_t = P_{t|t-1} - P_{t|t-1} Z_t' F_t^{-1} Z_t P_{t|t-1} \tag{3-8}$$

其中，$F_t = Z_t P_{t|t-1} Z_t' + H_t$，$t = 1, 2, \cdots, T$。

為了研究工業化的不同階段產業結構變動對能源效率的影響，構建相關變量之間的狀態空間模型可以實現研究需求。為了描述工業化的不同階段，這裡用人均 GDP 和工業增加值占 GDP 的比重作為工業化階段變遷的總量因素和結構因素。能源效率採用單位能耗 GDP 來衡量，即用 GDP 除以能源消費總量。相關經濟數據來源於 1978—2012 年《中國統計年鑒》和相關年份的《中國能源統計年鑒》。由於統計年鑒中 GDP 和工業增加值都是名義值，因此採用 1978 年為不變價格，對名義值進行平減。為瞭解決模型異方差，此處對人均 GDP、工業增加值比重以及能源效率進行對數化處理。由於狀態空間模型無法解決多重共線性的問題，所以一個狀態空間模型中只包含一個解釋變量和一個被解釋變量，因此，需要構建兩個狀態空間模型。

$$Y_t = X_t \alpha_t + \mu_t \quad var(\mu_t) = \sigma_u^2 \quad t = 1, 2, \cdots, T \tag{3-9}$$

其中 Y_t 為被解釋變量，即能源效率；X_t 為對數化后的人均 GDP 或者工業增加值占比；α_t 為 T*1 的系數向量；$var(\mu_t) = \sigma_u^2$ 表示隨機擾動項 μ_t 的方差為 σ_u^2；t 表示時間區間為 1 到 T。該模型是量測方程。

α_t 為上述模型中的系數序列，是不可觀測的，表示為一階馬爾科夫過程為：

$$\alpha_t = \rho_0 + \rho_1 \alpha_{t-1} + \varepsilon_t \tag{3-10}$$

其中 ρ_0 和 ρ_1 表示待估參數；ε_t 服從均值為 0，方差為 σ_ε^2 的正態分佈。該模型為狀態方程。

在狀態空間模型中，假設 ε_t 獨立於 μ_t，ε_t 與 μ_t 的分佈如下：

$$\begin{pmatrix} \mu_t \\ \varepsilon_t \end{pmatrix} \sim N\left(\begin{pmatrix} 0 \\ 0 \end{pmatrix}, \begin{pmatrix} \sigma_u^2 & 0 \\ 0 & \sigma_\varepsilon^2 \end{pmatrix} \right)$$

其中，N 表示變量服從正態分佈；隨機擾動項 μ_t、ε_t 的方差分別為 σ_u^2、σ_ε^2。

3.3.2 實證分析

上面已經對狀態空間模型進行了詳細的闡述，下面將對狀態空間模型的參數進行估計，採用的計量分析軟件為 Eviews7.0。

(1) 人均 GDP 對能源效率的影響

首先，對人均 GDP 和能源效率進行統計描述分析。參考陳佳貴等（2012）、張同斌等（2013）對工業化階段的劃分：1978—2001 年為工業化初期階段，其中 1978—1994 年為工業化初期的前半階段，輕工業發展迅速；1995—2001 年為工業化初期的後半階段，重化工業逐漸占主導；2002 年以後為工業化中期階段，其中 2002—2010 年為工業化中期前半階段，重化工業加速發展；2011 年以後為工業中期後半階段。

由表 3-4 可以看到，隨著人均 GDP 的增長，能源效率也有大幅度的提高。在工業化初期的前半階段，人均 GDP 為 1,309.98 元，能源效率均值為 973.35 元/噸標準煤，而在工業化初期的後半階段，人均 GDP 為 6,802.82 元，遠遠大於前半階段的均值，同時，能源效率的提升幅度較大。從工業化初期的前半階段和后半階段的方差來看，前半階段的差異較大。在工業化中期階段，人均 GDP 保持高速增長，同時，方差變為 59.43，人均 GDP 和能源效率的變化逐漸平穩。由此可以初步判斷，從總量來看，隨著工業化階段的變遷，能源效率變化趨勢有差異。下面用狀態空間模型進行進一步的證明。迴歸估計式如下：

表 3-4　1978—2012 年中國人均 GDP 和能源效率的統計描述數據

人均 GDP 單位：元

能源效率單位：元/噸標準煤

		工業化初期階段（1978—2001年）		工業化中期階段（2002年以後）	
		前半階段 （1978—1994年）	后半階段 （1995—2001年）	前半階段 （2002—2010年）	后半階段 （2011年以後）
平均值	人均 GDP	1,309.98	6,820.82	18,051.16	36,828.63
	能源效率	973.35	1,762.82	2,038.29	2,399.37
方差	人均 GDP	1,023.17	1,203.80	7,228.42	2,306.36
	能源效率	216.41	191.70	156.65	59.43
最大值	人均 GDP	4,044.00	8,621.71	30,015.05	38,459.47
	能源效率	1,397.93	1,994.61	2,309.82	2,441.39
最小值	人均 GDP	381.23	5,045.73	9,398.05	35,197.79
	能源效率	638.00	1,482.93	1,856.97	2,357.34

數據來源：根據 1978—2012 年中華人民共和國統計局數據整理所得。

$$\ln Y_t = 4.960,8 + \alpha_t \ln pGDP_t + \hat{\mu}_t \qquad (3-11)$$

$$\alpha_t = 0.005 + 0.9 \alpha_{t-1} + \varepsilon_t \qquad (3-12)$$

迴歸估計式（3-11）是量測方程，描述了能源效率與人均 GDP 之間的總體迴歸關係。迴歸估計式（3-12）是狀態方程，描述了人均 GDP 對能源效率影響隨時間變化的具體關係，可以看到該參數的自迴歸系數為 0.9，狀態序列具有顯著地持續依賴特徵。α_t 序列隨時間變化的趨勢如下圖 3-1：

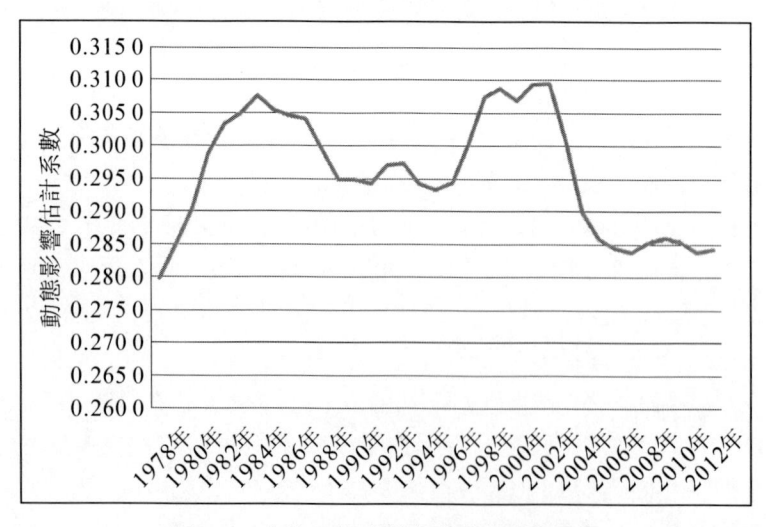

圖 3-1　人均 GDP 對能源效率的動態影響

由圖 3-1 可以看到，人均 GDP 對能源效率的影響係數變化範圍為 0.28～0.31。從 1978 年起，工業開始發展，工業對能源的巨大需求導致經濟發展對能源的依賴加大，1978—1984 年，工業化初期的前半階段，能源消耗帶來的經濟生產總量提高迅速，能源效率持續提高。1984—1992 年，經濟發展對能源效率的提升作用有所降低。其原因可能是能源的邊際生產率有所下降，節能技術無法跟上生產的步伐，經濟生產逐漸掉入「高能耗、低效率」的粗放型生產方式中。

1992—1996 年，經濟發展的影響經過短暫的上升、回落後，開始迎來了提升的階段，而該階段是工業化初期的后半階段。出現這一現象的原因可能是在工業化初期后半階段，工業生產技術的提高和國外先進生產設備的購買，能源利用效率有所提高，工業的快速發展再次帶來了能源利用效率的快速提升。當工業發展進入中期階段，「高能耗、低效率」的粗放型生產方式再次凸顯，工業生產中節能技術的落後以及先進生產設備的缺乏，經濟發展對能源效率的提升作用受到影響，影響作用逐漸下降。

（2）產業結構對能源效率的影響

產業結構與能源效率之間的狀態空間模型迴歸結果如下：

$$\ln Y_t = 9.433,4 + \alpha_t \ln GY_t + \hat{\mu}_t \tag{3-13}$$

$$\alpha_t = 0.006 + 0.9\,\alpha_{t-1} + \varepsilon_t \tag{3-14}$$

迴歸估計式（3-13）是量測方程，描述了能源效率與產業結構之間的總體迴歸關係。迴歸估計式（3-14）是狀態方程，描述了產業結構對能源效率影響隨時間變化的具體關係，可以看到該參數的自迴歸係數為 0.9，狀態序列具有顯著地持續依賴特徵。α_t 序列隨時間變化的趨勢如圖 3-2 所示。

由圖 3-2 可以看到，產業結構對能源效率的影響隨著時間的推進而逐漸降低。係數的變化區間為-0.4～-0.01。根據係數的符號，工業增加值占 GDP 的比重越大，能源效率越低。1978—2001 年是工業化初期階段，在這一時期，產業結構調整對能源效率的影響作用逐漸降低。1978—1990 年，工業發展開始起步，工業經濟發展對能源消耗的需求逐漸增加，然而中國工業發展始終是依靠大量的能源消耗換取經濟總量增長的粗放型發展方式，產業結構中工業占比的增加對能源效率的影響始終是負面的。1991—2001 年，係數的下降速度加快，原因可能是出口逐漸成為拉動經濟增長的主力，而出口產品中工業初級產品的比重較高，從而導致工業增加值進一步擴大，粗放型經濟發展方式進一步凸顯，產業結構的變動對能源效率的負面影響減弱。

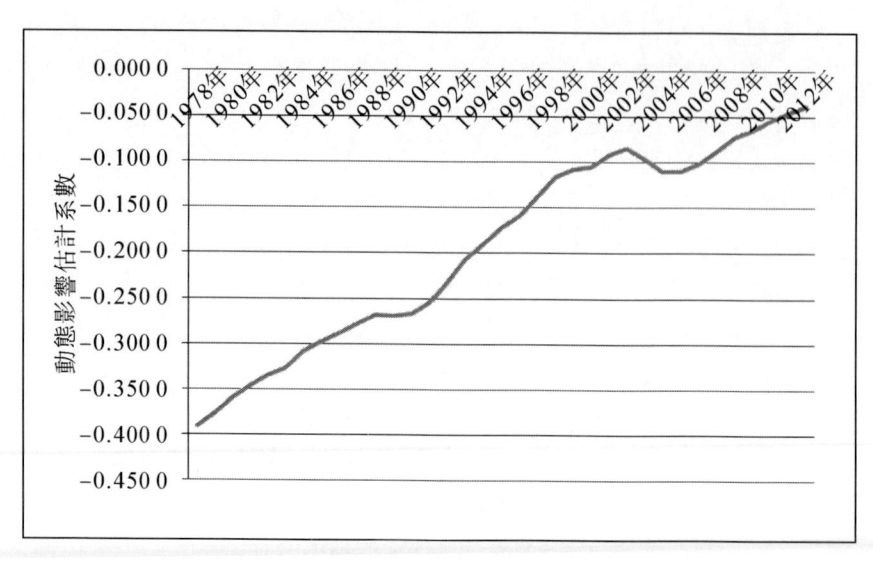

图 3-2　产业结构对能源效率的动态影响

2002—2004 年，产业结构对能源效率的影响有所增强，原因是服务业开始发展，产业结构中工业占比的下降带来了能源效率的提高，同时，服务业占比的提高能够为工业生产提供节能技术研发等服务，从而促进能源效率的改善。自 2005 年开始，产业结构对能源效率的负面影响越来越小，这也验证了部分学者的观点，可能是影响能源效率的因素中技术进步成了主导。以往，中国工业生产主要是依靠能源消耗，在进行产业结构调整时，促使高能效的行业发展能够带来能源效率的提升，然而当调整达到一定的程度后，这种影响会越来越小，因此从产业自身的角度，进行节能技术的研发、购买节能设备、共享节能研发成果等方式能更加有效地改善能源利用效率。

3.4　本章小结

本章是对区域能源效率的影响因素的概述，分析整理了产业结构、能源价格、技术进步、对外贸易、经济发展水平等因素对能源效率产生的影响。在已有研究成果的基础上，引入了空间计量模型，利用考虑非期望产出的超 DEA 模型测算了 2005—2011 年中国 29 个省份的综合能源效率、技术效率和规模效率，发现地区之间的能源利用效率存在较大的差异，但总体的能源利用效率保持增长的变化趋势。地区能源利用效率存在差异的主要原因是技术效率的差

異。在測算了以地理距離和經濟距離為權重的空間 Moran's I 統計量後，發現區域能源效率存在明顯的空間效應。隨後將傳統面板數據最小二乘迴歸結果與空間計量模型的迴歸結果進行比較，發現當期和前一期的能源效率存在空間相關性，即相鄰地區的當期和前一期的能源效率會對本地區的能源利用效率產生影響，且影響為正效應。其原因是區域經濟競賽中需要地區提高能源利用效率。技術進步也存在較為明顯的空間相關性，相鄰地區因外商直接投資和 R&D 投資帶來的技術進步會產生空間溢出效應，對該地區的能源利用效率產生積極影響。另外，人均 GDP 與能源效率存在正相關關係，產業結構中第二產業占比高會帶來能源效率的下降，能源消費中煤炭占比與能源效率存在負相關關係。

隨後，採用狀態空間模型，以人均 GDP 和工業增加值占 GDP 的比重作為工業化階段變遷的主要指標，以單位能耗 GDP 作為能源效率的衡量指標，實證分析工業化階段變遷對能源效率的影響。結果表明：人均 GDP 對能源效率的影響為正，而工業增加值占比對能源效率的影響為負；人均 GDP 對能源效率的影響隨時間的變化呈 M 形變化，而工業增加值占比對能源效率的影響總體隨時逐漸減弱；在工業化發展的初期，工業成為經濟發展的主導產業，工業對能源的巨大需求導致經濟發展對能源的依賴性增強，人均 GDP 和工業增加值占比對能源效率的影響均較為明顯；在工業化發展的中期，人均 GDP 對能源效率的影響趨於穩定，工業增加值占比對能源效率的影響逐漸趨於 0。

中國經濟已經進入發展的關鍵時期，能源消耗帶來的環境問題對經濟發展的制約越來越顯著，節能減排壓力巨大。在經濟發展的道路上，各省應當放棄以能源消耗換經濟高速發展的經濟增長方式，走綠色新型發展道路，投入資金到節能技術開發上。積極發揮技術進步的空間溢出效應，加強地區間技術合作、加大節能技術的區域推廣、引進外商直接投資，能源效率低的西部地區應加強與東、中部地區的技術交流和合作，縮小區域能源效率差異，提高區域能源利用效率，實現經濟的可持續發展。

由於在工業化發展的不同階段，能源效率所受到的影響存在差異，因此在制定提高能源效率政策的時候也要根據具體的經濟發展階段有所差異。目前，經濟發展對能源效率的影響趨於穩定，但是經濟發展對能源的依賴仍然較高，因此限制能源使用的能源保護政策可以控制能源的消耗，但是會影響經濟的發展。與「拉閘限電」類似的方式並不利於經濟的發展。而現如今產業結構調整對改善能源效率的作用很小，因此就要從提高行業自身素質方面提高行業能源利用效率。鼓勵節能技術開發，加強區域間和國家間的節能技術合作可以有效地改善能源利用效率，節省生產過程中消耗的能源總量。

4 區域能源效率的收斂性

區域能源效率收斂性研究是能源經濟學的重要內容，也是國內外學者們關注的熱點問題。目前，關於中國區域能源效率收斂性問題的研究，國內外學者的結論並不統一。通過對國內外相關文獻進行梳理，我們發現大部分學者研究中國區域能源效率收斂性問題時，採用的都是傳統的收斂性檢驗模型，這種經典的收斂檢驗模型的重要前提是地區之間是相互獨立、互不影響的，這不符合實際情況。事實上，隨著經濟的發展，地區之間的交流越來越頻繁，相鄰地區間的相互影響越來越顯著，空間相關性成為一個不容忽視的重要因素。因此，在研究區域能源效率收斂性問題時，加入空間相關性這一重要因素，極大地豐富了能源效率收斂性研究，具有重要的理論意義。

目前，中國制定的節能減排目標是全國性的總量指標。然而，由於地理位置、資源稟賦、政策支撐、技術水平、外資引進等多種因素的制約，地區的經濟發展狀況和能源使用情況不盡相同。統一性的節能目標和措施在地區的落實中存在差異，造成有些地區能夠較快地完成，而有些地區則根本得不到實施。一國能源效率的提高並不意味著該國所有地區的能源效率都有改善。只有提高地區能源效率同時縮小地區差異才能從整體上提高能源效率。因此，如果能夠把握好區域經濟發展存在差異，針對地區的實際情況，制定地區能夠達到的節能減排目標，並配合相應的節能減排措施或政策支持，便不僅能夠發揮地區的優勢，而且能夠從整體上改善能源使用狀況，進而緩解中國目前日益嚴峻的能源問題，具有較強的現實意義。

4.1 研究現狀

4.1.1 國內外研究綜述

國外學者對能源效率收斂性問題的分析主要側重於國家之間。例如，Anil

等（2006）以 12 個東歐轉型國家和 15 個歐盟國家為例，運用滯后調整的計量模型實證檢驗后發現，轉型國家的能源強度明顯收斂於歐盟國家。Mulder 和 Degroot（2003）採用行業數據首先分析了經濟合作發展組織成員國的能源生產率的差別，並在此基礎上分析了成員國的能源效率收斂性特徵。Markandya 等（2004）發現在歐盟東擴之後不同成員國能源享賦差異影響了歐盟的經濟，同時也得出了歐盟新老成員國之間的能源消費強度存在收斂的結論。Miketa 和 Mudler（2005）利用面板數據研究了 56 個國家之間能源效率存在的差別以及能源效率的收斂性問題，研究結果表明不同國家之間的能源效率存在一定的差別，而且認為不同的國家和地區的能源生產率收斂於各自的穩態水平。Camarero M.（2008）對工業化國家的環境效率進行了收斂性分析，發現工業化國家存在明顯的收斂現象，瑞士作為基準國。其環境效率最高，其他國家都在「追趕」瑞士。隨後，Camarero M.（2013）又對 OECD 國家的生態效率進行分析，發現這些國家的能源效率存在收斂性。Herrerias（2012）運用加權動態分佈方法對 83 個國家的能源效率進行了實證，表明發展中國家收斂在較高的能源效率水平，而發達國家至少有能源強度最低水平和能源效率較高水平兩個收斂俱樂部。Meng（2013）以人力資本為條件因素對 1960—2010 年 25 個歐盟國家能源效率的條件收斂進行了實證分析。Stern（2012）運用隨機前沿生產函數對 85 個國家 37 年的能源效率進行了模型分析，研究發現這 85 個國家的能源效率存在收斂性特徵。

區域能源效率收斂性研究方法主要借鑑於經濟增長收斂性、勞動力收斂性、經濟效率收斂性的檢驗方法，即傳統收斂性模型。以傳統收斂性模型為基礎，國內大部分學者分析區域能源效率收斂性方法主要是指數檢驗、統計分佈和面板迴歸模型估計三種方法，具體如下：

（1）指數檢驗法，主要是運用變異系數等指數來檢驗區域能源效率的收斂性。如史丹（2006）採用變異系數分析了中國整體能源效率收斂性發現，並不存在趨同現象；李國璋和霍宗杰（2010）也採用變異系數分析中國區域能源效率的收斂性，發現全國和西部地區不存在收斂性，東、中部地區存在明顯的「俱樂部」收斂；汪克亮等（2012）測算了對全國和三大區域 σ 收斂的指數值，表明全國和三大地區的全要素能源效率既不存在整體收斂趨勢，也不存在「俱樂部」收斂特徵；師博和張良悅（2008）運用能源效率變異系數，發現中國整體的能源效率是趨異的，西部顯示出發散的特徵，東部表現出趨同的特徵，而中部則有向東部收斂的態勢，並進而把西部分成西北和西南兩個區域發現，西北能源效率具有明顯的發散特徵，西南能源效率的變異系數處於頻

繁波動狀態；陳德敏等（2012）採用變異系數分析發現，區域能源效率存在收斂特徵。

（2）統計分佈法，主要是採用數據的統計分佈特徵來分析區域能源效率的收斂性。如史丹（2008）採用Quah（1996）提出的收入分佈動態方法更為直觀地刻畫了地區能源效率差異的變化過程，通過對區域能源效率收斂性的研究，發現各地區能源效率分佈從「單峰」向「雙峰」轉變，即改革以來地區能源效率差異的確呈現明顯的分化趨勢，從而出現了所謂的「俱樂部收斂」現象，即一部分地區能源效率趨向於高水平均衡，另一部分地區趨向於低水平均衡；何文強（2009）採用核密度估計方法，發現中國區域能源效率分佈的形態開始呈現「三峰」的變化趨勢，即存在東、中、西部地區分別收斂的典型「俱樂部收斂」現象。

（3）面板迴歸模型，主要是採用經典收斂迴歸模型，利用面板數據進行收斂性分析。如齊紹洲（2007）將中國劃分為東西兩個區域，採用條件β收斂模型對這兩大區域的能源效率收斂性進行了分析，表明中國東部和西部地區的能源效率呈現出收斂的特徵；錢爭鳴和劉曉晨（2014）採用面板迴歸模型分析了中國三大區域的條件β收斂性，發現效率水平改善的主要動力是技術進步，經濟增長對綠色經濟效率的影響逐漸減弱；李國璋和霍宗杰（2010）測算了1995—2006年中國各省份的全要素能源效率，收斂性實證檢驗結果發現，中國東、中部的能源效率存在收斂現象，西部則顯示出微弱發散的跡象；師博和張良悅（2008）通過借鑑經典的收斂迴歸模型檢驗發現，中部能源效率和經濟發展水平越低，能源效率向東部水平收斂的速度愈快，具有β收斂的特徵，並進一步分析發現，西部要實現能源效率向東部、中部的收斂，必須弱化政府對經濟的直接干預，並加大人力資本投資力度；林毅夫和劉培林（2003）在控製了人力資本、市場化程度、經濟開放程度、工業化水平以及發展戰略等因素後，發現了「俱樂部收斂」和條件收斂的證據；王維國和範丹（2012）採用面板數據模型分析發現，2000—2010年全國及三大區域全要素能源效率均呈現出1%水平上顯著收斂性，其中欠發達的西部區域其收斂速度要高於中部、東部區域，存在后者對先進者的「追趕效應」，各地區的全要素能源效率存在趨同的趨勢。

部分學者採用其他方法分析了中國區域能源效率的收斂性。如劉源遠（2009）運用Markov鏈對1986—2004年中國區域能源效率收斂性進行了分析，發現中國區域能源效率存在收斂；趙金樓等（2013）運用面板單位根法對1980—2010年中國29個省、市、自治區的能源效率進行隨機收斂分析，發現

東部不存在隨機性趨同，而中、西部在10%顯著水平出現俱樂部收斂，但西部隨機性收斂是低水平的；吳玉鳴和賈琳（2009）採用面板數據單位根檢驗分析了1997—2007年中國30個省的收斂性發現，中國大部分區域沒有出現「俱樂部趨同」的現象，華中與西北地區存在「俱樂部趨同」，但僅僅是以極個別地區能耗強度的提高為基礎的，是一種低水平的「俱樂部趨同」。

4.1.2 文獻述評

閱讀大量相關文獻后，我們發現傳統的收斂分析方法的不足之處在於其假設區域是相互獨立、互不影響的，這並不符合實際情況。在現實生活中，隨著改革開放的不斷深化，地區間的市場分割逐漸消除，要素逐漸可以在地區間自由流動，同時，區域間的經濟合作日益頻繁，這會對區域能源效率變動產生較大的影響，而空間計量模型充分考慮了地理因素，在空間條件下分析問題。

關於收斂性的研究，最早出現在經濟增長的相關理論中，以Solow和Swan的新古典經濟增長理論為代表。后來，學者們將相關理論加以延伸，有關收斂性的研究便擴展到經濟效率、勞動力生產率甚至是能源效率等方面。然而，傳統的能源效率收斂機制是以新古典經濟增長模型為基礎進行論述的，並沒有考慮到空間依賴的影響。因此，本部分將首先對傳統能源效率收斂機制進行梳理，然后在空間依賴視角下進行深入分析，並構建收斂性檢驗模型，為實證部分奠定理論基礎。

4.2 能源效率收斂機制

4.2.1 傳統能源效率收斂機制

20世紀60年代，以Solow和Swan為代表的經濟學家創立了新古典經濟增長理論。他們以新古典生產函數為基礎，通過模型推導，發現生產中資本的邊際收益是遞減的，人均資本量較少的區域由於較高的資本收益而比經濟發達區域有較高的經濟增長速度，經濟欠發達地區存在向經濟發達區域趨同的現象。這就是著名的經濟增長收斂性假說。以新古典增長模型為基礎，部分學者（張維維，2011）在模型中加入了能源這一投入要素，通過推導發現，能源效率也存在相似的收斂特性。

以規模報酬不變的柯布-道格拉斯生產函數為基礎，加入能源要素，借鑑Arrow的「干中學」理論，可得到如下式子：

$$Y = f(K, AL, E) = f(K, AL, eR) = K^{\alpha} (eR)^{\beta} (AL)^{1-\alpha-\beta} \quad (4-1)$$

其中，Y表示社會總產生，K表示資本投入，A表示技術進步，L表示勞動力，AL表示勞動投入，E表示能源投入，e表示能源效率，eR表示能源投入，α、β表示產出彈性，且$0 < \alpha < 1$、$0 < \beta < 1$，$0 < \alpha + \beta < 1$。

假設能源效率的提升體現了技術進步，而這種進步是新資本生產的一種副產品，能源效率與資本存量之間的關係可以表示為$e = \omega K$，如果$\omega = 1$，則$e = K$。將$e = \omega K$帶入上述經濟增長模型，可以變換為式（4-2）：

$$Y = K^{\alpha} (\omega KR)^{\beta} (AL)^{1-\alpha-\beta} \quad (4-2)$$

式子兩邊同時除以AL，得到：

$$\frac{Y}{AL} = \left(\frac{K}{AL}\right)^{\alpha} \left(\frac{\omega KR}{AL}\right)^{\beta} \quad (4-3)$$

令$\frac{Y}{AL} = y$表示單位勞動產出；$\frac{K}{AL} = k$表示單位勞動資本存量；$\frac{KR}{AL} = k_e$表示單位勞動的能源消費資本量；$\frac{\omega K}{AL} = \varphi$表示單位勞動的能源效率。生產函數可以轉化為：

$$y = \varphi^{\alpha} \varphi_e^{\beta} = f(\varphi) \quad (4-4)$$

對上述式子進行微分，可得到：

$$\frac{y'}{y} = \frac{f'(\varphi) \varphi'}{f(\varphi)} = \frac{f'(\varphi) \varphi' \varphi}{f(\varphi) \varphi} = \delta(\varphi) \frac{\varphi'}{\varphi} \quad (4-5)$$

其中，$\delta(\varphi) = \frac{\varphi f'(\varphi)}{f(\varphi)}$。假設勞動和技術的變化速度穩定，分別為$n$和$g$。經濟發達地區的能源效率高於經濟落後地區的能源效率，經濟增長對能源效率有一定的影響，這裡假設經濟增長對能源效率影響比較穩定，則能源效率與經濟增長的關係式可以表示為：$\varphi = \theta Y$。

將y、k求微分，可得到下述式子：

$$\frac{y'}{y} = \frac{\left(\frac{Y}{AL}\right)'}{\frac{Y}{AL}} = \frac{Y'(AL) - Y(AL)'}{Y \cdot (AL)} = \frac{Y'}{Y} - \frac{A'}{A} - \frac{L'}{L} = \frac{e'}{e} - n - g \quad (4-6)$$

$$\frac{k'}{k} = \frac{\left(\frac{K}{AL}\right)'}{\frac{K}{AL}} = \frac{K'(AL) - K(AL)'}{K \cdot (AL)} = \frac{K'}{K} - \frac{A'}{A} - \frac{L'}{L} = \frac{e'}{e} - n - g \quad (4-7)$$

將上述兩個式子合併，可得到：

$$k' = k\left(\frac{K'}{K} - n - g\right) = k\left(\frac{\theta Y}{K} - n - g\right) = \theta y - (n + g)k$$
$$= \theta f(\varphi) - (n + g)\varphi = \varphi' \tag{4-8}$$

將上述式子帶入 $\frac{y'}{y}$，可以得到：

$$\frac{y'}{y} = \delta(\varphi)\frac{\varphi'}{\varphi} = \delta(\varphi)\frac{k'}{k} = \delta(\varphi)\left(\frac{e'}{e} - n - g\right) \tag{4-9}$$

(4-9) 式兩邊同時除以 φ，則能源效率增長率 ρ 為：

$$\rho = \frac{\varphi'}{\varphi} = \frac{\theta f(\varphi)}{\varphi} - (n + g) \tag{4-10}$$

將式（4-10）求導，得：

$$\frac{\partial \rho}{\partial \varphi} = \theta \frac{\left[f'(\varphi) - \frac{f(\varphi)}{\varphi}\right]}{\varphi} \tag{4-11}$$

由式（4-11）可知，在其他條件不變的前提下，φ 的值越小，ρ 的值就越大。也就是說，與能源效率水平較高的地區相比，能源效率較低的地區有較高的增長速度。這就意味著，能源效率水平較低的區域有較高的發展速度，各區域經濟體之間存在著能源效率收斂的態勢。

當各區域具有相同的 θ、n、g 時，也就是說具有相同經濟結構時，這些區域能源效率增長具有相同的穩態水平。能源效率較低水平的地區比能源效率較高的區域有著更快的增長速度，即存在絕對收斂，有的區域將會趨於一個相同的穩態水平。但是由於中國各區域經濟發展很不平衡，地區之間存在著差異，那麼當 θ、n、g 不同時，各區域就會有各自不同的穩態水平，這時也就出現了條件收斂的特性。

4.2.2 空間依賴視角下的能源效率收斂機制

通過上述的模型推導，從理論上來說，中國區域能源效率是存在條件收斂特徵的。然而新古典增長模型的一個重要假設前提是，經濟是封閉的。這與現實情況有很大的差異。事實上，地區之間的相互影響正越來越顯著。Ying（2003）較早關注了中國區域經濟發展中的空間關聯性，並運用空間滯后模型進行了驗證。隨后吳玉鳴（2006）、蘇良軍和王蕓（2007）等學者也紛紛證實了這一結論。因此，在空間依賴視角下，對能源效率收斂機制進行重新梳理很有必要。

空間依賴，又稱空間相關性，是指地區經濟數據及空間屬性等造成的區域

間的空間關聯性。其起源思想及演變來自經濟增長極化理論（Perroux, 1950）、新經濟地理理論（Krugman, 1991）和空間經濟學理論（Anselin, 1988、1997）。區域間的相互依賴帶來了空間集聚，新經濟地理學派認為這種空間集聚是一種重要的經濟增長要素，可以促進地區經濟增長；反過來，經濟增長也會促進空間進一步集聚；根據「地理學第一定律」，地區的空間依賴會因距離加大而減弱，由此造成地區差異的擴大，即增長極化過程（Martin 和 Ottaviano, 1999）。

經濟增長與能源效率有一定的關聯，即經濟較發達的地區，能源效率高，而經濟較為落后的地區，能源效率低。如果我們將空間依賴的思想運用到區域能源效率的收斂性研究中，就可以得到，相鄰的地區之間空間關聯性較強，通過經濟生產各方面的互相「學習」和「模仿」，能源效率較高的地區「帶動」能源效率較低的地區發展，從而使得相鄰地區的能源效率差異逐漸縮小，出現收斂特徵；隨著地區間距離的擴大，空間關聯性逐漸減弱，這種「帶動」作用逐漸減弱，區域間的能源效率差異縮小的程度也逐漸減弱，收斂特徵變得不再顯著；地區的空間依賴使得區域間能源效率的差異擴大，即能源效率高-高集聚、低-低集聚，出現條件收斂特徵。

空間關聯性導致區域能源效率出現條件收斂的原因，主要是區域間的空間溢出效應存在較大差異。Brun（2002）等將中國的經濟發展空間劃分為沿海地區、內陸地區和西部地區，通過對中國 1981—1998 年的數據進行研究后發現，中國經濟增長中存在區域之間的空間溢出效應，這種空間溢出效應通過沿海地區逐步對內陸和西部地區產生影響，然而也正是由於中國區域間空間溢出效應的存在及傾斜，才使得中國經濟很難在短期內實現平衡發展。Groenewold（2007）等在 Brun 的研究基礎上通過 VAR 模型對中國沿海、中部及西部地區的空間溢出效應進行了更為深入的分析。研究結果發現，中國沿海地區對中部地區和西部地區具有較強的空間溢出效應，中部地區對西部地區也具有一定的空間溢出效應，而西部對中部及沿海地區完全不存在空間溢出效應。由此可見，區域間空間溢出效應的作用方向和強弱程度的差異，導致地區經濟發展水平也呈現出不同的狀態。空間關聯性影響地區能源效率作用機制具體主要表現在以下兩個方面。

一方面，經濟較為發達地區的生產技術一般代表一個國家的前沿技術水平，這些地區在與相鄰地區進行合作的過程中，對相鄰地區的經濟行為和發展政策起到了示範作用和激勵作用，通過自身的技術、知識和信息的擴散和傳播，帶來了輸入地區的生產技術的提高，從而提高了相鄰地區的能源效率。隨

著與經濟發達地區的空間距離的增加，技術互動所需的時間增加，物資運輸成本、企業夥伴搜尋成本、交易成本等經濟成本的逐漸增加，地區之間的空間關聯性逐漸減弱，技術的空間溢出效應具有一定的時滯性，且作用強度逐漸減弱，地區的能源效率受影響的程度逐漸減弱。

另一方面，當一個地區處於弱空間溢出效應的區域內，地區之間的空間關聯性較弱，該地區無法獲得技術空間溢出的「免費午餐」，而需要付出大量的研發成本，依賴內生增長和對周邊環境的適應，提升自身的能源效率，但仍然與經濟較為發達地區的能源效率存在一定的差距。當一個地區處於強空間溢出效應的區域內，區域之間的空間關聯性較強，則該地區較容易從周邊地區獲取先進的節能技術，快速地進行技術變革和技術創新，從而有效地提升能源使用效率。

由此可以看出，空間相關性的引入，使得區域能源效率的收斂性研究更加深入。具有較強空間依賴的區域間能源效率出現收斂性，而隨著空間相關性的程度逐漸減弱，區域能源效率差異逐漸擴大，能源效率出現趨異現象。然而，地區間的能源效率收斂性到底表現為什麼樣的特徵還需要結合具體數據進行實證檢驗。

4.3　能源效率收斂性檢驗方法

上面一節我們對能源效率收斂機制進行了理論分析，並且發現，加入空間相關性後，區域能源效率的收斂性變得更加複雜。因此，我們將構建收斂性檢驗模型，結合具體的數據對中國區域能源效率的收斂性進行實證分析。

收斂性的類型主要是絕對收斂和條件收斂。其中，絕對收斂是指不同經濟體的增長速度與初始水平負相關，初始水平較低的經濟體以較高的增長速度趨同於初始水平較高的經濟體，不同經濟體間的差異隨著時間的推移而不斷縮小，最後達到共同的穩態水平；條件收斂是指不同經濟體由於經濟結構等存在差異，具有不同的穩態水平，是一種局部的收斂。絕對收斂形式包括 σ 收斂和絕對 β 收斂，條件收斂形式包括條件 β 收斂和俱樂部收斂。

這些收斂形式都有與之相應的檢驗模型，然而傳統收斂檢驗模型一個重要的前提條件是經濟體是獨立的。而空間計量模型放開了這一假設條件，認為區域間具有很強的空間關聯性。下面，我們將以傳統收斂檢驗模型為基礎，構建絕對 β 收斂、條件 β 收斂和俱樂部收斂的空間計量收斂檢驗模型。

4.3.1 絕對 β 收斂

根據經濟增長的 β 收斂分析模型，區域能源效率的絕對 β 收斂檢驗模型形式為：

$$\frac{1}{k}\ln\left(\frac{E_{i,\,t+k}}{E_{i,\,t}}\right) = \alpha + \beta\ln(E_{i,\,t}) + \varepsilon_{i,\,t} \qquad (4-12)$$

其中，k 表示觀察期的長度，$E_{i,\,t}$ 表示第 i 省第 t 期的能源效率，α 和 β 表示模型估計參數，$\varepsilon_{i,\,t}$ 為隨即擾動項。若 $\beta < 0$，則說明存在絕對 β 收斂，能源效率初始水平較低的地區，其能源效率增長率比初始水平較高的地區的能源效率增長率更高。

放開地區獨立的假設條件，以空間計量的思想修正傳統收斂性檢驗模型的方法是在模型中加入一個空間權重矩陣，以空間滯后模型（SLM）和空間誤差模型（SEM）的形式表現出來。修正后的絕對 β 收斂檢驗模型如下：

$$\frac{1}{k}\ln\left(\frac{E_{i,\,t+k}}{E_{i,\,t}}\right) = \alpha + \beta\ln(E_{i,\,t}) + \gamma W\ln\left(\frac{E_{i,\,t+k}}{E_{i,\,t}}\right) + \varepsilon_{i,\,t} \qquad (4-13)$$

該模型是空間滯后收斂檢驗模型，其思想是將能源效率的空間相關性作為內生的空間滯后變量。其中，γ 為空間滯后系數，用於衡量區域間的空間關聯性程度，W 為空間權重矩陣。

$$\frac{1}{k}\ln\left(\frac{E_{i,\,t+k}}{E_{i,\,t}}\right) = \alpha + \beta\ln(E_{i,\,t}) + \varepsilon_{i,\,t} \qquad (4-14)$$

其中，$\varepsilon_{i,\,t} = \lambda W + \mu$，$\mu \sim N(0,\ \sigma^2 I)$。$W$ 為空間權重矩陣，λ 為迴歸殘差空間相關性的參數，μ 為空間不相關的隨機擾動項。該模型是空間誤差收斂檢驗模型，其思想是將空間相關性通過誤差項的變化反映出來。

4.3.2 條件 β 收斂

根據經典的收斂檢驗模型，條件 β 收斂的模型形式為：

$$\frac{1}{k}\ln\left(\frac{E_{i,\,t+k}}{E_{i,\,t}}\right) = \alpha + \beta\ln(E_{i,\,t}) + \sum\varphi_j(X_{j,\,i,\,t}) + \varepsilon_{i,\,t} \qquad (4-15)$$

其中，$X_{j,\,i,\,t}$ 表示第 i 省第 t 期第 j 個控製變量，表示地區經濟條件，α、β 和 φ_j 是模型估計參數，$\varepsilon_{i,\,t}$ 為隨即擾動項。若 $\beta < 0$，且反映地區經濟條件的變量影響顯著，則存在條件 β 收斂，在控製一些經濟條件變量的情況下，能源效率初始水平較低的地區，其能源效率增長率比初始水平較高的地區的能源效率增長率更高。

放開地區獨立的假設條件，在模型中加入一個空間權重矩陣，修正后的空間條件 β 收斂檢驗模型，如下：

$$\frac{1}{k}\ln\left(\frac{E_{i,\,t+k}}{E_{i,\,t}}\right) = \alpha + \beta\ln(E_{i,\,t}) + \gamma W \ln\left(\frac{E_{i,\,t+k}}{E_{i,\,t}}\right) + \sum \varphi_j(X_{j,\,i,\,t}) + \varepsilon_{i,\,t} \tag{4-16}$$

該模型是空間滯后模型，其中，$\gamma W \ln\left(\frac{E_{i,\,t+k}}{E_{i,\,t}}\right)$ 是加入空間權重矩陣的能源效率空間滯后項。

$$\frac{1}{k}\ln\left(\frac{E_{i,\,t+k}}{E_{i,\,t}}\right) = \alpha + \beta\ln(E_{i,\,t}) + \sum \varphi_j(X_{j,\,i,\,t}) + \varepsilon_{i,\,t} \tag{4-17}$$

其中，$\varepsilon_{i,\,t} = \lambda W + \mu$，$\mu \sim N(0,\,\sigma^2 I)$。該模型是空間誤差模型。

4.3.3 俱樂部收斂

俱樂部收斂是在絕對 β 收斂的基礎上考慮地區劃分進行的更加深入的收斂性分析。因此，俱樂部收斂的迴歸模型可以在絕對 β 收斂的模型形式基礎上進行改進。將區域虛擬變量引入絕對 β 收斂的模型，得到經濟增長俱樂部收斂的模型，具體模型形式如下：

$$\frac{1}{k}\ln\left(\frac{E_{i,\,t+k}}{E_{i,\,t}}\right) = \sum \alpha_m D_m + \sum \beta_m D_m \ln(E_{i,\,t}) + \varepsilon_{i,\,t} \tag{4-18}$$

其中，D_m 表示區域虛擬變量，m 表示第 m 區域。結合研究內容的分析需求，這裡將全國 29 個省份（不包括西藏和重慶）分為東、中、西部三個區域。m 可以取值為 1、2、3。當 $m = 1$，表示該省份屬於東部地區；當 $m = 2$，表示該省份屬於中部地區；當 $m = 3$，表示該省份屬於西部地區。若 $\beta < 0$，則說明經濟結構相似的地區之間存在俱樂部收斂。

加入空間權重矩陣，得到空間滯后模型如下：

$$\frac{1}{k}\ln\left(\frac{E_{i,\,t+k}}{E_{i,\,t}}\right) = \sum \alpha_m D_m + \sum \beta_m D_m \ln(E_{i,\,t}) + \gamma W \ln\left(\frac{E_{i,\,t+k}}{E_{i,\,t}}\right) + \varepsilon_{i,\,t} \tag{4-19}$$

空間誤差模型如下：

$$\frac{1}{k}\ln\left(\frac{E_{i,\,t+k}}{E_{i,\,t}}\right) = \sum \alpha_m D_m + \sum \beta_m D_m \ln(E_{i,\,t}) + \varepsilon_{i,\,t} \tag{4-20}$$

其中 $\varepsilon_{i,\,t} = \lambda W + \mu$，$\mu \sim N(0,\,\sigma^2 I)$。

4.4 區域能源效率測算

上節對區域能源效率收斂性的相關理論和研究成果進行了梳理,為了對區域能源效率收斂性進行實證檢驗,首先需要測算區域能源效率。從相關文獻的梳理中可以看到,大部分學者採用的是 DEA 全要素能源效率來測算區域能源效率,這種方法考慮要素間的替代性,然而傳統的 DEA 效率測算方法並不能對有效決策單元進行比較,並且大部分學者並沒有考慮非期望產出。下面,我們將考慮非期望產出,採用超 DEA 模型對區域能源效率進行測算,並對測算結果進行分析。

4.4.1 超 DEA 能源效率測算模型

傳統的 DEA 效率測度模型可以將決策單元劃分為有效和非有效,但是對於有效的決策單元無法做進一步的比較和排序。Andersen 和 Petersen (1993) 建立了超 DEA 模型,彌補了 DEA 模型這一方面的缺陷。其基本思想是在評價某個決策單元時,將其排除在決策單元的集合之外。

設有 n 個決策單元 $DMU_j(j=1, 2, \cdots, n)$,利用 m 種輸入變量 $x_{ij}(i=1, 2, \cdots, m)$,得到 s 中產出 $y_{ij}(r=1, 2, \cdots, s)$,超 DEA 效率測算模型如下式:

$$\min \left[\theta - \varepsilon \left(\sum_{i=1}^{m} s_i^- + \sum_{r=1}^{s} s_r^+ \right) \right] \tag{4-21}$$

$$\text{S. T.} \quad \sum_{j=1, j \neq k}^{n} x_{ij} \lambda_j + s_i^- = \theta x_0, \quad i=1, 2, \cdots, m$$

$$\sum_{j=1, j \neq k}^{n} y_{rj} \lambda_j - s_r^+ = y_0, \quad r=1, 2, \cdots, s$$

其中,$\lambda_j \geq 0$;$s_r^+ \geq 0$;$s_i^- \geq 0$。

由於能源的消費不僅能夠帶來經濟增長,還會產生一定程度的環境污染,因此,需要在測算能源效率的時候需要考慮非期望產出。對於非期望產出的處理,方法有多種。Zhou 和 Ang (2008) 首次在 Hu 和 Wang (2006) 的全要素能源效率測算框架的基礎之上,假設非期望產出是不可自由處置的,進而加入非期望產出作為另一個產出變量,建立了能源效率測算模型。借鑑這一思想,我們在產出變量中加入非期望產出,構建環境約束下的超 DEA 能源效率評價模型。

設有 n 個決策單元 $DMU_j(j = 1, 2, \cdots, n)$，投入變量包括非能源投入和能源投入，分別表示為 $x_k(k = 1, 2, \cdots, K)$ 和 $e_l(l = 1, 2, \cdots, L)$，產出變量包括期望產出和非期望產出，分別表示為 $y_m(m = 1, 2, \cdots, M)$ 和 $\mu_t(t = 1, 2, \cdots, T)$，具體形式如下：

$$\theta^* = \min[\theta - \varepsilon(s_k^- + s_l^- + s_m^+ + s_t^+)] \qquad (4\text{-}22)$$

$$\text{S. T.} \quad \sum_{j=1}^{n} \lambda_j x_{kj} + s_k^- = x_{k0}, \quad k = 1, 2, \cdots, K$$

$$\sum_{j=1}^{n} \lambda_j e_{lj} + s_l^- = \theta e_{l0}, \quad l = 1, 2, \cdots, L$$

$$\sum_{j=1}^{n} \lambda_j y_{mj} + s_m^+ = y_{m0}, \quad m = 1, 2, \cdots, M$$

$$\sum_{j=1}^{n} \lambda_j \mu_{lj} + s_t^+ = \mu_{t0}, \quad t = 1, 2, \cdots, T$$

其中，$\lambda_j \geq 0$；$s_k^- \geq 0$；$s_l^- \geq 0$；$s_m^+ \geq 0$；$s_t^+ \geq 0$。

由式（4-22）可以得到能源效率值 θ^*。當 $\theta^* \geq 1$，$s^+ = 0$，$s^- = 0$，決策單元為 DEA 有效；當 $\theta^* = 1$，$s^+ \neq 0$，$s^- \neq 0$，決策單元為弱 DEA 有效；當 $0 < \theta^* < 1$，$s^+ \neq 0$，$s^- \neq 0$，決策單元為非 DEA 有效。

4.4.2 投入、產出變量選取

根據上述超 DEA 效率測算模型可以看到，要測算考慮非合意產出的全要素能源效率值，需要給定投入變量和產出變量。一般而言，投入變量包括勞動力、資本存量、能源消費量，產出變量為 GDP（魏楚和沈滿洪，2007）。這裡考慮了二氧化碳這一非合意產出，因此我們的能源效率測算變量中的產出變量包括 GDP 和二氧化碳。我們選擇的全要素能源效率決策單元為中國 29 個省份（包括省、直轄市、自治區，為便於數據搜集整理，西藏將不包括在分析範圍內，重慶數據並入四川），樣本來自 2003—2013 年。

具體的指標選取和數據處理如下：

（1）勞動投入

以當年就業總人數來衡量，其值的計算方法是年初就業人數與年末就業人數的平均值。年初就業人數與年末就業人數的原始數據來源於相關年份的地區統計年鑒。

（2）資本投入

以資本存量來衡量。由於統計年鑒中並沒資本存量的數據，需要根據給定的相關數據進行計算。一般計算資本存量的方法是永續盤存法，具體計算式子如下：

$$K_{i,t} = K_{i,t-1}(1-\delta_{i,t}) + I_{i,t} \qquad (4-23)$$

其中，i 表示第 i 個省份，t 表示第 t 期。借鑑張軍等（2004）對資本存量計算式子中各變量的指標選取方法，$I_{i,t}$ 表示當年投資額，採用當年的固定資產形成總額衡量，$K_{i,t-1}$ 為上一期的資本存量，初始資本存量為各省份 1952 年的固定資本形成總額除以 10%。固定資本形成總額的原始數據來源於 2004—2014 年的地區統計年鑑。

（3）能源投入

以各省份的能源消費總量來衡量。原始數據來源於 2004—2014 年各省份的地區統計年鑑和相關年份的《中國能源統計年鑑》。

（4）合意產出

以地區生產總值來衡量。數據來源於 2004—2014 年的《中國統計年鑑》。由於統計年鑑中的數據是名義地區生產總值，為了能夠與資本存量計算的基期相符，以 1952 年為基期，採用 GDP 平減指數對原始數據進行處理，消除價格波動的影響，將名義地區生產總值轉換成實際地區生產總值。

（5）非期望產出

以二氧化碳排放量來表示。借鑑其他學者的二氧化碳排放量計算方法，用能源消耗乘以與之相對應的碳排放系數，即

$$CO_2 = \sum_{i=1}^{n} \alpha_i E_i \qquad (4-24)$$

其中，i 表示第 i 種能源，E_i 表示第 i 種能源的消費量，α_i 表示第 i 種能源的二氧化碳排放系數，該排放系數參考聯合國政府間氣候變化專門委員會公布的相關係數，單位為萬噸。而對於能源消費種類的選擇，這裡主要以各省份煤、石油、天然氣的消費量進行碳排放系數折算。

4.4.3 區域劃分

在研究中國區域問題時，國內外學者的區域劃分方式較多，包括三大區域劃分方式（魏楚等，2007）、八大經濟區劃分方式（徐國泉等，2007）、聚類法（範丹和王國維，2013）等。1978 年，國家「七五」計劃首次提出經濟區域按東、中、西三大經濟地帶劃分。自改革開放以來，國家基本上是依照這種劃分方式來制定區域經濟發展政策，這種非均衡的經濟發展戰略，導致中國形成了東、中、西部的區域經濟發展特徵。我們也採用這種區域劃分方式，將全國 29 個省份（不含西藏，重慶數據並入四川）劃分為東、中、西部三個區域（如表 4-1 所示）。

表 4-1　　　　　　　　　中國 29 個省份的區域劃分情況

區域劃分	省份
東部	北京、天津、河北、遼寧、上海、江蘇、浙江、福建、山東、廣東、海南
中部	山西、吉林、黑龍江、安徽、江西、河南、湖北、湖南
西部	內蒙古、廣西、四川、貴州、雲南、陝西、甘肅、青海、寧夏、新疆

4.4.4 能源效率測算結果

以勞動力投入、資本存量和能源消耗為投入變量，GDP 為期望產出，二氧化碳排放量為非期望產出，採用投入導向的規模報酬不變的超 DEA 模型，運用 EMS 軟件對區域全要素能源效率進行測算，結果如表 4-2 所示：

表 4-2　　　2003—2013 年中國各省份部分年限的全要素能源效率

年份 省份	2003	2005	2007	2009	2011	2012	2013
北京	0.701,2	0.644,2	0.681,4	0.720,9	0.774,3	0.756,2	0.768,4
天津	0.647,9	0.699,0	0.721,4	0.719,8	1.162,8	1.212,8	1.263,1
河北	0.395,7	0.375,1	0.427,3	0.518,3	0.476,3	0.532,3	0.547,3
遼寧	1.219,2	1.291,1	1.423,3	1.491,2	1.526,8	1.500,2	1.500,9
上海	1.012,2	1.385,9	1.622,2	1.902,3	2.119,8	2.255,6	2.276,7
江蘇	0.822,8	0.806,2	1.001,2	1.075,9	1.143,3	1.126,1	1.094,2
浙江	0.949,1	0.913,2	0.915,3	0.934,9	0.892,0	0.882,9	0.921,0
福建	1.445,8	1.470,2	1.435,6	1.396,7	1.356,1	1.311,1	1.213,4
山東	0.691,1	0.609,6	0.797,6	0.678,1	0.710,2	0.677,9	0.710,5
廣東	0.963,5	0.904,7	0.909,6	0.874,7	0.878,3	0.858,1	0.908,3
海南	1.518,3	1.272,3	1.135,4	1.091,1	1.117,1	1.167,4	1.267,3
山西	0.135,7	0.178,5	0.228,3	0.387,3	0.285,7	0.298,9	0.325,9
吉林	0.465,5	0.367,4	0.367,1	0.438,3	0.402,9	0.420,2	0.672,8
黑龍江	0.477,9	0.402,5	0.462,4	0.551,0	0.651,1	0.566,5	1.075,2
安徽	1.083,7	1.215,7	1.343,0	1.271,8	1.241,2	1.218,9	1.153,3
江西	0.531,1	0.802,9	0.897,5	0.921,4	0.874,2	0.866,1	0.857,9
河南	0.426,6	0.564,8	0.728,9	0.803,3	0.833,3	0.834,1	0.845,6
湖北	0.641,1	0.618,0	0.738,2	0.802,8	0.738,2	0.608,9	0.731,2
湖南	0.564,7	0.615,5	0.717,8	0.742,3	0.774,9	0.788,1	0.784,9

表4-2(續)

年份 省份	2003	2005	2007	2009	2011	2012	2013
內蒙古	0.305,1	0.287,9	0.321,2	0.507,9	1.000,3	1.085,9	1.173,8
廣西	0.683,6	0.788,1	0.910,1	0.993,9	0.968,8	0.949,8	0.942,3
四川	0.361,4	0.425,5	0.437,1	0.693,3	0.648,8	0.597,9	0.572,6
貴州	0.185,8	0.265,6	0.338,5	0.336,6	0.405,5	0.409,1	0.441,0
雲南	1.408,9	1.393,3	1.294,4	1.216,9	1.280,0	1.212,1	1.192,0
陝西	0.398,5	0.421,2	0.482,5	0.535,4	0.467,3	0.457,9	0.492,6
甘肅	0.198,7	0.329,4	0.371,1	0.460,0	0.662,5	0.744,2	0.771,9
青海	0.235,7	0.263,1	0.291,0	1.061,4	1.251,7	1.325,9	1.391,5
寧夏	0.327,9	0.314,5	0.346,9	0.261,4	0.224,7	0.211,8	0.204,8
新疆	0.317,5	0.275,1	0.346,9	0.466,7	0.865,9	0.898,2	0.884,4

數據來源：作者採用EMS軟件計算而得。

　　通過對區域全要素能源效率進行測算，如表4-2所示，我們發現2003年處於生產前沿的省份包括遼寧、上海、福建、海南、安徽、雲南，這些地區重點發展的產業主要集中在第三產業，與以重工業為主導產業的省份相比，其能源耗費量較少，且能源消費主要以電力為主，電力消費帶來的環境污染較少，全要素能源效率較高。上海的經濟發展水平基本處於全國領先地位，其節能技術水平也較高，能源效率值在全國排第一位。到2013年，能源效率值超過1的省份有天津、遼寧、上海、江蘇、福建、海南、黑龍江、安徽、內蒙古、雲南、青海。北京、浙江、廣東等經濟總量水平較高的東部省份的全要素能源效率值低於1，主要因為經濟發展依靠大量的要素投入，產出的優勢被抵消了一部分。煤炭資源豐富的山西省，其全要素能源效率值在2013年僅為0.325,9，屬於全國能源效率最低的省份之一。此外，西部地區部分省份（如寧夏、貴州等）的能源效率值低於0.5。由此可以看出，能源效率值較高的省份主要集中在東、中部地區，西部地區的能源效率值相對較低，區域能源效率差異較為顯著。

4.5　區域能源效率收斂性的空間計量分析

　　前面對中國區域全要素能源效率進行了測算，並分析了能源效率的區域特徵，發現不同地區的能源效率變化速度存在差異，那麼各地區的能源效率是不

是收斂的？如果是收斂的，是收斂於共同的穩態水平，還是收斂於不同的穩態水平？考慮空間相關性之后，區域能源效率的收斂性將如何變化？本節將根據第 2 章的能源效率測算結果，對區域能源效率的收斂性進行實證檢驗。

4.5.1 區域能源效率空間相關性檢驗

從區域能源效率收斂性的理論機制分析中可以看到，相鄰地區間經濟活動越緊密，地區的能源效率受到的影響就越大。那麼地區之間的能源效率是否真的存在空間相關性呢？這就需要我們通過數據進行實證檢驗了。

學者們常用的空間相關性檢驗方法是計算相應指標的全局 Moran's I 指數。本章的研究需求是檢驗能源效率的空間相關性，因此中國區域能源效率的全局 Moran's I 指數的計算公式如下：

$$Moran's\ I = \frac{\sum_{i=1}^{n} \sum_{j=1}^{n} W_{ij}(E_i - \bar{E})(E_j - \bar{E})}{S^2 \sum_{i=1}^{n} \sum_{j=1}^{n} W_{ij}} \quad (4-25)$$

$$S^2 = \frac{1}{n} \sum_{i=1}^{n} (E_i - \bar{E}) \quad (4-26)$$

$$\bar{E} = \frac{1}{n} \sum_{i=1}^{n} E_i \quad (4-27)$$

其中，i 和 j 分別表示地區 i 和地區 j，E_i 和 E_j 表示地區 i 和地區 j 的全要素能源效率，$\bar{E}$ 表示全要素能源效率的平均值，S^2 表示全要素能源效率的標準差。W_{ij} 為空間權重矩陣。

常用的空間權重矩陣有三種：空間二進制矩陣、空間距離矩陣和空間經濟矩陣。其中空間二進制矩陣是最為常用的方法。我們選擇空間二進制矩陣，按照鄰接原則，擁有共同邊界的兩個區域判定為相鄰，賦予數值 1，而不具有共同邊界的兩個區域判定為不相鄰，賦予數值 0，即：

$$W_{ij} = \begin{cases} 1, & \text{地區 } i \text{ 和 } j \text{ 相鄰} \\ 0, & \text{地區 } i \text{ 和 } j \text{ 不相鄰} \end{cases}$$

Moran's I 指數介於 -1 和 1 之間，數值越大，空間相關性程度越強。當指數值大於 0，說明區域能源效率存在空間正相關，存在能源效率的「高-高」聚集和「低-低」聚集；當指數值小於 0，說明區域能源效率存在空間負相關，能源效率較高的區域被能源效率較低的區域環繞；當指數值等於 0，說明區域能源效率不存在空間相關性。將區域全要素能源效率測算值帶入 Moran's I 指數計算式子，運用 Matlab 分析軟件，可得到 2003—2013 年 Moran's I 指數值，如表 4-3 所示。

表 4-3　　　　2003—2013 年中國能源效率 Moran's I 指數值

年份	Moran's I	VAR（I）	Z 值	P 值
2003	0.259,7	0.014,2	2.990,1	0.005,1
2004	0.269,1	0.014,2	3.021,9	0.002,0
2005	0.327,9	0.014,3	2.942,0	0.003,4
2006	0.304,5	0.014,4	2.792,2	0.005,6
2007	0.396,6	0.014,4	2.910,3	0.003,1
2008	0.391,8	0.014,5	2.840,1	0.004,7
2009	0.415,2	0.014,4	3.145,9	0.001,3
2010	0.346,6	0.014,4	3.343,7	0.001,0
2011	0.468,6	0.014,3	3.432,5	0.000,7
2012	0.428,7	0.014,6	3.071,1	0.000,9
2013	0.354,2	0.014,7	2.421,1	0.001,1

數據來源：作者採用 Matlab 軟件編程計算而得。

2003—2013 年 Moran's I 指數值均大於 0，且通過了顯著性檢驗，說明中國區域能源效率具有較強的空間正相關性。因此，在研究區域能源效率收斂性時，加入空間相關性是很有必要的。然而，從歷年的變化趨勢來看，中國區域能源效率的空間相關性呈波動的變化趨勢，如圖 4-1。

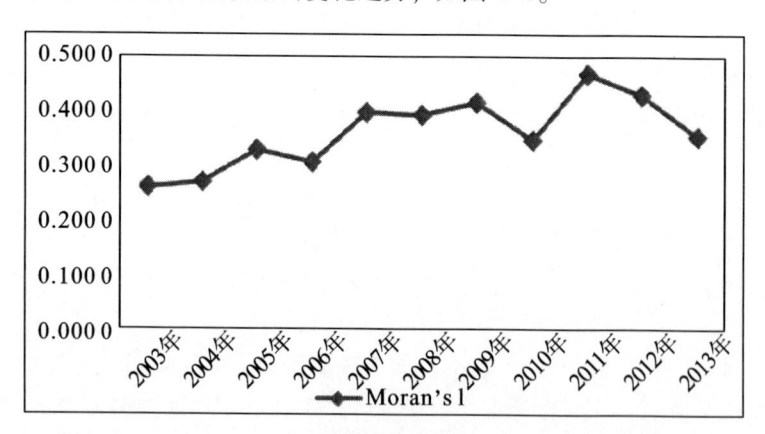

圖 4-1　2003—2013 年中國區域能源效率的 Moran's I 指數值

從 2003 年開始，Moran's I 指數值在波動中上升，到 2009 年，Moran's I 指數值增加到 0.415,2，但是 2010 年，指數值又有所下降。2011 年，Moran's I 指數值上升到 0.468,6，達到最高點，隨後又下降，到 2013 年，指數值下降為 0.354,2，但與 2003 年相比，數值仍然有一定幅度的增加。雖然指數值的變化

不穩定，但是其數值大於 0，且通過顯著性檢驗，地區能源效率表現出較高的空間正相關性。

4.5.2 空間依賴下區域能源效率收斂性檢驗

上一節對區域能源效率的空間相關性進行了檢驗，發現區域能源效率存在較強的空間正相關性，即區域間不是獨立的，而是呈現出非隨機的空間模式。因此，傳統收斂性檢驗中關於經濟體獨立的假設是不符合實際情況的，應當在空間計量的框架下，研究區域能源效率的收斂性特徵。收斂性的檢驗模型和檢驗方法較多，此處結合研究需要，主要分析了絕對 β 收斂、條件 β 收斂和俱樂部收斂，並通過 Matlab 進行編程，分析了區域能源效率的收斂性特徵。

（1）絕對 β 收斂

以空間計量的思想修正傳統收斂性檢驗模型的方法是在模型中加入空間權重矩陣，以空間滯後模型（SLM）和空間誤差模型（SEM）的形式表現出來。修正后的絕對 β 收斂檢驗模型如下：

$$\frac{1}{k}\ln\left(\frac{E_{i,\,t+k}}{E_{i,\,t}}\right) = \alpha + \beta\ln(E_{i,\,t}) + \gamma W\ln\left(\frac{E_{i,\,t+k}}{E_{i,\,t}}\right) + \varepsilon_{i,\,t} \quad (4-28)$$

該模型是空間滯後收斂檢驗模型，其思想是將能源效率的空間相關性作為內生的空間滯後變量。其中，γ 為空間滯後系數，用於衡量區域間的空間關聯性程度，W 為空間權重矩陣。

$$\frac{1}{k}\ln\left(\frac{E_{i,\,t+k}}{E_{i,\,t}}\right) = \alpha + \beta\ln(E_{i,\,t}) + \varepsilon_{i,\,t} \quad (4-29)$$

該模型是空間誤差模型。其中 $\varepsilon_{i,\,t} = \lambda W + \mu$，$\mu \sim N(0, \delta^2 I)$。$W$ 為空間權重矩陣，λ 為迴歸殘差空間相關性的參數，μ 為空間不相關的隨機擾動項。

為了比較傳統收斂迴歸結果與空間計量收斂迴歸結果的差異，這裡將兩類模型的迴歸結果進行比較。傳統收斂迴歸模型採用最小二乘法進行估計，SLM 模型和 SEM 模型採用極大似然法進行估計。2003—2013 年中國 29 個省份的收斂迴歸結果如表 4-4 所示。

在進行空間計量迴歸前，要進行空間相關效應診斷分析，其中，Moran's for Error 的檢驗值為 3.980,1，通過了顯著性檢驗，再一次驗證了中國區域能源效率存在空間相關性；LM Lag 的檢驗值為 4.283,7，LM Error 的檢驗值為 5.173,9，兩者均通過了統計性檢驗，但是 LM Error 的檢驗值大於 LM Lag 的檢驗值，說明 SEM 模型比 SLM 模型更加適合分析我們要研究的問題。

傳統收斂迴歸模型的迴歸結果中，收斂系數 β 為 -0.011,9，但是並沒有通

過顯著性檢驗。SLM模型和SEM模型的迴歸結果中，SLM模型的空間滯后系數沒有通過顯著性檢驗，SEM模型的迴歸結果均通過了顯著性檢驗，這說明中國區域能源效率並沒有產生較為顯著的空間溢出效應，而是通過一個省份能源效率的誤差衝擊正向影響著相鄰省份的能源效率。在SEM模型迴歸結果中，收斂系數β為-0.015,6，說明2003—2013年中國29個省份之間存在能源效率的絕對β收斂。將傳統收斂速度與空間相關性下的收斂速度進行比較，發現考慮空間相關性的情況下，收斂速度更高。由此可見，一個地區的能源效率增長率與該地區的能源效率初始水平負相關，與相鄰地區的能源效率增長率的誤差衝擊正相關。如果一個地區的能源效率初始水平較低，那麼該地區的能源效率增長率較高，並且相鄰地區能源效率的增長率也會促使該地區能源效率的提升。

表4-4 2003—2013年中國29個省份能源效率絕對β收斂迴歸結果

方法	OLS	SLM	SEM
$\gamma(\lambda)$	——	0.206,3 (1.538,2)	0.287,4*** (2.753,7)
β	-0.011,9 (-0.927,1)	-0.014,5* (-1.978,2)	-0.015,6** (-2.018,3)
α	-0.001,2 (-0.526,1)	-0.002,5 (-0.927,3)	-0.003,3 (-1.028,3)
R^2可決系數	0.201,9	0.283,1	0.331,9

註：*、**、***分別表示1%、5%和10%的顯著性水平，上述估計結果由Matlab分析所得。

(2) 條件β收斂

條件β收斂的迴歸檢驗模型是在絕對β收斂檢驗模型的基礎上，加入了一些控制變量，以分析在這些控制變量不變的條件下，區域能源效率增長率與能源效率初始水平的關係。如果收斂系數為負，則表明與控制變量對應的經濟發展條件一致的條件下，區域的能源效率存在收斂性。那麼在進行迴歸之前，需要明確這些控制變量包括哪些呢？

借鑑國內外學者的研究成果，結合我們的研究需求，這裡選取技術進步、產業結構、市場化水平和對外開放水平四個方面的相關指標作為條件β收斂檢驗模型中的控制變量。其中，技術進步用R&D經費支出占地區生產總值的比重來衡量，用Tech來表示；產業結構用第三產業增加值占地區生產總值的比重來衡量，用Stru來表示；市場化水平用政府財政支出占地區生產總值的比重來衡量，用Market來表示；對外開放水平用外商直接投資占地區生產總值的

比重來衡量，用 FDI 來表示。相關數據均來自各年份的《中國統計年鑒》和各省份的地區統計年鑒，部分數據來自 Wind 中國宏觀經濟數據庫。以 1952 年為基期，第三產業增加值和地區生產總值經過平減指數的處理，消除了通貨膨脹的影響，保持了數據在各個年份的可比性。此外，由於各個變量指標的數據大小波動不一致，為了消除數據對模型迴歸結果的影響，這裡對各個變量進行了「對數化」處理。

由於絕對 β 收斂的空間相關效應診斷分析中表明 SEM 模型更適合分析區域能源效率的收斂性問題，這裡就只進行 SEM 模型迴歸估計。結合上述的控制變量，條件 β 收斂的 SEM 模型具體形式如下：

$$\frac{1}{k}\ln\left(\frac{E_{i,t+k}}{E_{i,t}}\right) = \alpha + \beta\ln(E_{i,t}) + \varphi_1 \ln Tech_{i,t} + \varphi_2 \ln Stru_{i,t} + \varphi_3 \ln Market_{i,t} + \varphi_4 \ln FDI_{i,t} + \varepsilon_{i,t} \quad (4-30)$$

其中，$\varepsilon_{i,t} = \lambda W + \mu$，$\mu \sim N(0, \delta^2 I)$。$\lambda$ 為迴歸殘差空間相關性的參數。迴歸結果如表 4-5 所示。

表 4-5　2003—2013 年中國 29 個省份的條件 β 收斂迴歸結果

方法	OLS	SEM
λ	——	0.627,8*** (3.973,8)
β	−0.015,6** (−2.018,9)	−0.021,1*** (−2.783,7)
Tech	0.001,7** (2.001,1)	0.001,2*** (2.996,1)
Stru	0.000,8 (0.582,8)	0.000,5 (0.698,5)
Market	−0.002,4*** (−3.883,9)	−0.002,9*** (−5.344,9)
FDI	0.009,9*** (2.578,9)	0.012,8*** (2.996,1)
α	−0.078,9 (−0.977,3)	−0.037,7* (−1.285,3)
R^2 可決系數	0.665,1	0.724,6

註：*、**、*** 分別表示 1%、5% 和 10% 的顯著性水平，上述估計結果由 Matlab 分析所得。

傳統 β 收斂迴歸結果中收斂系數 β 的值為 −0.015,6，且通過了顯著性檢驗，然而，與空間相關性下的 β 收斂迴歸結果相比較，收斂速度還是較低的，

這說明在考慮空間相關性的條件下，區域能源效率的收斂速度更快。控製變量的符號與 SEM 模型的迴歸結果保持一致，但是系數均小於 SEM 模型中控製變量的系數值。同時，傳統 β 收斂模型的可決系數小於 SEM 模型的可決系數。因此，在空間相關性的條件下，分析區域能源效率收斂性符合實際情況。

將條件 β 收斂 SEM 模型的迴歸結果與絕對 β 收斂的 SEM 模型迴歸結果相比較，條件 β 收斂迴歸結果的可決系數變高了，即加入了控製變量之後，模型對現象的解釋程度更好。從收斂系數 β 值來看，在加入控製變量之後，收斂速度也有了明顯提高，達到了 2.11%，即在控製技術進步、產業結構、市場化、對外開放等方面後，區域能源效率的增長率與能源效率的初始水平呈負相關關係，與相鄰省份的能源效率增長率誤差衝擊正相關，中國區域能源效率存在條件 β 收斂。

在條件 β 收斂檢驗模型中，中國區域能源效率的增長率不僅與地區的能源效率的初始水平和相鄰地區的能源效率增長率誤差有關，還與技術進步、產業結構、市場化水平、對外開放水平等因素有關。

在技術進步方面，若其他因素保持不變，則 R&D 經費支出占地區生產總值的比重與地區能源效率增長率正相關，即 R&D 投入增加 1%，地區能源效率的增長率會提高 0.12%。企業研發投入主要用於解決企業在生產過程中的技術難題，以提高企業生產率，要素的使用效率也會得到提高。

在產業結構方面，若其他因素保持不變，則第三產業增加值占地區生產總值的比重與地區能源效率增長率正相關，即第三產業增加值占地區生產總值的比重增加 1%，地區能源效率的增長率會提高 0.05%。第三產業主要由一些具有高附加值的產業構成，這些產業對煤炭等重污染能源的需求較小，而對電力等高效低污染的能源的需求較高。所以，第三產業的能源利用效率要高於第一、二產業。例如，雲南省的旅遊資源豐富，第三產業增加值占比較高，全要素能源效率超過了 1，而四川省的重工業占比較高，其全要素能源效率僅為 0.572,6。

將技術進步與產業結構的影響系數進行比較，技術進步的影響系數為 0.001,2，產業結構的影響系數為 0.000,5，技術進步對能源效率的改善作用明顯高於產業結構的影響。對於四川這樣工業占比較高的省份而言，引進東部地區先進的節能技術，能源利用效率得到改善的效果更加顯著。

在市場化改革方面，若其他因素保持不變，則政府支出占地區生產總值的比重與地區能源效率增長率負相關，即政府支出占地區生產總值的比重減少 1%，地區能源效率增長率提高 0.29%。其影響程度比技術進步對能源效率改

善作用更大。由此可以看出，政府對經濟的干預程度對地區能源效率的變化會產生深刻的影響。在市場經濟條件下，要素可以自由流動，要素在各部門的配置主要由價格來決定，這種情況下，要素的配置效率達到最優狀態。然而，中國政府對經濟的干預程度較高，市場的價格機制並不能得到有效的發揮，資源配置效率較低。因此，促進市場化改革，降低政府對市場的干預將有效地改善區域能源效率，地方政府在制訂經濟發展計劃時，應當充分考慮當地的比較優勢，不能盲目地發展重工業或進行財政補貼。

在對外開放方面，若其他因素保持不變，則外商直接投資占地區生產總值的比重與地區能源效率增長率正相關，即外商直接投資占地區生產總值的比重增加1%，地區能源效率增長率提高1.28%。外商直接投資可以有效地促進地區能源效率的提高。外資的流入，帶來了國外先進的管理理念和生產技術，有效地提高了流入企業的生產效率，促使整個行業的企業相互競爭，從而帶來整個行業生產效率的提高，對接收外資的地區經濟發展產生了正向的促進作用。目前，東部地區的對外開放程度遠高於中、西部地區，特別是一些西部內陸地區，由於自身地理位置和經濟發展條件的限制，與國外和周邊地區的交流並不緊密。因此，我們應加強與國外和周邊地區的交流，通過學習和借鑑，吸收先進的節能技術，提高地區能源效率。

(3) 俱樂部收斂

俱樂部收斂是在絕對 β 收斂的基礎上考慮地區劃分進行的更加深入的收斂性分析。這裡的區域劃分，主要參考了國家的經濟發展政策傾向，並採用東、中、西部三大區域的劃分方式進行了俱樂部收斂的分析。

首先，對東、中、西部三大區域的相關數據進行空間相關效應診斷，結果如表4-6所示。東、中、西部地區的空間相關性檢驗Moran's for Error均通過了顯著性檢驗，東、中、西部地區的全要素能源效率存在空間相關性。東、中、西部地區的LM Lag檢驗值均小於LM Error檢驗值，採用SEM模型更適合研究三大區域的收斂性。

表4-6　2003—2013年中國東、中、西部三大區域空間相關效應診斷結果

分類	東部地區	中部地區	西部地區
Moran's for Error	3.330, 2	3.298, 1	2.219, 9
LM Lag	4.781, 9	5.283, 7	4.991, 8
LM Error	5.878, 9	6.629, 1	5.778, 3

註：上述空間相關效應診斷結果由Matlab分析所得。

下面採用 SEM 模型對中國東、中、西部地區的俱樂部收斂特徵進行檢驗，檢驗結果如表 4-7 所示。

表 4-7　2003—2013 年中國三大區域能源效率俱樂部收斂迴歸結果

分類	東部地區	中部地區	西部地區
λ	0.273,8** (2.283,9)	0.263,7** (2.677,2)	0.233,4* (1.033,7)
β	-0.009,2*** (-2.283,4)	-0.016,7** (-2.384,4)	-0.008,6 (-0.927,3)
α	-0.002,7* (-1.293,2)	-0.001,8* (-1.983,4)	-0.002,1 (-0.928,3)
R^2 可決系數	0.231,9	0.218,6	0.223,1

註：*、**、*** 分別表示 1%、5% 和 10% 的顯著性水平，上述估計結果由 Matlab 分析所得。

西部地區的收斂系數 β 值為 -0.008,6，但是並沒有通過顯著性檢驗，東部和中部地區的收斂系數 β 值通過了顯著性檢驗，分別為 -0.009,2 和 -0.016,7，即東、中部地區的能源效率增長率與初始水平負相關，收斂速度分別為 0.92% 和 1.67%。東部地區能源效率收斂速度低於中部地區的能源效率收斂速度。西部地區雖然沒有通過顯著性檢驗，但是仍然具有一定的收斂特徵。三大區域存在俱樂部收斂特徵。

中國區域能源效率表現出俱樂部收斂特徵的主要原因是，長期以來，地區經濟發展政策就具有區域傾向，東部地區因地理位置優越，在改革開放初期取得了巨大的政策支持；隨著東部地區的崛起，部分中部地區在東部發達省份的影響下開始發展；處於內陸地區的西部地區在「西部大開發」的政策支撐下在近年來也取得了不錯經濟發展「成績」。由於中國經濟發展的非均衡性，區域能源效率也表現出東、中、西部地區梯次遞減的區域特徵，而由於各個區域的經濟發展初始水平、發展政策等方面具有區域特色，因此能源效率表現出俱樂部收斂的特徵。對於西部地區而言，由於地理位置等方面存在較大差異，西部地區各個省份的能源效率差異較大，收斂性特徵不太顯著。從空間相關性檢驗值也可以看到，西部地區的 Moran's for error 值與東、中部地區的值相比要小，西部地區各省份的能源效率空間相關性程度較小，所以存在著這樣的現象：雲南的全要素能源效率值超過 1，而與之相鄰的四川，其全要素能源效率值不到 0.7。

本章在空間相關性的條件下，採用空間計量模型對 2003—2013 年中國 29 個省份的區域能源效率收斂性進行了檢驗，結果如下：

(1) 中國區域能源效率存在絕對 β 收斂；在控製技術進步、產業結構、市場化水平、對外開放水平等變量的情況下，中國區域能源效率表現出顯著的條件 β 收斂特徵；對於東、中、西部三大區域而言，東、中部地區表現出顯著的俱樂部收斂，西部地區的收斂特徵不顯著。

(2) 在其他條件不變的情況下，R&D 經費支出占 GDP 的比重增加 1%，地區能源效率增長率會提高 0.12%；在其他條件不變的情況下，第三產業增加值占 GDP 的比重增加 1%，地區能源效率的增長率會提高 0.05%；在其他條件不變的情況下，政府支出占 GDP 的比重減少 1%，地區能源效率增長率會提高 0.29%；在其他條件不變的情況下，外商直接投資占 GDP 的比重增加 1%，地區能源效率增長率會提高 1.28%。

(3) 一個地區的能源效率增長率不僅與該地區的能源效率初始水平負相關，還與相鄰省份的能源效率增長率誤差衝擊有正相關關係。

(4) 與傳統收斂檢驗結果相比，在空間相關性的條件下，區域能源效率收斂速度更快。

4.6　本章小結

由於經濟發展政策、地理位置、資源稟賦、市場化改革程度等方面的原因，中國地區經濟發展表現出顯著的非均衡性，區域能源效率也表現出不同變化速度。區域能源效率的收斂性問題成為國內外學者研究的熱點問題。然而，大部分學者的研究方法主要是以傳統收斂機制為基礎，在地區經濟獨立的假設條件下進行相關研究，這並不符合中國地區發展的實際情況。在考慮空間相關性的條件下，我們對中國區域能源效率的收斂性特徵進行了理論和實證分析，並基於相關結論提出了相關政策建議，以縮小地區能源效率差異，提升中國整體能效水平。

本章以中國區域能源效率為研究對象，根據第 2 章對區域能源效率的測算結果，採用超效率 DEA 模型測算了 2003—2013 年中國 29 個省份（不含西藏，重慶數據並入四川）環境約束下的全要素能源效率，並在考慮空間相關性的條件下，驗證了中國區域能源效率的空間相關性和中國區域能源效率的收斂性特徵。

根據以上分析，得出的結論有：①2011 年以前，三大區域的能源效率保持梯度遞減，即東部地區能源效率最高，其次是中部地區，西部地區能源效率

最低。2011年以后，西部地區能源效率平均值超過了中部地區。②在空間相關性檢驗中，2003—2013年中國區域能源效率Moran's I指數值大於0，且通過顯著性檢驗，表明區域能源效率存在較強的空間正相關。③與傳統收斂檢驗結果相比，在空間相關性的條件下，區域能源效率收斂特徵更加顯著，收斂速度更快。地區能源效率增長率不僅與該地區的能源效率初始水平負相關，還與相鄰地區能源效率增長率的誤差衝擊正相關。④在空間效應下，中國區域能源效率存在絕對β收斂；就三大區域而言，東、中部地區顯著俱樂部收斂，西部地區的俱樂部收斂特徵不顯著。⑤其他條件不變時，R&D經費支出占GDP的比重增加1%，地區能源效率增長率會提高0.12%。⑥其他條件不變時，第三產業增加值占GDP的比重增加1%，地區能源效率的增長率會提高0.05%。⑦其他條件不變時，政府支出占GDP的比重減少1%，地區能源效率增長率會提高0.29%。⑧其他條件不變時，外商直接投資占GDP的比重增加1%，地區能源效率增長率會提高1.28%。

5 區域能源效率的回彈效應

　　能源與資本、勞動和原材料一樣，作為一種生產要素，在經濟運行中發揮著重要的作用，是社會生產的基本動力和基礎性資源，也是社會經濟可持續發展的物質基礎。中國作為能源生產和能源消費大國，能源消費的總體水平和人均水平都在不斷提高。有統計顯示：目前，中國能源消費約占世界總量的20%，GDP不到世界總量的10%。人均能源消費接近世界平均水平，人均GDP卻只占世界平均水平的50%。中國能源消費總量與美國相當，GDP僅為美國的37%；GDP與日本相當，而能源消費總量是日本的4.7倍。上述數據表明，中國經濟的快速增長過度依賴能源消費，能源作為基礎性資源，對經濟可持續發展的約束現象已經日益明顯。如何保證能源的可持續利用，進而實現經濟的可持續發展，逐漸成為現代經濟學研究的前沿問題，同時也是現代企業面臨的現實難題。

　　宏觀層面上，各國都在鼓勵科技創新，期望通過技術進步提高能源的使用效率，進而降低總體能源消費；微觀層面上，企業通過引進新技術和設備、開展節能技術改造，以期降低能源投入。越來越多的學者也開始對能源經濟和現代企業的節能管理進行系統、全面、深入的研究。然而通過技術進步提高中國能源使用效率是否真的會降低能源消費總體水平，仍是有待進一步研究的問題。

　　某種能源使用效率的提高將降低對該能源的需求，然而效率的提高往往也伴隨著該能源使用成本的下降，反而引起需求的擴張，這就是提高能源效率過程中的回彈效應。例如，隨著汽車燃料成本的下降，消費者會選擇購買燃油汽車或者行駛更多的歷程。相似的例子還有，對於家庭用戶來說，隨著燃料價格的下降，人們會選擇延長室內取暖的時間或者調高室內溫度。這種能源回彈的程度可能會因能源種類不同、環境不同和時間不同而有所差異，但任何能源服務的「增加量」都將抵減能源效率提高所帶來的「能源節約量」。在某些情況

下,它可以完全抵消這些節省量,這時被稱為「逆反效應」。

作為一個能源生產和能源消費的大國,如何保持經濟、能源和環境的可持續發展正是中國在新時期所面臨的一個重大戰略問題。無論是從理論角度還是從實證角度出發,國內關於能源使用效率與能源消費關係的研究成果還比較少。因此,我們從定量的角度,對提高能源效率與能源消費的關係進行理論和實證兩方面的研究,將具有重要的理論和現實意義。

一般觀點認為,隨著技術的進步,某種能源使用效率的提高將降低對該能源的需求,然而能源使用效率的提高往往也伴隨著該能源使用成本的下降,反而會引起需求的擴張,即技術進步時,當能源消費減少1%單位,以能源作為投入要素的產品耗能並不是同比例的減少1%。這就是提高能源效率過程中的回彈效應。

國外學者諸多研究證實了回彈效應是存在的。回彈效應的存在,使得政府通過提高能源使用效率進行節能的努力結果將比預期減小。能源回彈效應的研究在中國學術界和政策制定部門是一個全新的話題,理論研究方面很少,相關的實證研究成果也甚少,因此,無論從理論角度還是現實角度考慮,對中國能源回彈效應的研究都顯得尤為必要。

5.1 研究現狀

5.1.1 回彈效應的提出

回彈效應(Rebound Effects)一直是能源經濟學中研究與爭論的焦點問題。RE(回彈效應)問題最早於1865年由Jevons在《煤炭問題》一書中提出。Jevons認為能源使用效率的提高不但不會降低能源消費,反而會增加能源消費,這個論斷被稱為「杰文斯矛盾(Jevons Paradox)」。書中通過具體例子來解釋了這種現象:在1830—1863年,蘇格蘭在煉鐵過程中,由於技術水平的提高,使得每煉一個單位鐵所消耗的煤炭量幾乎下降了33%,導致煉鐵成本的下降,進而促進廠商利潤的提高,這驅使更多的廠商進入該行業,結果是煉鐵行業的大規模擴張導致該行業對煤炭的需求量幾乎增加了十倍;同時煉鐵成本的減少又帶來鐵價的下跌,促進以鐵為原料的產業大規模擴張,煤炭的需求量進一步增加。杰文斯矛盾使眾多學者開始質疑能源效率政策是否真的有效,對回彈效應的系統性研究是在20世紀90年代以後,許多學者對回彈效應的經濟機制進行了廣泛的探討。

5.1.2 回彈效應存在性研究

截至目前，學者從不同角度對能源回彈效應存在性進行了研究。

Jorgenson 與 Fraumeni（1981）首先在生產成本模型中引入技術進步因素來分析能源消費的變化，在研究過程中，通過提取不同時間段技術變化值和該段時間內能源消費變化值，發現隨著技術的提高，能源消費也逐漸增加，即隨著時間的推移生產某單位產品的能源消費增加。但其研究只是運用簡單的時間趨勢迴歸模擬了技術變化。

Len Brookes 對「杰文斯矛盾」的分析提出了許多新的命題（Brookes，1978、1990a、1990b、1993、2000、2004），其中比較重要的三個命題描述了能源使用效率、經濟增長、能源消費之間的關係。第一，即使存在其他替代能源的要素，能源使用效率提高導致的高質量能源的應用也將促進技術的改變，進而帶動經濟快速增長，能源消費也會隨之增加；第二，能源使用效率的提高，往往造成能源價格的降低，導致能源的需求與供給在一個更高水平上達到新的平衡；第三，對能源使用效率與能源消費關係的一般研究，都有一個前提假設，即能源強度固定，這種假設條件導致能源強度內生的情況被忽略了。Brooks 最大的貢獻在於能源效率的提高經常伴隨著更大的技術進步的論斷，至於是否能源效率的提高一定伴隨更大的技術提高仍有待研究。Brooks 的研究對回彈效應的存在性並沒有給出很有力的理論支持，因此從理論角度看，對回彈效應的研究仍需進一步討論。

Khazzoom（1980）第一個從消費者的角度來分析了技術進步對能源消費的影響。研究結果發現，當能源消費減少1%單位，以能源作為投入要素的產品耗能並不是同比例的減少1%。他認為當技術進步時，能源效率相應提高，但是對消費者需求的影響存在不確定性，即能源效率提高導致能源產品價格下降，價格因素引致消費者增加對該產品的需求。

Henry Saunders（1992）首次提出了能源回彈效應。Saunders 借助新古典生產函數和增長理論在 Khazzoom（1980）和 Brookes（1979）的研究基礎上提出能源回彈效應。同時，Saunders 指出，Khazzoom 的研究僅局限於某一個能源產品，並沒有考慮其他能源產品和其他產品存在的情形，因此，忽略了多種產品之間存在的互補性和替代性。Saunders（2000）用嵌套的常替代彈性函數（CES）作了進一步研究，並得出更有力的結論。他指出：對於企業而言，能源效率提高意味著減少能源投入仍可以獲得等量產出，同時也意味著其他投入要素（如資本、勞動力）可能會被能源替代，當能源價格下降時，下游產業

的產品價格也會下降，進而導致對產品和能源更多的需求。Saunders還發現，當能源易於替代其他生產要素（資本、勞動）時，能源回彈效應相對較高，此時，通過技術進步提高能源效率進而達到節能的目標，其效果並不明顯；另外，回彈效應值由於研究週期不同有所差異，長期回彈值效應明顯高於短期回彈效應值。

由於生產函數與成本函數不同，回彈效應估計結果也存在較大差別，Saunders（2008）對八類生產函數與成本函數分別進行了分析。分析結果顯示：研究過程中，所選取的生產函數或成本函數會影響回彈效應的大小。被廣泛採用的常替代彈性函數（CES）得出的回彈效應較為靈活，可以較好地描述回彈效應的各種可能情況。另外，傅氏成本函數和對稱的廣義里昂西夫成本函數對回彈效應的研究也是較為合理的選擇。而超對數函數只能描述逆反效應，並不能較好地描述回彈效應。總的看來，Saunders的眾多研究證明了回彈效應的存在，然而其分析大多基於嚴格的假設條件，這使得研究結論也有一定的局限性。

Birol和Keppler（2000）進一步對回彈效應的影響機制進行了探討，即技術進步一方面可以降低能源消耗和成本，從而提高能源效率和經濟產出，但另一方面由於技術進步促使經濟增長，進而導致能源需求增加，同時由於能源成本減少，使得能源價格降低，即真實收入水平提高，也會導致能源需求增加，從而使得能源效率下降。

Herring（2005）從多種角度分析了能源回彈效應的存在性，他的研究更注重考慮技術進步帶來的能源回彈效應在宏觀與微觀層面的反應。研究發現，從企業方面來看，當技術進步時，能源效率提高，進而明顯地降低了能源消費；從整個國家層面來看，技術進步雖然提高了能源效率，但能源消費總量並沒有因此下降，反而有所提高。

后來學者對於回彈效應的存在性並沒有太大異議，但是對其影響程度關注較多。而國內學者對能源回彈效應的理論研究，目前還處於初級階段。

5.1.3　回彈效應程度研究

目前，回彈效應影響程度的實證研究相對較多，主要有模擬實驗、計量方法兩種方式。模擬實驗主要是通過測量能源效率提高前、後的能源需求量，對比能源消費量的增減，進而估計能源回彈效應值。例如，測量安裝節能鍋爐前和安裝後的熱輸出變化。採用這種方法的研究相對較少，部分原因是測量困難，只有少數相關的研究而且都是集中在家庭取暖方面（Sommerville, Sorrell,

2007)。但這種方法存在一定局限，因為其他各種變量因素的變動也會改變對能源的需求量，因此需要控製其他變量，但是大多數研究者並沒有控製其他必要的變量，導致研究結果存在偏差（Frondel，Schmidt，2005；Meyer，1995）。比如，對家庭選擇的隨機性，導致研究者受到選擇偏差影響。（Hartman，1988）。

估計回彈效應更普遍的方法是通過計量分析，通過估計彈性估計回彈效應值，即假設其他變量不變，某個變量變動的比例所導致的另一個變量變動的比例。模型中包括能源需求信息、相關能源服務、能源服務效率。樣本數據採用了各種形式，有時間序列數據、截面數據、面板數據；研究範圍也較大，包括家庭層面、地區層面、國家層面。目前，國外相關方面的研究大多數集中在汽車運輸、家庭取暖及其他能源服務。

(1) 汽車運輸能源回彈實證研究

迄今為止，回彈效應研究最成熟的領域是個人汽車運輸，大多數研究是指美國，這是因為美國的燃料價格、燃料效率和居民居住密度均低於歐洲，汽車保有量水平較高，而替代交通工具的選擇範圍較小。根據數據類型不同分別綜述如下：

Goodwin（1992）、Espey（1996、1998）、Hanley 等（2002）通過能源需求對價格彈性的測量，已經進行了多次實證估計，對能源回彈值進行了全面的估計。Sorrell 和 Dimitropoulos（2007b）綜合分析了上述研究，計算其平均估計值，最終得到短期回彈效應上限值為20%~25%，而長期回彈效應估計值上限達到80%。然而，由於研究方法的不同，回彈效應估計值有很大差異，同時，利用能源需求對能源價格的彈性來測量，忽略了車輛的燃料價格對燃料效率的影響，回彈效應估計值的上限很可能比實際效果大很多。

Blair 等（1984）利用佛羅里德1967—1976年的數據進行測算後，得出短期回彈效應估計值為25%~40%，長期回彈效應估計值為25%~40%。Greene（1992）利用美國1957年至1989年的數據，估計得出短期回彈效應估計值為5%~19%，長期回彈效應估計值為5%~19%；另外，相似的如 Wheaton（1982）、Gately（1992）、Schimek（1996）等對汽車運輸回彈效應進行的研究，其估計值均小於29%。上述的7個研究利用了時間序列數據和截面數據，估計個人交通運輸的長期、短期回彈效應值在5%~40%。然而在相應的規範上是有分歧的，尤其是在調處理序列相關性和滯后因變量的問題上，數據點的數量有限，使得他很難使用這種類型數據單獨的解決問題。此外，由於這些研究是針對美國而且數據較老，所以無法推算出隨著時間的推移，直接回彈效應

值是否有降低趨勢,也不能推算回彈效應值是否與其他國家有很大差異。

Wirl(1997)利用英國、法國、義大利數據三個跨國家的面板數據,估計長期回彈效應值為27%~30%,短期回彈效應值為10%~20%;而Johansson和Schipper(1997)在對12個經合組織國家1973—1992年數據進行分析后估計長期回彈效應值為5%~55%,並測算出最佳回彈效應值為30%;Haughton和Sarkar(1996)、Small和Van Dender(2005)分別利用美國1972—1991年、1961—2001年數據測得長期回彈效應估計值均為22%。上述三個研究利用跨國家和地區的面板數據,相對於時間序列和截面數據,提供了更多的信息,從而為估計直接回彈效應值提供了更堅實的基礎。

分解數據源能夠避免一些測量中的困難,然而模型越複雜,出現偏差的可能性越大。Goldberg(1996)利用分解數據源方法對美國1984—1990年面板數據進行測算,回彈效應估計值為0;然而Frondel等(2008)利用分解數據源方法,對德國家庭的面板數據研究表明,德國的回彈效應較大,其長期直接回彈效應值為56%~66%。West(2004)利用截面數據測得美國短期回彈效應估計值更是出奇的高,估計值為87%。上述三個研究利用分解數據源的方法,得到的直接回彈效應的估計值不太一致,而且其中的幾個估計值出奇的高。值得注意的是,其中三個研究使用的數據都來自美國消費支出調查的數據,但是其估計的直接回彈效應值從0~87%有所不同,這表明這種方法的研究結果也應該慎用。

上述關於汽車運輸能源回彈實證研究表明,個人交通運輸的長期的直接回彈效應的估計值大部分在10%~40%,排除數據、方法,大多數研究結果都在這個範圍內波動,這說明上述研究相對可靠。

(2)家庭取暖能源回彈實證研究

利用單方程模型,Douthitt(1986)採用了加拿大370個獨立家庭的截面數據,測得短期回彈效應估計值為10%~17%,長期回彈效應估計值為35%~60%;Schwarz和Taylor(1995)利用美國1,188個獨立家庭的截面數據,估計了恒溫設定的方程式,這個方程式作為能源價格、外部溫度、受熱面積、家庭收入、房間熱阻的技術估計數的函數。他們的結論是長期直接回彈效應估計值為1.4%~3.4%;Hsueh和Gerner(1993)則得到了對比明顯的結果,他們採用了美國自1981年以來1,028個獨立家庭的數據,並加入了一些綜合信息——設備所有權、人口特徵,這使得他們可以結合計量和技術模型估計家庭取暖方面的能源使用情況。其結論是電加熱家庭的短期直接回彈效應估計值為35%,燃氣加熱的家庭短期直接回彈效應估計值為58%。

另外，運用多方程模型，Dubin 和 McFadden（1984）利用美國 313 個獨立家庭的面板數據估計短期回彈效應值為 25%～31%；Nesbakken（2001）利用挪威 551 個獨立家庭面板數據得到，短期回彈效應估計值平均值為 21%；Klein（1987）利用美國 1973—1981 年 2,157 個獨立家庭面板數據進行測算，其結論是短期回彈效應估計值為 25%～29%。

上述研究者分別利用單方程、多方程模型，對家庭取暖的能源回彈效應程度進行研究。結果表明：採用單方程模型的研究估計值波動範圍較大，短期回彈效應估計值 10%～58%，長期回彈效應估計值的波動範圍更廣，為 1.4%～60%；而採用多方程模型的研究估計值相對一致，認為家庭取暖方面的回彈效應的平均估計值為 20% 左右。

（3）其他關於家庭能源服務方面的估計

由於缺乏數據，關於其他家庭能源服務的回彈效應的研究較少，Nadel（1993）報告了一些關於美國電力公司的估計結果。其結果表明：照明的直接回彈效應估計值約為 10%，水溫加熱的直接回彈效應值約為 0，制冷直接回彈效應估計值不確定。由於這些研究規模較小、週期短、方法缺陷，無法對這些研究下結論。

Hausman（1979）採用 1978 年的截面數據估計了美國家庭制冷的回彈效應值。研究結果表明：美國家庭制冷的短期回彈效應值為 4%；長期回彈效應值為 26.5%。Dubin 等（1986）利用佛羅里德 1981 年截面數據，估計美國家庭制冷短期回彈效應值為 1%～26%。這兩個關於家庭制冷的研究，表明直接回彈效應估計值與家庭取暖估計值（1.4%～60%）形成對比。這兩個研究方法比較複雜、避免了內生性偏差，並且認為回彈效應估計值因為外部溫度差異會有很大不同。

其他關於家庭能源服務的研究，比如對水溫加熱的研究更是有限，Guertin 等（2003）研究了加拿大 1993 年的截面數據，發現水溫加熱的長期回彈效應估計值為 34%～38%，這個結果比 Nadel（1993）通過直接實驗方法測算的結果大得多。Davis（2007）利用美國 1997 年面板數據，估計洗衣用水的短期回彈效應估計值小於 5.6。

（4）宏觀實證研究

關於宏觀經濟的能源回彈效應研究，國外相關估計相對較少。目前，國內僅有的關於能源回彈效應的研究集中於宏觀層面，周勇、林源源（2007）利用新古典三要素生產函數，對中國宏觀經濟的回彈效應進行估計，得出 1978—2004 年中國回彈效應在 30%～80% 波動。王群偉、周德群（2008）利用

相同的生產函數，引入了產業結構調整因素（影響能源效率的因素），對中國宏觀經濟的回彈效應進行估計得出結果顯示，1978—2004 年中國回彈效應平均值為 62.8%；同時發現，在不同時期，能源回彈效應值波動差異較大。劉源遠、劉鳳朝（2008）採用省級面板數據，利用相同的方法估算了 1985—2005 年的數據。結果顯示：中國平均能源回彈效應值為 53.68%；總體能源回彈效應漸趨降低；地區之間的回彈效應差異明顯，西部地區回彈效應值最大，東部地區回彈效應最小，中部地區回彈效應值位於東、西部地區回彈效應值之間。馮烽、葉阿忠（2012）構建了三要素經濟增長的空間誤差模型，並利用省際面板數據對中國 1995—2010 年能源消費的回彈效應進行了實證研究。結果表明，技術進步所導致的能源回彈效應顯著存在，且呈現上升趨勢，中、西部的平均回彈效應明顯高於東部，支持了劉源遠、劉鳳朝（2008）的觀點。查冬蘭、周德群（2012）對中國能源回彈研究現狀進行分析，認為能源回彈定量化的研究還處於起步階段，目前中國能源政策導向是要提高生產、商業、公共部門和家庭用能的效率，但在提出每年降低能源強度目標時，RE 問題還未真正受到重視。能源效率提高在宏觀和微觀上的衡量本身是個難題，加上受價格、收入與其他經濟變量的影響，便使得計算能源效率提高后的影響難度加大了。

　　另外，國內幾個相關學者的研究範圍縮小，其研究結論與上述研究相差也較大。陳燕（2011）以湖北省為研究對象，利用 DEA 方法測算技術進步貢獻率，進而測算了 1980—2007 年數據。研究結果顯示：湖北省的回彈效應平均值為 123.7，其結論明顯高於周勇、林源源（2007）測算的 30%~80%的回彈值，也明顯高於劉源遠、劉鳳朝（2008）計算得出的 53.68%平均值；但是也支持了劉源遠、劉鳳朝（2008）關於總體能源回彈效應漸趨降低的結論。陳凱（2011）的研究範圍集中在高耗能的鋼鐵行業。其研究結果發現：中國鋼鐵行業的能源回彈效應比較高，其平均值為 130.47%。

　　國內的幾篇關於回彈效應的研究表明，改革開放以來，中國平均回彈效應為 30%~80%，各年度之間波動比較明顯，但是總體上呈下降趨勢。回彈效應在各地區、各行業之間存在較大差異。個別省份回彈效應值超過了 100%，個別產業回彈效應值也明顯超過了 100%，這說明效率提高帶來的能源節省量完全被能源消費擴張量抵消。相對來講，上述研究仍存在不足，一是國內學者對技術貢獻率的測算幾乎採用了相同的方法；二是國內大部分學者在估算能源回彈效應值時，將能源效率的影響因素完全歸結為技術進步，似有不妥。

5.1.4 研究述評

綜上所述，有關能源回彈效應的研究，國外無論在理論還是實證中研究都較多，且研究基於微觀層面。而國內研究相對較少，僅有的關於能源回彈效應的研究集中於宏觀層面。相關學者對於回彈效應的存在性並沒有太大異議，但是對其影響程度的研究結論存在較大差異。

國外估計回彈效應的實證研究主要集中在微觀層面，普遍採用計量分析，通過估計彈性估計回彈效應值。模型中包括能源需求信息、相關能源服務、能源服務效率。樣本數據採取各種形式，有時間序列數據、截面數據、面板數據；研究範圍也較大，包括家庭層面、地區層面、國家層面。目前，國外相關方面的研究大多數集中在汽車運輸、家庭取暖及其他能源服務。由於估計方法、數據來源、數據範圍等不同，得出能源回彈效應值在不同國家、不同行業存在不同的波動範圍。

而國內學者對回彈效應的理論研究還處於初級階段，相關理論研究和實證研究都比較少，且實證研究集中在宏觀方面。國內學者對能源回彈效應的研究，將能源效率的影響因素完全歸結為技術進步，沒有考慮產業結構、政府政策等因素，即將所有影響能源效率的因素都視為技術進步因素，進而導致對回彈效應的估計結果存在一定誤差。

國外學者對回彈效應定義研究主要基於三個方面：以 Harry D. Saunders 為代表的宏觀經濟學研究的定義；以 Steve Sorrell 和 John Dimitropoulos 為代表的微觀經濟學研究的定義；以 Greening 等為代表的對回彈效應系統性研究，對回彈效應的經濟機制進行了廣泛的探討。依據 Greening（2000）的分類，本章將回彈效應進一步分解為直接回彈效應、間接回彈效應和綜合回彈效應。

5.2 能源回彈效應理論分析

5.2.1 能源回彈效應分解理論基礎

新古典增長理論模型比較重視技術進步對經濟增長的貢獻力量，該理論認為：經濟發展不僅僅依靠資本和勞動力，技術的提高才是經濟增長的決定性因素。新古典經濟增長理論可以較好地解釋能源回彈效應，因此，下面將根據該理論對能源回彈進行理論分析。首先假設消費者是理性的，充分瞭解市場各種信息，並且所消費能源產品和服務的效用最大化。

假設 E 表示某種能源產品的消費量，ε 表示該產品的使用效率，V 表示該產品的有效使用量，則 $\varepsilon=V/E$。PE 表示能源產品單位價格，PV 表示該產品有效使用量的單位成本，則 $PV=PE/\varepsilon$。我們知道，當技術進步時，相應的能源產品的使用效率會提高，進而導致 PV 降低，則該能源產品的消費量會增加。

如圖 5-1 所示，假定消費者將其所有收入全部用於消費兩種能源產品：W 和 N（現實中消費者可以在多種產品間進行選擇，為了簡單起見，我們只考慮兩種產品）。U_1 和 U_2 表示兩條無差異曲線，在同一條無差異曲線上，產品或服務的各種組合（即該曲線上的每一個點）表示的效用相同。即在 U_1 或者 U_2 上，產品 W 和產品 N 的任何一種組合對於消費者來說，所獲得的效用都相等。消費者收入限制了對產品的消費，直線 W_0-N_0 表示消費者的預算約束（Y），用 P_W 表示消費能源產品 W 的單位成本，P_N 表示消費能源產品 N 的單位成本，預算約束可以表達為：$Y \geq P_W W_0 + P_N N_0$，預算約束曲線的斜率為 P_W/P_N。

為了達到最大效用，直線 W_0-N_0 不斷向右側移動，當與無差異曲線 U_1 相切時，即達到了產品效用最大化的點，最優產品消費組合為無差異曲線 U_1 與預算約束曲線 Y 的切點 $M(W_1, U_1)$，假設在這一點，消費者效用最大化，而能源產品 W 和 N 的邊際替代率等於它們的價格之比（P_W/P_N）。此時對應的兩種產品消費量分別為 W_1，U_1。

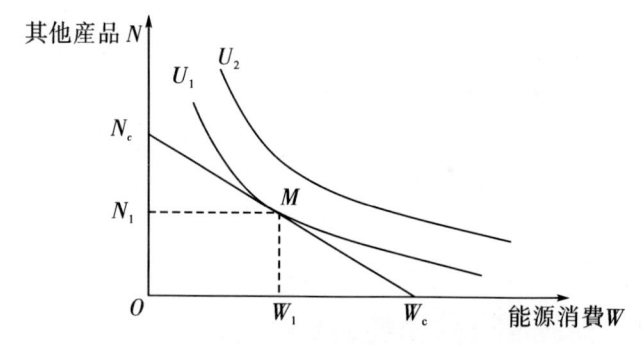

圖 5-1 能源產品 W 與其他產品 N 的替代關係

假設 $E(W)$ 表示能源產品 W 的消費量，則在效用最大化時，能源產品 W 的消費量為 $E(W_1)$。實際中，消費者收入會有所變化，產品的價格也會有所變化，當上述任一條件變化時，都會直接或者間接地影響消費者預算約束曲線的變動，相對應的約束曲線會有相應的變化——向左或者向右移動以及斜率的變化。

當技術進步時，能源使用效率因此提高，此時能源產品的使用量會因效率的提高會有所節省，假設在上述約束條件下，技術進步后能源產品 W 的消費

量為 $E^*(W)$，那麼，技術進步帶來的能源節省 ΔE_a 可表示為式（5-1）。

$$\Delta E_a = E(W_1) - E^*(W_1) \qquad (5-1)$$

事實上，上述式（5-1）高估了能源產品 W 的節省量，因為這裡暗含假設：能源產品（或服務）消費量不隨能源效率的提高而變動，但實際上，當能源產品的名義價格（P_W）保持不變，而能源使用效率提高時，能源產品的實際價格（P'_W）將會降低，即 $P'_W < P_W$，近而會增加能源消費總量。

如圖 5-2 所示，當技術進步時，能源產品 W 的實際價格會隨之下降，此時消費者的實際收入水平有所提高。因此，Y 約束曲線會有所變化，當新的預算約束曲線以效用最大化的原則向右移動時，與更高的無差異曲線相切。此時，預算約束曲線將從 $N_0 - W_0$ 移動到 $N_0 - W'_0$，即到達新的組合點。即消費者的名義收入雖然沒有變化，但實際收入有所增加，此時產品 W 的消費變為 W_2。

在新的預算約束條件下，最優的能源產品消費組合為：無差異曲線 U_2 與新的預算約束曲線 $N_0 - W'_0$ 的切點 $M'(W_2, N_2)$，它表示，在新的實際收入情況下可能產生的最大效用。因此，能源產品（或服務）W 消費量增長了，即 $W_2 > W_1$，而其他能源產品（或服務）N 的消費量減少了，即 $N_2 < N_1$，而消費者的效用水平也隨之提高，即 $U_2 > U_1$。

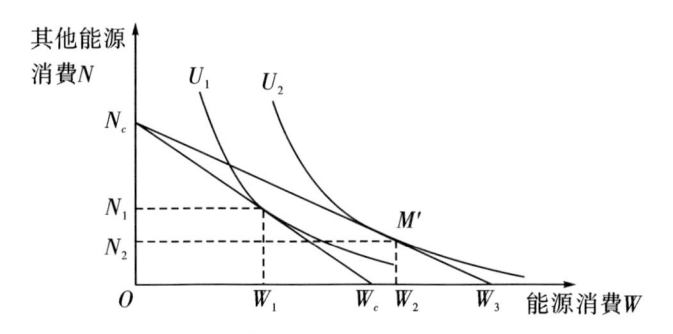

圖 5-2 能源使用效率提高時消費量的變化

技術進步促使經濟增長從而使得實際收入水平提高，進而帶來能源產品 W 消費增加，其增加量 ΔE_b 可以表示為式（5-2）。實際上，在上述過程中，能源產品 W 的消費量提高，其他產品 N 的消費減少，但是總體效用是提高的，這是因為 U_2 是比 U_1 更高的無差異曲線。

$$\Delta E_b = E^*(W_2) - E^*(W_1) \qquad (5-2)$$

可以看出，技術進步時，伴隨能源效率的提高，能源消費量可以得到一定程度的節省，但是由於技術進步時，消費者實際收入水平也隨之變化，從而導致了能源產品消費的擴張，擴張的能源消費量部分的抵消了能源節省量，即技

術進步促進經濟增長會帶來的能源消費的增加。根據能源回彈的定義，式(5-3)為某個能源產品的回彈效應。

$$RE = \frac{\Delta E_b}{\Delta E_a} \qquad (5\text{-}3)$$

因而，當技術進步帶來的能源增量，$0<\Delta E_b<1$ 時，此時存在回彈效應；當 $\Delta E_b>\Delta E_a$ 時，此時回彈效應大於1，既存在「逆反效應」。

5.2.2 直接回彈效應分解

技術進步伴隨著能源效率的提高，效率的提高進一步帶來能源產品價格的下降，進而導致能源消費的增加，這就是直接的能源回彈效應。直接的回彈效應包括替代效應和收入效應。

首先考慮替代效應，假設其他產品 N 和能源產品 W 有相互替代的效果，當消費者收入不變時，由於技術進步帶來的能源產品 W 的價格下降，此時，相對於購買其他產品 N，消費者更傾向於購買能源產品。相對於其他產品 N，能源產品 W 價格的降低使得消費者選擇消費能源產品的機會成本降低，因為，消費相同數量的能源產品 W，要求消費者放棄更少數量的其他產品 N，因此，由於 W 價格的下降所引起的替代效應會引致消費者消費更多的 W 產品。

如圖5-3所示，能源產品 W 價格的下降，在圖中表示為 Y 的斜率變小，此時，預算約束曲線與無差異曲線產生新的切點，我們可以看到，能源產品的消費量明顯地提高到 W_3。

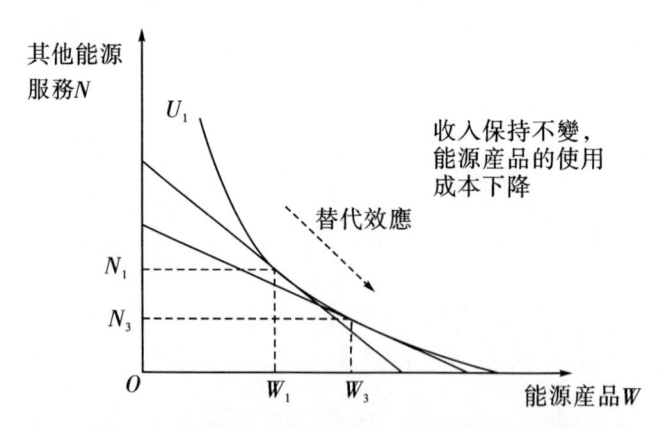

圖5-3 能源產品使用成本降低產生的替代效應

價格變化的導致的另一個變化就是收入效應，當產品的價格下降時，消費者的購買力增強，也就是說購買相同的能源產品所需要的支出減少，這種購買

能力的增強實際上是消費者收入的增加,當其他條件不變時,這種因購買力的增強而帶來的對於能源需求的變化稱為價格變化帶來的收入效應。

收入效應可用圖 5-4 來表示,消費者實際收入增加,即 Y 向右平行移動,此時與新的無差異曲線 U_2 相切。也就是說,消費者此時可以購買到更多的能源產品,此時購買量為 W_4,我們也可以明顯地看出,總的效用是增大的。

中國歷年能源回彈效應

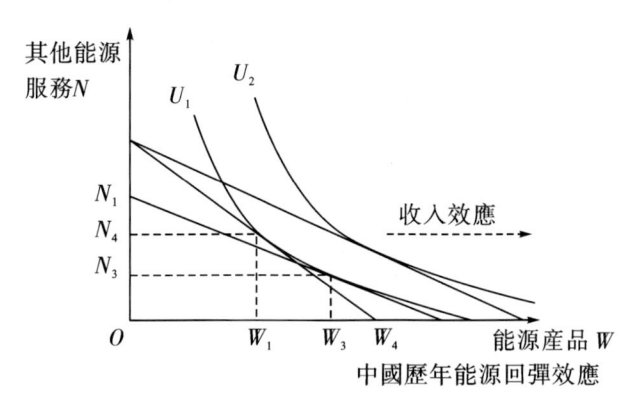

圖 5-4 能源產品使用成本降低產生的收入效應

5.2.3 間接回彈效應分解

上述分析主要是針對能源產品和能源產品的替代品,事實上,將能源作為原材料的其他產品也會對能源消費量產生較大的影響。當技術進步導致能源產品價格下降時,能源產品的下游產品價格也會隨之降低。能源產品的價格下降會進一步導致其相關產品消費的變化,這種效應會間接地產生規模效應,會進而帶動以其下游產品為生產原料的其他產品價格的降低。對總能源消費量有一定的間接效應。

H 表示以能源產品為原材料的其他產品,$E(H)$ 表示以能源為原材料的其他產品相應的能源消費量。當技術進步時,伴隨能源效率的提高,以能源為原材料的產品 H 間接消費能源量的變化可以表示為式(5-4):

$$IND = E(H_1) - E(H_2) \tag{5-4}$$

綜合上述直接回彈效和間接回彈效應,得到總的回彈效應可以表示為式(5-5):

$$RE_{id} = \frac{(E^*(W_2) - E^*(W_1)) + (E(H_K) - E(H_{K-1}))}{E(W_1) - E^*(W_1)} * 100\% \tag{5-5}$$

與前面的直接回彈效應計算公式相比,式(5-5)分子有所變化。當 $E(H_K) > E(H_{K-1})$ 時,隨著能源效率提高帶來的能源節省量將減少,總的回

彈效應（直接效應與間接效應之和）將大於直接效應值；相反，當 $E(H_K) < E(H_{K-1})$ 時，隨著能效提高帶來的能源節省量將增加，總的回彈效應（直接效應與間接效應之和）將小於直接效應值。

由於能源效率的提高，引起某種能源產品和服務價格的變化可能會引起其他許多產品和服務需求的變動。這裡，將所有的其他產品和服務用 K（即有 K 種其他產品和服務）表示，因能源產品 W 消費帶來的直接回彈效應和因其他產品和服務 HK 帶來的總的回彈效應 REid 可以表示為式（5-6）。

$$RE_{id} = \frac{(E^*(W_2) - E^*(W_1)) + \sum_{K=1, K} E(H_K) - E(H_{K-1})}{E(W_1) - E^*(W_1)} * 100\%$$

（5-6）

由於能源產品的數量和分類較多，其各類能源的相關數據難以獲得。同時，以能源為原材料的產品也比較繁雜，其替代性和互補性的效應也難以確定，其相關數據更是難以獲得。因此，要精確的計算中國能源回彈效應，其難度也是非常大的。

通過上面理論分析，我們發現中國存在能源回彈效應。技術進步對能源消費回彈效應的影響表現為直接或者間接效應。直接回彈效應主要表現為替代效應和收入效應，當技術進步時伴隨能源效率的提高，能源價格下降，此時消費者會選擇消費更多的能源產品，進而減少消費與能源產品呈替代關係的其他產品；與此同時，能源產品價格的下降，促使更多的消費者對能源產品有更高的需求，從此，能源消費量被直接的提高。另外，能源價格的下降導致了以能源為投入要素的其他產品價格的下降，鏈條式地導致更多的下游產品價格下降，這種效應即是間接回彈效應，間接回彈效應產生的能源消費影響更複雜、能源消費量更大。在實際中，直接回彈效應和間接回彈效應同時存在。

5.3 能源回彈效應實證分析

第四節理論分析表明，技術進步帶來的能源回彈效應主要是通過能源產品價格變動直接或者間接地產生影響，而國外學者關於能源回彈效應的實證研究涉入已久，主要也是從能源價格入手，通過能源需求價格彈性進行推斷。然而在中國，首先，能源相關價格的統計數據不完善，且各類能源價格因地區不同而有所差異；其次，由於中國經歷了計劃經濟和市場經濟等不同發展階段，統計數據中的能源價格難以反映現代市場的真實性。受資料獲取渠道的限制和各

類能源價格的相關數據難以取得，使得我們難以按照國外學者的方法進行研究。因此，我們從能源回彈效應的含義出發，借鑑周勇等（2007）提出的一種替代方法對中國能源回彈效應進行估算，並在此基礎上對估算模型進行了改進。結合中國能源發展現狀和數據的可取性，通過對數平均迪氏指數法（Logarithmic Mean Divisia Index，LMDI）將影響能源效率的因素分解為技術效應值和產業結構效應值，以此對中國 1978—2010 年的能源回彈效應進行估算和分析。

5.3.1 能源回彈效應模型構建

能源回彈效應的含義是指技術進步導致能源效率提高，進而促進能源消費減少，但是技術進步的同時也促進了經濟的增長，經濟增長又加大了對能源的需求量，因此，部分地抵消了能源節約量。能源回彈效應的含義表明，相關研究只考慮技術進步因素。但是，影響能源效率的因素不僅僅包括技術進步，還包括產業結構調整因素、政府政策等其他因素，而國內學者對能源回彈效應的研究，卻將能源效率的影響因素完全歸結為技術進步，沒有考慮產業結構、政府政策等因素，即將所有影響能源效率的因素都視為技術進步因素，進而導致對回彈效應的估計結果存在一定誤差。考慮到上述研究不足，我們決定進一步分解能源效率變化中的技術效應值，即進一步精確技術進步對能源效率的影響，考慮到指標的量化，只能納入產業結構調整值。基於此，我們通過對數平均迪氏指數法將影響能源效率的因素分解為技術效應值和產業結構效應值，進而通過技術效應值重新對中國 1978—2010 年的能源回彈效應進行估算和分析。

根據回彈效應的定義，技術進步對能源消費的回彈效應可表示為：

$$RE = \frac{技術進步促進經濟增長而帶來的能源消費增加量}{技術進步帶來能源效率提高而節約的能源總量}$$

假設在 t 時刻，經濟總產出為 Y（億元），能源消費量為 E（萬 t 標準煤），能源強度為 I（$I=E/Y$，t 標準煤/萬元），ρ 為技術進步貢獻率，δ_2 為技術效應值，RE 為能源回彈效應。

在 $t+1$ 年的經濟生產活動中，經濟產出為 Y^{t+1}，由於技術進步導致能源強度下降為 I^{t+1}，式（5-7）為能源消費節約量 ΔE，其中能源強度的變化 ΔI 是由產業結構和技術進步兩個因素引起的，影響量分別為 ΔI_1，ΔI_2，稱為結構效應和技術效應，效應值分別為 δ_1，δ_2。則式（5-7）可進一步分解為式（5-8）。$t+1$ 年技術進步帶來的經濟增長為 ΔY，如式（5-9），而其進一步帶來的能源消費增加量為 ΔE_3，如式（5-10）。$t+1$ 年技術進步帶來的能源消費減少量為

ΔE_1, 如式（5-11）。因此，$t+1$ 年技術效應帶來的能源回彈為 RE^{t+1}，如式（5-12）。

$$\Delta E = Y^{t+1}(I^t - I^{t+1}) = Y^{t+1} \cdot \Delta I \quad (5-7)$$

$$\Delta E = \Delta E_1 + \Delta E_2 = Y^{t+1}(\Delta I_1 + \Delta I_2)$$
$$= Y^{t+1} \cdot \Delta I \cdot \delta_1 + Y^{t+1} \cdot \Delta I \cdot \delta_2 \quad (5-8)$$

$$\Delta Y = (Y^{t+1} - Y^t) \cdot \rho \quad (5-9)$$

$$\Delta E_3 = I^{t+1}(Y^{t+1} - Y^t)\rho \quad (5-10)$$

$$\Delta E_1 = Y^{t+1}(I^t - I^{t+1})\delta_2 \quad (5-11)$$

$$RE^{t+1} = \frac{\Delta E_3}{\Delta E_1} = \frac{I^{t+1}(Y^{t+1} - Y^t)\rho}{Y^{t+1}(I^t - I^{t+1})\delta_2} \quad (5-12)$$

由式（5-12）可以看出，對回彈效應的估算中，經濟總產出、能源強度可以根據統計年鑒的相關數據簡單計算得出，而技術進步貢獻率 ρ 和技術效應值 δ_2 則需要採用適當的方法進行計算。

5.3.2 數據的來源與處理

從上述改進模型式（5-12）可以看出，測算中國能源回彈效應涉及的變量包括：經濟總產出（Y）、子行業產出占總產出的比重 S_i、能源消費總量（E）、子行業能源消費量（I_i）、資本存量（K）以及勞動力（L）。文章將以全國數據為研究樣本，測算 1978—2012 年中國能源回彈效應的大小。

（1）產出數據

經濟產出 Y（億元），可用國內生產總值（GDP）來衡量，為了更真實地反應各年度能源回彈效應的變化，我們剔除了價格因素，以 1978 年價格作為不變價格的實際產出值，將全部數據進行調整。在調整時，我們按照 1978 年的不變價格對當年的 GDP 進行折算，在實證過程中，將折算后的 GDP 作為 Y 的取值，單位為億元。

（2）資本投入數據

關於資本投入 K（億元），在中國現有的公開資料中缺乏對其相應的統計數據。張軍（2003）、何楓等（2003）、趙海榮（2011）等學者對資本投入進行了諸多研究和較為完整的分析。總體來講，在實際應用中運用永續盤存法來計算資本存量的情況較多，主要是因為：①此方法能夠充分利用較長時期內連續的投資統計資料；②當部分相關數據丟失或難以查詢時，在所獲取的數據資料中，選取相對完整的年份，以其作為基期，以其年份數據作為基期數據，通過遞推的方式便可獲得丟失的數據或者難以查詢的數據。所以上述學者採用的

永續盤存法得到了學術界的一致認可,這裡的資本存量數據採用了趙海榮(2011)的成果數據,數據區間為 1978—2009 年。2010 年資本存量的數據計算則採用了永續盤存法,以 1978 年為基期,以當年資本存量數據作為基期數據,按永續盤存法計算。具體計算公式如式(5-13),資本折舊採用了王小魯(2000)提出的 5% 折舊率進行計算。其中 t 指時間;K_t 表示當年資本存量,K_{t-1} 表示前一年資本存量;θ_t 表示 t 年固定資本存量折舊率;I_t 為當年投資。資本投入單位為億元。

$$K_t = K_{t-1}(1 - \theta_t) + I_t \tag{5-13}$$

(3)勞動投入數據

嚴格來說,勞動投入不僅取決於勞動投入量,還與勞動投入的質量有關。考慮到中國目前對勞動投入質量的相關數據還缺乏相應的統計,同時結合中國經濟體制現實情況,這裡將採用歷年社會就業人數作為勞動投入量指標,單位為萬人,全部基礎數據取自歷年的《中國統計年鑒》。

(4)能源投入數據

通過分析中國關於能源的統計數據發現,目前國內能源研究主要考慮的是煤炭、石油、天然氣和電力。為了測算的準確性,此處按照統一的折算標準,將中國上述幾種主要能源折算成同一單位,我們採用按發電煤耗計算法折算的一次能源消費總量。能源投入單位為萬噸標準煤,全部基礎數據取自歷年的《中國統計年鑒》。

5.3.3 模型的求解及分析

(1)技術進步貢獻率的測算

技術進步貢獻率的測算普遍採用了索洛餘值法,我們也基於索洛餘值法,在傳統的資本、勞動投入要素中,再加入能源這個生產投入要素,以測算中國技術進步貢獻率。總生產函數如式(5-14),其中:經濟總產出(Y)為因變量;資本存量(K)、勞動力(L)、能源消費總量(E)為自變量;α 表示資本投入對經濟產出的彈性;β 表示勞動投入對經濟產出的彈性;γ 表示能源投入對經濟產出的彈性。隨著時間的變化,生產函數會發生相應變化,我們以 1978 年作為實證研究中時間變量的基年。通過取自然對數,對式(5-14)進行變形,可以進一步得到式(5-15)。

$$Y = Ae^{at}K^{\alpha}L^{\beta}E^{\gamma} \tag{5-14}$$

$$\ln Y = \ln A + at + \alpha \ln K + \beta \ln L + \gamma \ln E \tag{5-15}$$

另外,設 G_Y 表示經濟產出增長率,G_K 表示資本投入增長率,G_L 表示勞動

投入增長率，G_E表示能源投入增長率。技術進步對經濟增長的貢獻率可以表示為式（5-16）。

$$\rho = \frac{G_Y - \alpha \cdot G_K - \beta \cdot G_L - \gamma \cdot G_E}{G_Y} \quad (5\text{-}16)$$

參數 α、β、γ 值的可以採用計量軟件，運用 eviews7 對式（5-15）進行迴歸，可得到如表 5-1 所示的結果。

表 5-1　　　　　　　　方程（5-15）估計結果

參數	估計值	標準差	T 統計量
α	0.709,195	0.047,576	14.906,63
β	0.195,895	0.088,958	2.202,099
γ	0.312,226	0.075,657	4.126,851
C	-3.570,113	1.059,644	-3.369,161

T 檢驗在自由度為 33，0.05 顯著水平下的臨界值為 2.035，因此各變量均顯著。因此，式（5-15）的迴歸估計式為：

$\ln Y = \ln A + at + 0.709,195\ln K + 0.195,895\ln L + 0.312,226\ln E$ （5-17）
　　　　　　　　（0.047,576）　　（0.088,958）　　（0.075,657）

其中，$DW = 0.246,248$，$F = 6,333.392$，$R^2 = 0.994,972$。

經濟產出增長率 G_Y、資本投入增長率 G_K、勞動投入增長率 G_L、能源投入增長率 G_E 可以根據歷年相關基礎數據測算得出；將上述參數帶入式（5-16），進而可計算得出 ρ。

（2）技術效應的測算

Ang（2004）在對各種指數分解法和應用實例結果進行比較後，認為 LMDI 在所有指數分解方法中最優。他認為 LMDI 比較實用，對於多數數據分解來說比較容易使用，同時，其對研究結果能做出具體解釋。因此，我們可以應用 LMDI 方法分解出技術效應值，進而測算出中國的能源回彈效應。

假設，Y_i 表示三次產業的產出，$i = 1, 2, 3$，單位為億元；E_i 表示三次產業的能源消費量，$i = 1, 2, 3$，單位為萬噸標準煤；I_i 表示三次產業的能源強度，$i = 1, 2, 3$，$I_i = E_i/Y_i$，單位為噸標準煤/萬元；S_i 表示三次產業的產出占總產出的比例，$i = 1, 2, 3$，$S_i = Y_i/Y$。根據 LMDI 分解原理，分解技術效應值的過程如式（5-18）至（5-22）。

$$\sigma_2 = \frac{\Delta I_2}{\Delta I_1 + \Delta I_2} \quad (5\text{-}18)$$

$$\Delta I_1 = \sum_i L(\bar{I}_i^{t+1}, \bar{I}_i^t) * \ln \frac{s_i^t}{s_i^{t+1}} \qquad (5-19)$$

$$\Delta I_2 = \sum_i L(\bar{I}_i^{t+1}, \bar{I}_i^t) * \ln \frac{I_i^t}{I_i^{t+1}} \qquad (5-20)$$

$$L(\bar{I}_i^{t+1}, \bar{I}_i^t) = \begin{cases} \dfrac{\bar{I}_i^{t+1} - \bar{I}_i^t}{\ln \bar{I}_i^{t+1} - \ln \bar{I}_i^t}, & (\bar{I}_i^{t+1} \neq \bar{I}_i^t) \\ \bar{I}_i^{t+1}, & (\bar{I}_i^{t+1} = \bar{I}_i^t) \end{cases} \qquad (5-21)$$

$$\bar{I}_i = S_i * I_i \qquad (5-22)$$

三次產業的產出 Y_i、三次產業的能源消費量 E_i 的相關數據，可以從歷年的《中國統計年鑒》中直接獲取，進而計算得出三次產業的能源強度 I_i；三次產業的產出占總產出的比例 S_i，可以根據統計年鑒中相關數據簡單計算得出。

5.3.4 實證結果分析

根據式（5-16）計算得到的技術進步貢獻率 ρ、由式（5-18）計算得到的技術效應值 δ_2，以及進一步計算得到的能源節約量 ΔE、回彈效應 RE 可以參見表 5-2。其中 $\Delta E>0$，即由於技術進步導致的某年能源節約量為正值，說明某年技術的進步提高了當年的能源效率，進而節約了當年的能源消費；$\Delta E<0$，即由於技術進步導致某年的能源節約量總體為負值，說明某年技術的進步雖然提高了能源效率，但由於技術進步同時也促進經濟增長，經濟增長帶來的能源進一步消費抵消了因能源效率提高帶來的能源節省量；$0<RE<100\%$，即能源回彈量為正值，表示某年技術進步對能源消費產生了回彈效應；$RE>100\%$，即能源回彈量大於1，表示某年存在「逆反效應」，表示某年技術進步並沒有促進能源消費減少，相反地，技術進步促進能源消費增加了。

表 5-2　　　　　　　　　能源回彈效應測算結果

年份	技術進步貢獻率 ρ（%）	技術效應值 δ_2	能源強度（噸標準煤/萬元）	能源節約量 ΔE（萬噸標準煤）	回彈效應 RE（%）
1978	-23.41	—	15.68	—	—
1979	-23.07	0.38	14.94	2,898.94	-87.48
1980	-23.20	1.28	14.25	2,891.20	-27.34
1981	-32.26	0.66	13.36	3,988.28	-36.18
1982	3.46	0.55	12.79	2,764.04	11.8
1983	13.83	1.01	12.28	2,763.12	32.11

表5-2(續)

年份	技術進步貢獻率ρ(%)	技術效應值 δ_2	能源強度(噸標準煤/萬元)	能源節約量 ΔE(萬噸標準煤)	回彈效應 RE(%)
1984	28.74	1.04	11.44	5,158.24	49.9
1985	14.70	1.56	10.91	3,770.07	22.69
1986	-17.38	1.48	10.56	2,615.58	-29.59
1987	2.81	1.03	10.15	3,583.07	6.88
1988	2.73	1.25	9.79	3,407.60	6.02
1989	-77.09	3.70	9.80	-158.34	498.35
1990	-134.29	0.28	9.61	1,952.32	911.89
1991	16.55	1.51	9.26	3,979.89	24.02
1992	36.75	1.36	8.52	9,392.43	39.25
1993	23.04	1.54	7.95	8,421.84	25.3
1994	14.32	0.99	7.44	8,428.68	24.48
1995	-5.96	1.13	7.16	4,969.99	-13.64
1996	-10.68	1.07	6.90	5,356.78	-23.52
1997	10.77	1.10	6.26	14,068.04	8.18
1998	9.18	0.90	5.57	16,378.20	6.01
1999	-8.05	1.02	5.24	8,457.49	-8.89
2000	-4.14	1.19	5.00	6,561.67	-5.72
2001	-24.39	0.87	5.01	-352.66	918.84
2002	-9.50	1.02	4.87	4,634.98	-26.65
2003	-35.59	0.67	5.10	-8,377.44	106.85
2004	-39.60	1.00	5.39	-11,128.50	69.88
2005	15.96	3.47	5.09	12,915.95	8.13
2006	9.55	1.35	5.20	-5,512.11	-37.37
2007	49.32	0.91	4.68	29,727.72	59.92
2008	11.40	1.05	4.58	6,171.04	44.07
2009	17.46	0.72	4.51	4,613.47	136.15
2010	23.10	1.10	4.33	13,719.08	46.95

　　技術進步會促進能源效率的提高，即當技術進步時，生產某單位產品（該產品以能源為原料）的能源投入量有所減少，能源投入量的減少會造成某單位產品成本下降，低成本產品往往會促進消費，同時也會促進更多的生產者

進入該行業進一步增加能源消費量；此外，技術進步會促進社會經濟增長，社會經濟的增長會引導更多的人消費以能源為原材料的產品，比如更多的人使用家用汽車。因此，上述幾種情況均會抵消部分由技術進步引起的潛在能源投入的減少，即出現了能源回彈效應。

能源回彈效應的定義表明：若某年經濟增長相對於基年的差為負值，若某年相對於基年的技術進步貢獻率為負值，若某年相對於基年的技術進步貢獻率為正值，但能源強度相對於基年變大，即技術進步並沒有引起能耗強度的降低。上述三種情況下計算出的能源回彈效應值是無效的，並不具備經濟應用層面上的意義。表 5-5 顯示，中國 1979—1981 年、1986 年、1989 年、1990 年、1995 年、1996 年、1999—2004 年、2006 年技術進步貢獻率為負值，所以這幾個年份的回彈效應值不具有經濟學意義，在后面總體分析中將剔除這幾個年份的回彈效應值。剔除幾個特殊年份以後，得到中國歷年能源回彈效應趨勢圖如圖 5-5 所示。

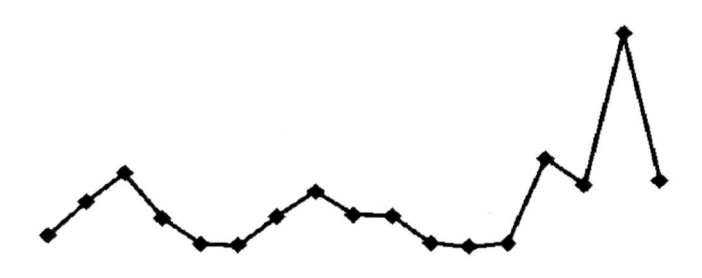

圖 5-5　1982—2010 年中國能源回彈效應趨勢

上述實證研究結果表明：

（1）1978—2010 年，中國能源回彈效應存在，且整體呈上升的趨勢，這與國內部分學者的研究有所不同。表 5-2 顯示：1987—2010 年，中國能源回彈效應一直存在，總體的平均回彈效應為 32.46%，這說明，技術進步並沒有最有效地節約能源消費量，技術進步帶來的能源節約量部分的被經濟增長導致的能源需求擴張抵消了；剔除幾個特殊年份後分階段來看，20 世紀 80 年代中國能源回彈效應平均為 21.57%，20 世紀 90 年代中國能源回彈效應平均值為 21.20%，與 80 年代的回彈值相差不大，而 2000 年至今，中國能源回彈效應平均值為 59.04%，相比 20 世紀 80 年代和 90 年代，平均回彈效應值上升明顯，增加了一倍多。然而中國部分學者研究得出的結論是整體能源回彈效應呈下降趨勢。

以上結果出現的主要原因在於：從統計數據可以看出，1980—1990 年，

中國能源消費的年均增速低於同期 GDP 年均增速，增速相差 4%；1991—2000 年，中國能源消費的年均增速仍然低於同期 GDP 年均增速，相差 7%；但 2000 年以後，中國能源消費明顯加速，2001—2010 年平均增長速度到達 9%，明顯高於 20 世紀 80 年代和 90 年代的均值（分別為 5.1%、3.5%）。尤其是 2003 年、2004 年和 2006 年，能源消費增速明顯超過了 GDP 增速，在分析這幾個特殊年份的相關數據後不難發現，這幾年社會投資力度過大，而且重工業在此期間發展速度較猛，重工業所占工業的比重增長非常明顯，高耗能產品產量大幅增長，高耗能產業循序擴張，導致全社會能源使用效率明顯降低，進而導致能源回彈快速高漲。

（2）各單獨年份和區間回彈效應值差異較大。僅就短期回彈效應來看，各階段波動範圍差異較大。20 世紀 80 年代，每年的回彈效應值在波動，但是總體比較平穩，此階段能源回彈效應在 1984 年達到峰值 49.9%，之前為逐年上升，之後表現為逐年降低趨勢。20 世紀 90 年代，能源回彈效應值基本呈逐步下降的趨勢，總體趨勢還是相對平穩，最高值為 1992 年的 39.25%，最低值為 1998 年的 6.01%。短期回彈效應逐步下降的趨勢，一方面反映出此階段中國能源使用效率呈上升趨勢；另一方面則說明在短期內通過技術進步提高能源使用效率來降低中國能源消費量是可行的。2000 年以後，能源回彈效應值圍繞此階段的平均值 59.04% 上下波動，且波動幅度較大；2009 年達到自 1979 年以來的最高值 136.15%，即此時存在顯著的逆反效應，說明此時能源效率的提高並不是有效的節能方式。這主要是因為市場經濟發展逐步優化，市場秩序逐步規範，「軟」技術進步的作用逐步減少，導致 2000 年以後能源回彈效應值高於 20 世紀 80 年代和 90 年代。

5.4 本章小結

通過上述理論和實證分析，基本可以得出以下結論：

（1）中國存在能源回彈效應。技術進步對能源消費回彈效應的影響表現為直接或者間接效應。直接回彈效應主要表現為替代效應和收入效應，當技術進步時伴隨能源效率的提高，能源價格下降，此時消費者會選擇消費更多的能源產品，進而減少消費與能源產品呈替代關係的其他產品；與此同時，能源產品價格的下降將促使更多的消費者對能源產品有更高的需求，從此，能源消費量便被直接地提高了。另外，能源價格的下降導致以能源為生產原料的其他產

品價格下降，鏈條式地導致更多的下游產品價格下降，這種效應即是間接回彈效應，間接回彈效應產生的能源消費影響更複雜、能源消費量更大。在實際中，直接回彈效應和間接回彈效應同時存在。

（2）基於 LMDI 方法的實證表明，中國能源回彈效應整體呈上升趨勢，各單獨年份和區間回彈效應值差異較大。通過 LMDI 方法將技術效應值從影響能源效率的眾多因素（技術進步、產業結構調整、政府管制等）中分解出來，精確了技術進步對能源效率的影響。實證結果發現：①1979—2010 年，中國能源回彈效應整體呈上升的趨勢，2000 年以後的回彈效應值（平均為 59.04%）明顯高於 20 世紀 80 年代（平均為 21.57%）和 90 年代（平均為 21.20%），這與國內部分學者的研究結論有所不同。②僅就短期回彈效應來看，各單獨年份和區間回彈效應值差異較大：20 世紀 80 年代，中國能源回彈效應總體相對平穩，但此階段個別年份波動較大，以 1984 年為分界，之前逐年上升，之後逐年下降。20 世紀 90 年代，回彈效應值波動非常平穩，呈逐步下降的趨勢。2000 年以後，回彈效應值波動非常明顯，2009 年達到最高值 136.15%，出現顯著的逆反效應。實證結果說明：①中國歷年整體能源回彈效應小於 1，政府通過技術進步達到節能的政策有效可行。②短期能源回彈效應下降的趨勢，說明通過技術進步促進能源消費降低的政策實施效果較好。③2000年以後，能源回彈效應較之前有上升的趨勢，主要是因為市場經濟發展逐步優化，市場秩序逐步規範，「軟」技術進步的作用逐步減少，導致 2000 年以后能源回彈效應值高於 20 世紀 80 年代和 90 年代。

針對上述結論，在此提出以下幾點建議：

（1）降低企業科技創新的成本，是提高中國整體科技進步的關鍵，是降低中國能源總體消費的根本。提高能源效率，提高科技創新能力的根本在於企業。實證結果顯示，中國能源回彈效應整體低於 1，說明積極提高技術、實行科技創新是有效的節能方式。政府試圖通過提高能源使用效率進而逐步降低能源消費總量的方法雖然可行，但落腳於企業時，往往達不到相應的效果，這導致通過提高能源效率降低能源消費量的措施效果比較差。其主要原因是提高能源使用效率的技術，會給企業帶來較大的成本，而利益最大化驅使企業故意忽視提高技術，導致能源使用效率無法提高，因此通過技術進步帶動節能的措施也成為空談。政府可以通過稅收優惠形式，鼓勵企業加大節能投資，開展節能技術改造；也可以採取適當的措施對節能技術、節能設備的採購及節能技術的改造實行補貼，從根本上降低企業引進高技術的成本。鼓勵能源使用效率較低的企業能以較小的成本採用新的節能技術，進而使得企業能源使用效率整體快

速提高。同時，可以出抬相應稅收政策，鼓勵企業內部有關節能項目的發展。以企業節能帶動整個社會節能，才是降低中國整體能源消費的關鍵。

（2）引導企業發展可再生資源，是改善中國能源消費結構的重點。統計數據和研究結果表明，中國能源消費結構不盡合理，煤炭、石油等不可再生資源消費比例長期居高，而太陽能、風能等其他新型能源消費比例極低。這種能源消費結構不符合新型社會發展的現狀，如果長期過度地依賴不可再生資源的情況發展下去，必將抑制中國經濟的增長。因此引導企業向可再生資源發展顯得尤為必要。對於發展可再生資源的企業，政府要提供相應的政策優惠和技術支持，要引導企業積極參與國際技術合作，在理論上和實際上都要給與大力支持，通過學習國際相關技術和知識來加強中國新能源領域的創新發展。同時，政府應該致力於通過提高企業和社會的環保意識，來推動可再生能源市場的培育，應高度重視培育可再生能源的產業體系、完善可再生能源的市場機制。通過引導企業發展可再生資源，逐步改善中國的能源消費結構。

（3）完善節能服務企業成長的外部環境，是耗能企業積極參與節能行動的保障。要帶動企業整體的節能意識和節能行動，提供節能服務的企業在其中也起到了不可替代的作用。在節能服務企業的輔助作用下，推動中國高耗能企業健康、可持續的發展才是節能意識和節能行動長期發展的關鍵。目前，中國節能服務企業才剛剛興起，節能服務產業尚不成熟，而且大多數節能服務企業規模較小，個體實力相對偏弱，缺乏專業的節能服務能力。政府應首先完善其外部環境，為其提供良好的發展平臺，以進一步為其他耗能企業提供優質服務。第一，應完善節能服務企業的融資渠道。政府要推動建立一些專門的融資服務機構，由這些機構推廣切實可行的中間融資機制，緩和節能服務企業節能項目存在的融資難題。第二，要盡快建立節能服務企業市場誠信體系，改善目前節能服務行業缺乏社會誠信、法制尚不健全、有法不依等市場現象。促進節能服務企業規模化、規範化，提高專業技術能力，為高耗能企業提供高質量的服務。

6 區域能源效率差異案例：
成渝經濟區

　　前面的章節已經對中國的區域能源效率的整體背景情況進行了一個概述，分析了能源效率的測度方法以及影響能源效率的多種因素以及這些因素的影響程度，並重點分析了區域能源效率的收斂性和回彈效應。本章將視野轉移到了更細一層的角度，以成渝經濟區為研究對象，以 2013 年的能源消費總量、資本存量和勞動力作為投入變量，以 GDP 作為產出變量，測算成渝經濟區 16 個城市的能源效率，並對不同能源效率的城市的分佈情況、差異以及差異產生的原因進行詳細的分析。

　　改革開放以來，中國經濟快速發展，化石能源的消費也不斷增加。中國已經成為全球第一大能源消費國，但中國粗放式經濟增長模式並沒有得到有效改善，GDP 的單位能耗水平仍高於世界平均水平的 2 倍。能源利用效率總體偏低，這已經成為中國能源消費急遽增長的重要原因之一。因此，提高能源利用效率是實現經濟可持續發展的必由之路。化石能源的不可再生性和環境約束，要求中國從「高能耗、低效率和要素驅動」的區域經濟發展方式向「效率驅動」的方式轉變，這種轉變不僅能保障能源的可持續性，也能有效緩解環境污染。中國地域遼闊，能源利用效率在各地區之間存在著差距，縮小各區域間能源效率的差距，才能保障中國經濟持續健康發展。在提升區域能源效率、制定節能降耗目標時，有必要從省際層面進一步細化到各經濟區中的市級層面，以期達到更好的效果。

　　中國主要的城市群包括珠三角、長三角、京津冀以及成渝經濟區。2011 年 5 月，成渝經濟區正式加入到中國大型城市群的行列當中，其建設上升為國家發展戰略。這一區域具有一定的經濟基礎和科研能力，是西南地區重要的科技、經濟和商貿中心，其發展將帶動整個西部地區，成為西部地區經濟增長的

「引擎」，並逐漸形成中國經濟增長的「第四極」。成渝經濟區是全國重要的雙核城市群之一，其規劃建設範圍囊括了四川省的 15 個市和重慶市的 31 個區縣。其中，成都和重慶的經濟實力最強，屬於成渝經濟區的兩個特大城市，也是成渝經濟區的核心，其餘城市以中等城市和經濟腹地的形式存在。

成渝經濟區作為西部大開發的重點區域，其經濟總量占西部的 30% 以上，但隨之不斷增長的是該經濟區的能源消費總量。成渝經濟區要發展成為中國經濟發展的「第四極」，與三大增長極相比，其能源效率還存在著較大差距。提高成渝經濟區的整體能源效率，縮小區域內城市之間的能效差異，對成渝經濟區的經濟發展具有重要意義。同時，將區域資源稟賦、產業競爭力、產業基礎等經濟社會指標納入規劃中，為成渝經濟區產業結構的調整和空間佈局的優化提供新的視角和方法，也為節能減排措施及綜合決策的制定提供新的理論支撐，對全國的節能降耗事業具有重要的理論意義和現實意義。對此，本章將對成渝經濟區各城市之間的能源利用效率的差異進行分析。

6.1 研究現狀

長期以來，國內外學者對區域能源效率都保持著較高的關注度。關於能源效率的研究，較早表現在能源效率含義的界定方面。隨著經濟增長，能源消費總量不斷增長，不少學者開始關注能源效率的測算。但中國地域廣闊，經濟發展存在區域不平衡的現象，能源效率也因地而異，存在較大的差異。如果區域間的能源效率差距能夠縮小，全國總體的能源效率將有望提高。筆者將對區域能源效率差異的相關研究成果進行梳理。

6.1.1 國外研究綜述

發達的資本主義國家的能源效率在空間分佈上呈現不均衡狀態，存在著較大差異。因此，國外學者非常熱衷於研究各地區區域能源效率差異。國外較少有直接對成渝經濟區能源效率差異進行研究的文獻，但是對區域能源效率及其差異研究得較多。

起初，學者們對能源效率的含義有著不同見解。Patterson（1996）認為，能源效率是指當服務或有用的產出一定時，消費盡可能少的能源。這種界定主要是基於單要素生產率框架，被稱為單要素能源效率，忽略了除能源以外的其他投入要素對能源的替代作用。鑒於此，Bosseboeuf 等（1997）將能源效率的

含義進行了拓展，認為其應當包括經濟上和技術上的能源效率。Hu 和 Wang（2006）最早提出了全要素能源效率指標，將資本、人力和能源等各種生產要素的組合作為投入變量，該指標不僅能反映投入和產出之間的關係，而且能將生產要素間的相互替代關係體現出來。此后，Edenhofer（1998）就能源替代對能源效率的驅動作用進行了研究。Wang（2007）分析了影響能源效率的因素，發現技術進步對能源效率的提高有促進作用。隨后，不少學者發現區域間的能源效率往往存在差異。Mielnik 和 Goldemberg（2000）採用基尼系數，考察了 OECD 國家 1971—1992 年的能源效率差異問題。結果顯示能源效率差異在減小，J. W. Sun（2002）採用平均方差法得出了相同的結論。隨后，Vicent 等（2004）也以 OECD 國家為研究對象，採用 Theil 二級指標分析了這些國家的能源效率差異，通過比較組內和組間的差異后發現，能源效率差距下降是組內和組間不平等共同作用引起的，而組間不平等是整個不平等的主要原因。M. J. Herrerias（2012）將 83 個國家作為研究對象，並分析了它們的能源效率及其間的差異；Roberto（2007）研究了 98 個國家能源效率的空間佈局，得出樣本國家的能源效率表現出收斂趨勢的結論。

6.1.2 國內文獻綜述

自改革開放以來，中國經濟增長的地區差距被拉大，各地區能源效率差異也逐漸變大。由此，越來越多的學者加入到了研究中國能源效率和地區能源效率差異的隊伍中來。不少學者在研究中運用 DEA 方法來評價全要素能源效率，如 Hu 和 Wang（2006）、魏楚和沈滿洪（2008）、屈小娥（2009）、李國璋和霍宗杰（2009）、李蘭冰（2012）等，並在測算全要素能源效率的基礎上進行比較。李夢蘊等（2014）研究了中國 1995—2011 年的省際能源效率差異及影響因素；王玉燕等（2013）分析了西部 11 個省區的能源效率的變動趨勢；邱靈等（2008）採用分層聚類法對中國能源效率差異進行了地域劃分；楊遠、李林（2009）基於泰爾熵指數對中國能源效率的地區差距進行了綜合評價。王麗瓊（2009）利用基尼系數法對中國區域能源效率差異進行了量化研究。結果顯示，中國的能源利用效率表現出明顯的區域差異，這種差異與地區經濟總體發展水平、地區工業化程度、地區經濟重型化程度相關。吳利學（2009）採用濾波方法將中國能源效率變動分解為趨勢和波動兩個部分，並在動態隨機一般均衡框架下，通過數值方法分析了全要素生產率、能源價格、政府消費和政府購買等衝擊對能源效率波動的作用差異。吳旭曉（2015）以豫、鄂、粵三省為例，運用超效率 DEA 方法測算了三省的能源效率，通過 GM（1，N）

模型分析了區域能源效率演化的驅動因素。潘雄鋒等（2014）、張子龍等（2015）在對中國區域能源效率進行測算的基礎上，從空間效應和產業轉移效率視角對中國區域能源效率的收斂性問題進行了相關探討。杜嘉敏（2015）在生態全要素框架下，將非期望產出納入核算體系，運用SBM模型，研究了中國29個省份和3個區域的能源效率差異，並對其節能減排潛力進行了評估。還有一部分研究以不同經濟區和地級市的視角考察區域能源效率差異。賀小莉（2013）基於生產理論的非參數DEA方法，研究了天津市能源效率的總體趨勢，發現技術進步、產業結構、對外開放程度等諸多因素對天津市能源效率的提升具有促進作用。馬海良等（2011）在測算出三大經濟區域的全要素生產率和能源效率的基礎上，迴歸分析了能源效率受到全要素生產率分解的各指標的影響程度。王兆華等（2013）測算了中國八大經濟區域的全要素能源效率，並分析了其變動趨勢和趨同性。段小燕等（2014）運用單階段隨機前沿方法，分析了中國四大經濟區的能源效率。結果顯示，四大經濟區的能源效率有上升趨勢，呈現出東高西低分佈特徵。秦炳濤（2014）採用DEA方法考察了中國230個地級市的全要素能源效率，發現中國地級市能效水平整體偏低，未來具有較大的提升空間，礦產資源比較豐富的城市能效水平較低。

成渝經濟區正式成立后，擔負著中國經濟增長的「第四極」，支撐起了中國西部經濟的重任。但成渝經濟區的經濟增長，必然伴隨著能源消費總量的不斷增加，因此提高能源效率有助於成渝經濟區在發展經濟的同時節約資源、保護環境。江琴（2010）通過對GDP和能源消費的歷史數據分析出成渝經濟區經濟增長對能源消費的依賴程度，分析了能源消費對成渝經濟區的發展的影響程度，並預測了2009—2020年成渝經濟區的GDP、能耗、二氧化碳排放、森林固碳量等，得出走低碳經濟是成渝經濟區實現可持續發展的責任和未來。覃朝暉（2012）利用SD模型，以成渝經濟區低碳經濟發展現狀為基礎，模擬預測了成渝經濟區的能源總量與能源消費結構、污染物排放量、能源缺口等方面的問題。

6.1.3 文獻述評

以上研究以截面數據研究為主，採用了基尼系數、泰爾指數、平均方差、廣義熵指數等數量統計模型，重點放在研究能源效率的總體差異上。從研究的範圍來看，大部分研究集中在國家層面，以省域、地級市為研究單元的研究較少。現有區域能源效率差異研究中的地區（區域）主要按行政區劃分，而以經濟功能劃分較少，成渝經濟區作為一個新興經濟區，對其能源效率差異的研

究則更少。筆者本章將以成渝經濟區這個新興經濟區為例，基於地級市的視角，分析該經濟區的能源效率以及該經濟區內城市間的區域能源效率差異。

6.2 模型構建、變量選取和數據來源

前面對國內外研究區域能源效率相關成果進行了詳細的梳理，本節將以成渝經濟區為例，測度分析各市的能源效率差異。在進行能源效率的測度時，不少學者採用了 DEA（數據包絡分析）方法來評價能源效率，DEA 是通過確定生產前沿面，以相對效率概念為基礎發展起來的一種效率評價方法，可對同一類型的各決策單元的相對有效性進行評定和排序，而且 DEA 方法在避免主觀因素、簡化算法、減少誤差等方面有著不可低估的優越性。這裡也採用 DEA 模型對成渝經濟區的全要素能源效率進行測算，並對測算結果進行分析。

6.2.1 模型構建

DEA 方法是一種非參數的線性規劃程序，是建立在 Farrell 的生產效率理論基礎上的，后由查恩斯（Charnes）發展成型。該方法用於評估一個決策單元（DMU）在一個給定的單元集合內相對於其他單元格的有效性。DEA 模型不要求具體的函數關係，給定一定的投入向量和產出向量，DEA 模型將對決策單元逐一評價和分析，確定最優的生產決策單元，有效決策單元的效率得分為 1，而相對無效的決策單元的效率得分在 0~1 之間波動。筆者採用的 DEA 方法為投入導向型模型。假設包含一種產出品（Y）、兩種投入品（$X1$ 與 $X2$）的生產活動如圖 1 所示，單位產出的投入品的值用坐標軸表示，各生產單元單位產出需要的投入值用坐標點來表示，將最外圍的點 A、B、C 和 D 連起來，形成一條包絡線，即得到投入前沿面（包絡線）。在不考慮投入鬆弛的情況下，包絡線上的各個點都是有效率的，表示若生產 1 單位的產出，兩種投入不能同時減少；包絡線內部的點 F 表示該單元生產無效率（見圖6-1）。

图 6-1 DEA 示意图

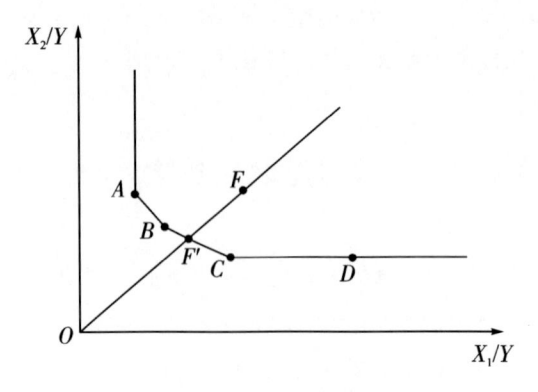

如果將圖 6-1 中的 X_1 看作是能源投入，則生產單元 F 的全要素能源效率可表示為 F' 點的能源投入與 F 點能源投入的比，即：

$$TFEE_{it} = \frac{E_{it\text{目標值}}}{E_{it\text{實際值}}}$$

$$= 1 - \frac{\text{損失的能量源}_{i,t}}{\text{實際能源投入量}_{i,t}}$$

其中，$TFEE_{it}$ 表示全要素能源效率，i 表示決策單元，t 表示時間。決策單元的最小能源投入量就是目標能源投入量，其值總是會小於或者等於實際能源投入量，因此，能源效率將總是小於或等於 1，且只有當決策單元在投入前沿面上時能源效率值等於 1。此處計算的能源效率值和傳統的「能源生產率」指標的不同在於，DEA 計算得出的 $TFEE_{it}$ 充分考慮了勞動力、資本等要素對能源的替代作用。

筆者採用了規模報酬不變假設形式下的投入導向型 DEA 模型。該模型將效率轉化為線性模型，投入導向型 DEA 模型將效率測度轉化為線性模型。設有 n 個決策單元 DMU_j，每個決策單元由 m 種投入得到 s 種產出，分別用向量 x_j 和 y_j 表示，$M \times N$ 表示投入矩陣 X，$S \times N$ 表示產出矩陣 Y，θ 為標量，λ 為 $N \times 1$ 的常向量，即：

$$\text{S. T.} \quad \min_{\theta, \lambda} \theta \qquad (6-1)$$
$$-y_j + Y\lambda \geq 0$$
$$\theta x_j - X\lambda \geq 0$$
$$\lambda \geq 0$$

第 j 個決策單元的能源效率值就是解出的 θ 值。

6.2.2 變量選取和數據處理

一般而言，在測算全要素能源效率時，投入變量包括勞動力投入、資本投入和能源投入，產出變量為 GDP。這裡選擇的全要素能源效率決策單元為成渝經濟區的 16 個城市的各項數據，選擇的樣本為 2013 年的數據。

具體的指標選取和數據處理如下：

(1) 勞動投入

以當年各市的就業總人數來衡量，採用的計算方法是年初就業人數與年末就業人數的平均值，單位為萬人。年初就業人數與年末就業人數的原始數據來源於相關年份的地區統計年鑒和 wind 資訊。

(2) 資本投入

A. 估算公式

資本投入以資本存量來衡量。由於統計年鑒中並沒有資本存量的數據，需要根據給定的相關數據來進行計算。筆者對 1999—2013 年的數據進行計算，得到成渝經濟區內各市的資本存量。採用「永續盤存法」計算資本存量的方法如下式 (6-2)：

$$K_{i,t} = K_{i,t-1}(1 - \delta_{i,t}) + I_{i,t} \tag{6-2}$$

其中，i 表示城市，t 表示第 t 期。借鑒張軍等對資本存量計算式子中各變量的指標選取方法，$I_{i,t}$ 表示 i 市第 t 年的投資，採用當年的固定資產投資總額來衡量，$K_{i,t}$ 和 $K_{i,t-1}$ 分別為本期和上一期的資本存量，$\delta_{i,t}$ 為折舊率。初始資本存量為各市 1999 年的固定資產投資總額除以 10%。固定資產投資總額的原始數據來源於 1999 年到 2014 年的統計年鑒和 wind 資訊。

B. 當年投資 I

對當年投資的選取，已有研究中主要包括三種方法：第一種是採用「累積」的概念，如鄒、賀菊煌、張軍等。第二種是採用全社會固定資本投資 (total social fixed asset investment)，如王小魯等。第三種是大部分近期研究採用的資本形成總額 (gross capital formation) 或固定資本形成總額 (gross fixed capital formation)。在研究成渝經濟區中各市的當年投資時，固定資本形成總額沒有辦法獲取，因地級市相較於省際範圍來說，在全社會固定資產投資中浪費的投資相對小很多，可以忽略不計。因此，我們選擇了各市的全社會固定資產投資總額作為當年投資 I 的替代值，並通過固定資產投資價格指數將其折算為用 1999 年不變價格表示的各市的實際投資總額。

C. 初始資本存量的確定

關於成渝經濟區各市早些時候的固定資本存量，統計年鑒沒有公布具體的

數據，能夠查到的較詳細的數據是全社會固定資產投資總額。目前學術界對基期的選擇主要有 1952 年、1978 年以及 1985 年。但各市的數據獲取具有較大難度，因此選擇 1999 年作為資本存量計算的基年，並借鑑 Hall 和 Jones 對基年資本存量的估算方法，對成渝經濟區各市的初始資本存量進行估算。估計方法為：

$$K_{I0} = \frac{I_{io}}{g_i + \delta_i} \quad (6-3)$$

其中，δ_i 是折舊率，g_i 是投資的集合增長率，I_{io} 是基期投資。

D. 固定資產投資價格指數

關於全社會固定資產投資價格指數，僅有重慶市統計局和四川省統計局有對外公布，其他各市的數據無法獲得，因此，四川省所包括的被劃歸在成渝經濟區中的 15 個城市，均統一用四川省的固定資產投資價格指數代替，重慶市採用相應的重慶市的固定資產投資指數，以此計算可比價格的固定資產投資。

E. 經濟折舊率

經濟折舊率的計算對於估算資本存量非常重要。根據已有研究對折舊率的計算，選擇張軍等計算的全國各省的經濟折舊率，即 9.6%。

（3）能源投入

以成渝經濟區各市的能源消費總量來衡量，單位為萬噸標準煤。原始數據來源於地區統計年鑑、相關年份的《中國能源統計年鑑》和 wind 資訊，經整理得到。

（4）產出

以各市的生產總值（GDP）來衡量。數據來源於各地區的《中國統計年鑑》和 wind 資訊。由於統計年鑑中的數據是名義生產總值，為了能夠與資本存量計算的基期相符，以 1999 年為基期，採用 GDP 指數對原始數據進行處理，消除價格波動的影響，將名義生產總值轉換成實際生產總值。

6.3　成渝經濟區區域能源效率差異實證分析

成渝經濟區的能源效率測算，選擇各市 2013 年的生產總值作為產出變量，以 GDP 表示，投入變量包括能源消費總量 E、資本存量 K 和勞動力投入 L。具體數據如表 6-1 所示：

表 6-1　　　　　　　　成渝經濟區產出和投入變量數據

城市	GDP	E	K	L
重慶	8,995	8,920	773	1,392
成都	6,463	6,212	8,574	806
自貢	810	1,056	653	194
瀘州	857	1,390	713	245
德陽	1,171	1,499	1,167	214
綿陽	1,370	1,721	2,172	297
遂寧	577	798	915	162
內江	558	1,829	711	174
樂山	790	2,066	1,044	189
南充	883	1,335	1,071	284
眉山	642	1,253	970	188
宜賓	1,024	1,665	1,052	318
廣安	653	1,522	974	217
達州	922	2,299	889	330
雅安	321	407	604	103
資陽	735	947	460	215

數據來源：作者通過整理計算《四川省統計年鑒（1999—2013）》數據、重慶市統計局數據和 wind 資訊數據得來。

6.3.1　能源效率的測算結果

以勞動力投入、資本存量和能源消耗為投入變量，GDP 為期望產出，採用投入導向的規模報酬不變的超 DEA 模型，運用 DEAP2.1 軟件對區域全要素能源效率進行測算，結果如表 6-2 所示：

表 6-2　　2013 年成渝經濟區 16 個城市的能源效率測算值及排名

城市	綜合效率 CR	純技術效率 VR	規模效率 SC	排名
重慶	1.000	1.000	1.000（-）	1
成都	1.000	1.000	1.000（-）	1
自貢	0.751	0.923	0.813（irs）	7
瀘州	0.605	0.803	0.754（irs）	10
德陽	0.762	1.000	0.762（irs）	4

表6-2(續)

城市	綜合效率 CR	純技術效率 VR	規模效率 SC	排名
綿陽	0.767	0.816	0.941（irs）	3
遂寧	0.699	0.843	0.829（irs）	8
內江	0.458	0.830	0.552（irs）	14
樂山	0.578	0.870	0.665（irs）	12
南充	0.645	0.715	0.902（irs）	9
眉山	0.500	0.780	0.641（irs）	13
宜賓	0.602	0.658	0.915（irs）	11
廣安	0.426	0.694	0.614（irs）	15
達州	0.411	0.635	0.648（irs）	16
雅安	0.758	1.000	0.758（irs）	6
資陽	0.762	1.000	0.762（irs）	4

數據來源：作者採用DEAP2.1軟件計算而得。

6.3.2 能源效率的實證分析

（1）能源效率的統計性描述

由表6-3的描述性統計可以看出，成渝經濟區16個城市能源的綜合效率、純技術能源效率和規模效率的平均值分別為0.67、0.848和0.785，最大值均為1，最小值分別為0.411、0.635、0.552，說明整個區域的能源效率並不高，並且存在較大差異。

表6-3　成渝經濟區16個城市能源效率值的描述性統計

分類	綜合效率 CR	純技術效率 VR	規模效率 SC
Mean	0.670,250	0.847,938	0.784,750
Median	0.672,000	0.836,500	0.762,000
Maximum	1.000,000	1.000,000	1.000,000
Minimum	0.411,000	0.635,000	0.552,000
Std. Dev.	0.178,453	0.129,750	0.139,111
Sum Sq. Dev.	0.477,681	0.252,525	0.290,277

數據來源：作者採用Eviews7.0軟件計算而得。

(2) 能源效率結果分析

從表6-2和表6-3中可以看出，成渝經濟區2013年的全要素能源效率的平均值較低，僅為0.67，相較已有研究中的全國的省際能源效率來說，處於中間水平。在成渝經濟區範圍內，2013年處於生產前沿面的城市主要包括重慶和成都，這兩座城市作為直轄市和省會城市，是成渝經濟區的特大中心城市，處於核心地位，被稱為「雙核」。「雙核」相較成渝經濟區中的其他城市，有著更先進的技術以及前沿的科技，能夠輻射帶動整個區域的快速發展。另外，成都和重慶的產業在「西部大開發」戰略實施後，產業逐步由第二產業轉向第三產業，因此與仍以重工業為主導產業的城市相比，其能源消費總量較少，且以電力為主，電力消費所帶來的污染相對較少，因此全要素能源效率高。成都和重慶的經濟發展水平處於成渝經濟區的領先地位，其節能技術水平較高，能源效率值排在第一位。

其次是綿陽、德陽、資陽、雅安和自貢5市，全要素能源效率分別為：0.767、0.762、0.762、0.758和0.751，均在0.7以上。這些城市的能源效率雖然較「雙核」以外的其他城市相對較高，但與「雙核」相比，有著較大的差距。其中，綿陽作為四川省的第二大城市，經濟發展水平僅次於成都，且有著科技城的美稱，但其全要素能源效率仍然相對較低，主要因為城市的經濟發展依靠大量的要素投入，產出的優勢被這大量的要素投入成本抵消掉了一部分。資陽的全要素能源效率在成渝經濟區範圍內相對較高，主要是因為其距離成都市的距離很近，受到成都市技術的正向輻射，對經濟有著一定的帶動作用。2007年，四川省天然氣富集區達州市發現特大天然氣田，其中宣漢普光氣田是迄今為止發現的中國規模最大、豐產最高的特大型海相整裝氣田。但是，有著如此豐富的天然氣資源，達州市的能源效率卻僅為0.411，是成渝經濟區能源效率值最低的城市。在成渝經濟區中，能源效率值低於0.5的城市還有內江市和廣安市。內江市地處成都市和重慶市的中間位置，是成渝經濟區的重要新興工業城市，受到成都市和重慶市兩大核心城市的經濟輻射，但其能源效率卻排在成渝經濟區的第14位，這可能是由於其節能技術還相對落後以及對成渝兩市的經濟輻射接受能力尚弱引起的。另外，內江市的進一步發展也面臨著許多方面的制約，導致能源效率低下，投入與產出不成比例。

整體來看，2013年成渝經濟區16個城市中，成都市和重慶市的能源規模效率處於規模報酬不變階段，其餘城市均處於規模報酬遞增階段（以irs表示），這說明成渝經濟區大部分城市的能源利用效率遠遠沒有達到該城市規模效應的極限值，在現有投入和產出的情況下，可以通過調整投入和產出、引進

節能技術、制定節能政策等措施，達到節能降耗、提升能源效率的效果。

具體來說，根據純技術效率和規模效率，可以把成渝經濟區16個城市分為三類：第一類是純技術效率和規模效率都為1的城市，包括成都市和重慶市。第二類是純技術效率為1，而規模效率不為1的城市，包括德陽、雅安和資陽。第三類是純技術效率不為1，規模效率也不為1的城市，前兩類以外的所有其他城市均屬於這一類。第一類是成渝經濟區中能源效率最高的城市。其經濟發展水平最高，資源配置、產業佈局、功能分區等方面較其他城市具有一定的優勢，能夠不斷吸引資金、勞動力和能源，且技術相對先進，會促進城市的經濟發展質量，投資得以良性循環，為這兩個城市經濟的健康持續發展提供了條件。第二類是能源效率較高的城市。它們的綜合效率值小於1，從表6-2中還可以發現它們的純技術效率值達到1，而規模效率值小於1，說明這些城市的資本、能源以及勞動力與各自的投入、產出相匹配，其投入性指標值不需要減少，產出性指標值也不需要增加，只需要擴大投入要素的規模就能夠提高該城市的綜合效率值，改善能源效率利用狀況。第三類是具有較大能源效率提升潛力的城市。這些城市的綜合效率值、純技術效率值以及規模效率值都小於1，說明這些城市在要素投入、深化改革開放的進程方面還有很長的路要走，不僅要增加產出性指標值，而且要減少投入性指標值，同時還要擴大要素投入規模以匹配該市的投入、產出，爭取獲得規模效應。通過對三類城市的投入、產出進行運算，軟件運行結果如表6-4所示，對表進行分析可知，以2013年的眉山市為例，眉山市的綜合能源效率為0.5，純技術效率為0.780，規模效率為0.641。在這樣的能源效率狀況下，其產出性指標GDP應該增加642億元；投入性指標中，能源消費總量應當減少275.888萬噸標準煤；原有投入所對應的產出不足值為186.116億元，資本存量應當減少213.577億元；勞動力應當減少41.394萬人。其他城市也有類似的情形，這裡不做闡述。

表6-4　　　　　成渝經濟區16個城市的投入鬆弛變量值

城市	E 投入冗餘	E 產出不足	K 投入冗餘	K 產出不足	L 投入冗餘	L 產出不足
重慶	0.000	0.000	0.000	0.000	0.000	0.000
成都	0.000	0.000	0.000	0.000	0.000	0.000
自貢	-80.814	-79.031	-49.973	0.000	-14.847	0.000
瀘州	-274.329	-145.556	-140.717	0.000	-48.353	0.000
德陽	0.000	0.000	0.000	0.000	0.000	0.000

表6-4(續)

城市	E 投入冗餘	E 產出不足	K 投入冗餘	K 產出不足	L 投入冗餘	L 產出不足
綿陽	-317.064	0.000	-400.153	0.000	-54.717	-14.051
遂寧	-124.908	0.000	-143.221	0.000	-25.357	0.000
內江	-311.214	-861.835	-120.981	0.000	-29.607	0.000
樂山	-268.635	-790.853	-135.748	0.000	-24.575	0.000
南充	-380.710	0.000	-305.424	0.000	-80.990	-20.518
眉山	-275.888	-186.116	-213.577	0.000	-41.394	0.000
宜賓	-570.152	0.000	-360.240	0.000	-108.894	-3.615
廣安	-466.333	-292.118	-298.429	0.000	-66.488	0.000
達州	-840.035	-416.809	-324.833	0.000	-120.579	0.000
雅安	0.000	0.000	0.000	0.000	0.000	0.000
資陽	0.000	0.000	0.000	0.000	0.000	0.000

數據來源：作者採用DEAP2.1軟件計算而得。

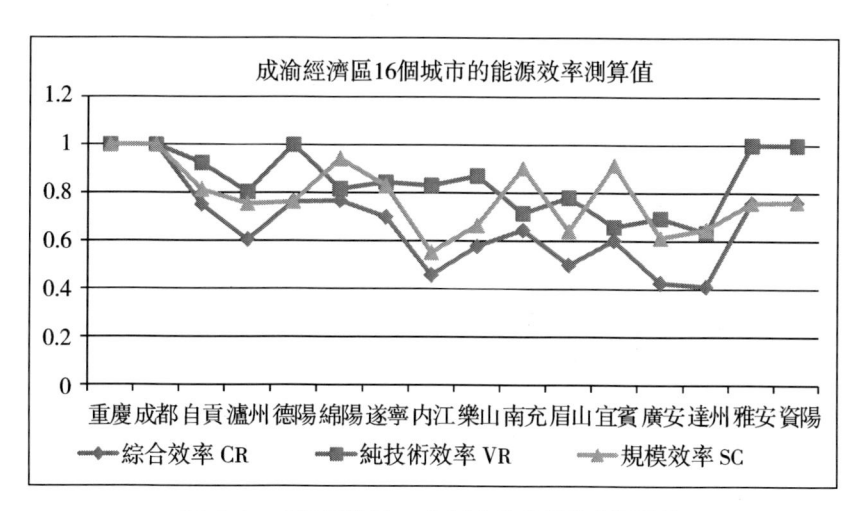

圖6-2 成渝經濟區16個城市的能源效率測算值

雖然大部分城市的全要素能源效率在0.5以上，但是也有個別城市的綜合能源效率比較低。比如達州市，其綜合能源效率值只有0.411，與排在第一位的成都市和重慶市還有著較大的距離。從圖6-2可以看出，能源效率值較高的城市經濟也比較發達，說明能源效率與城市的經濟發展水平有著緊密的聯繫，顯示出較強的正相關關係。經濟發展水平相對滯後的區域，如分佈在川南的內

江、瀘州、川東北的廣安、達州、川西的眉山、樂山等城市，其綜合能源效率值均在 0.65 以下。這說明在成渝經濟區的 16 個城市中，綜合能源效率值存在區域差異，應當加強城市間的合作，區域經濟協調發展，實現資源共享。

6.3.3 能源效率差異的原因

能源效率差異的原因有：

（1）「雙核」空間佈局

城市對區域經濟的發展起著決定性的作用，而經濟發展水平對城市能源效率有著正相關關係。成渝經濟區中，成都市和重慶市均屬於特大中心城市，之后即為中等城市，缺少大城市在中間銜接，因此，成渝經濟區目前的城市體系並不完整。成都市和重慶市之間缺少大城市的過渡和支撐，處於這兩城市的內江市，其經濟發展相對滯后，使成渝經濟區出現「中部塌陷」現象，存在較大的經濟低谷。區域能源效率受到經濟發展水平的影響，也呈現出典型的以成都和重慶為極核的空間佈局。內江市的綜合能源效率僅為 0.458，位居 16 個城市中的第 14 位。由表 6-4 也可以看到，內江市的三個投入變量均出現投入冗餘現象，表明內江市的技術遠不能將投入要素充分利用。

（2）圈層結構關係

成渝經濟區 16 個城市的能源效率也出現圈層結構關係。處於第一圈層的成都市和重慶擁有良好的投資環境，先進的節能技術、對周邊輻射力較強；第二圈層受「雙核」輻射，經濟發展相對較快，技能技術相對較好，但由於「雙核」城市之間的競爭，抵消了一部分輻射，導致第二圈層城市的能源效率表現出較大差異。

（3）產業結構和技術水平

在前面章節的分析中得出，產業結構、技術水平是影響能源效率的重要因素。產業結構和技術水平單獨對能源效率的影響存在地區差異，對西部地區而言，產業結構和技術水平對能源效率的影響程度高於東、中部地區。西部地區成渝經濟區的產業發展仍然處於工業化中期水平，第二產業占據主導力量。第二產業的工業和建築業對能源的需求量都非常大，且多以煤炭等一次性能源為主。同時，成渝經濟區中除成都和重慶具有較高的節能技術水平，其他城市的節能技術還跟不上地區經濟的發展，導致能源效率較低，能源浪費較大。另外，在前面的分析結果中還有 11 個城市的純技術效率值和規模效率值均小於 1，3 個城市的純技術效率為 1，但規模效率小於 1，說明城市發展中的產業發展還沒有達到一定的規模，產業鏈條的發展尚未充分形成。

6.4 本章小結

本章以成渝經濟區為研究對象，以 2013 年的能源消費總量、資本存量和勞動力作為投入變量，以 GDP 作為產出變量，測算成渝經濟區 16 個城市的能源效率，並對不同能源效率的城市的分佈情況、差異以及差異產生的原因進行了詳細的分析。具體分析結果包括：

（1）成渝經濟區的能源效率值整體偏低。從整體來看，成渝經濟區的能源效率值偏低，但也存在能源效率較高的城市，比如成都和重慶；2013 年成渝經濟區 16 個城市中成都市和重慶市的能源規模效率處於規模報酬不變階段，其餘城市都處在規模報酬遞增階段（以 irs 表示），這說明成渝經濟區大部分城市的能源利用效率遠遠沒有達到該城市規模效應的極限值，成渝經濟區的能源效率較全國其他城市群還有較大差距。

（2）能源效率與成績經濟發展水平有著正向關係。能源效率值較高的城市經濟也比較發達，說明能源效率與城市的經濟發展水平有著緊密的聯繫，顯示出較強的正相關關係。「雙核」城市成都市和重慶市的能源效率值均位列成渝經濟區的首位，並且其經濟效益能夠對周邊城市產生輻射效應。

（3）成渝經濟區的能源效率呈現出「雙核」空間佈局和圈層結構，城市間能源效率仍然存在較大差異。「雙核」城市成都市和重慶市的能源效率值均位列成渝經濟區的首位，城市間能源效率仍然存在較大差異，呈現出圈層結構，形成了以成都市和重慶市為雙核心的三圈層，但核心區的能源效率對外圍圈層的輻射和帶動作用並不十分明顯；以「雙核」城市為兩個中心，外圍的川南城市、川北城市和川西城市能源效率值發展潛力較大；

（4）產業結構影響各市能源效率。具有較高層次產業結構且經濟基礎較好的城市，如成都、重慶產業轉型已經較為成功，第三產業占比在不斷上升；綿陽被稱為「科技城」，大力發展高新技術產業，對能源效率的提高也起到了積極的帶動作用。這些城市的能源效率比其他產業結構水平較低的城市能源效率要高。

7 結論與政策建議

前面章節已經從能源效率的影響因素、測算方法、區域能源效率差異、能源回彈效應、能源效率收斂性及空間相關性等方面，對中國的區域能源效率進行了深入研究，並以成渝經濟區為例，基於地級市的視角，分析了經濟圈能源效率及經濟圈內城市間的能源效率差異，本章將對上述研究進行總結，並對未來研究進行展望。

7.1 結論

通過以上分析，可以得出以下結論：

（1）從各省的能源效率測算值可以看出，不考慮非期望產出超效率SBM模型的效率值與考慮非期望產出超效率SBM模型的能效之間存在顯著差異。在考慮非期望產出的有效決策單元時，各省市的能源效率均比不考慮非期望產出的SBM模型的效率值低。同時，考慮二氧化碳非期望產出比考慮二氧化硫非期望產出更加顯著。考慮二氧化硫非期望產出的超效率SBM模型的效率值又高於考慮二氧化碳非期望產出的超效率SBM效率值。

（2）中國省際能源效率的差異明顯，仍有需要縮小的空間。能源效率值差異空間上存在的差異與中國經濟發展水平空間上的分佈存在著一定的相似性。東部地區省份的能源效率值都處於較高水平，中部地區省份的能源效率值處於中間，大多數西部地區的省份的能源效率值都處於較低水平。三種不同的差異指標大體上都呈現出差不多的變化趨勢。其中基尼系數的變化幅度較大，在早期出現了下降趨勢，隨後趨於平穩。而泰爾指數與對數離差均值具有相似的結果，在研究期間一直都處於相對平穩的狀態，只有小幅度的波動。省際全要素能源效率的差異主要是區域內差異，區域間差異的貢獻率較小，但區域間

的差異在不斷增大。東部地區能源效率差異明顯地減小了，中部地區的能源效率差異也在不斷減小，西部地區內部能源效率差異卻一直在增加。近年來，西部地區內部差異最大，中部地區次之，東部地區最小。

（3）區域能源效率存在明顯的空間效應。在將傳統面板數據最小二乘迴歸結果與空間計量模型的迴歸結果進行比較後，我們發現當期和前一期的能源效率存在空間相關性，即相鄰地區的當期和前一期的能源效率會對本地區的能源利用效率產生影響，且影響為正效應。其原因是區域經濟競賽中需要地區提高能源利用效率。技術進步也存在較為明顯的空間相關性，相鄰地區因外商直接投資和R&D投資帶來的技術進步會產生空間溢出效應，對該地的能源利用效率產生積極影響。

（4）就能源效率的影響因素而言，人均GDP對能源效率的影響為正，而工業增加值占比對能源效率的影響為負。人均GDP對能源效率的影響隨時間的變化呈M形變化，而工業增加值占比對能源效率的影響總體隨時逐漸減弱。在工業化發展的初期，工業成為經濟發展的主導產業，工業對能源的巨大需求導致經濟發展對能源的依賴性增強，人均GDP和工業增加值占比對能源效率的影響均較為明顯。在工業化發展的中期，人均GDP對能源效率的影響趨於穩定，工業增加值占比對能源效率的影響逐漸趨於0。

（5）區域能源效率變化速度不同。由於經濟發展政策、地理位置、資源稟賦、市場化改革程度等方面的原因，中國地區經濟發展表現出顯著的非均衡性，區域能源效率也表現出不同變化速度。在2011年以前，中、東、西部地區的能源效率保持梯次遞減；在2011年以後，西部地區的能源效率平均值超過了中部地區。中國區域能源效率差異較大，主要是由於西部地區的能源效率差異較大。中國整體能源效率差異呈下降趨勢，西部地區內部各省份的差異在逐漸縮小，東部地區內部各省份的差異在2011年後開始擴大。從區域能源效率差異的變化趨勢來看，區域間的能源效率差異變化較為平穩，而東、中、西部地區內部各個省份之間的能源效率差異有所縮小。地區之間的能源利用效率存在較大的差異，但總體的能源利用效率保持增長的變化趨勢；相鄰地區的當期和前一期的能源效率會對本地區的能源利用效率產生影響，且影響為正效應。

（6）區域能源效率存在較強的空間正相關，且表現出收斂性特徵。與傳統收斂檢驗結果相比，在空間相關性的條件下，區域能源效率收斂特徵更加顯著，收斂速度更快。地區能源效率增長率不僅與該地區的能源效率初始水平負相關，還與相鄰地區能源效率增長率的誤差衝擊正相關。在空間效應下，中國

區域能源效率存在絕對收斂；在控製技術進步、產業結構、市場化水平、對外開放水平等變量的情況下，中國區域能源效率表現出顯著的條件收斂特徵；對於東、中、西部三大區域而言，東、中部地區表現出顯著的俱樂部收斂，西部地區的俱樂部收斂特徵不顯著。

（7）中國存在能源回彈效應。技術進步對能源消費回彈效應的影響表現為直接或者間接效應。在實際中，直接回彈效應和間接回彈效應同時存在。基於 LMDI 方法的實證表明，中國能源回彈效應整體呈上升趨勢，各單獨年份和區間回彈效應值差異較大。1979—2010 年，中國能源回彈效應整體呈上升的趨勢，2000 年以后的回彈效應值明顯高於 20 世紀 80 年代和 90 年代，這與國內部分學者的研究結論有所不同；僅就短期回彈效應來看，各單獨年份和區間回彈效應值差異較大：20 世紀 80 年代，中國能源回彈效應總體相對平穩，但此階段個別年份波動較大，以 1984 年為分界線，之前逐年上升，之後逐年下降。20 世紀 90 年代，回彈效應值波動非常平穩，呈逐步下降的趨勢。2000 年以后，回彈效應值波動非常明顯，2009 年達到最高值 136.15%，出現顯著的逆反效應。

（8）中國歷年整體能源回彈效應小於 1，政府通過技術進步達到節能的政策有效可行。短期能源回彈效應下降的趨勢說明通過技術進步促進能源消費降低的政策實施效果較好。2000 年以后，能源回彈效應較之前有上升的趨勢，主要是因為市場經濟發展逐步優化，市場秩序逐步規範，「軟」技術進步的作用逐步減少，導致 2000 年以后能源回彈效應值高於 20 世紀 80 年代和 90 年代。

（9）整體來看，2013 年成渝經濟區 16 個城市中成都市和重慶市的能源規模效率處於規模報酬不變階段，其餘城市均處於規模報酬遞增階段（以 irs 表示），這說明成渝經濟區大部分城市的能源利用效率遠遠沒有達到該城市規模效應的極限值成渝經濟區的能源效率值偏低，較全國其他城市群還有較大差距。「雙核」城市成都市和重慶市的能源效率值均位列成渝經濟區的首位，並且其經濟效益能夠對周邊城市產生輻射效應。城市之間經濟發展存在地區差異，成渝經濟區的能源效率呈現出「雙核」空間佈局和圈層結構，城市間能源效率仍然存在較大差異。以「雙核」城市為兩個中心，外圍的川南城市、川北城市和川西城市能源效率值發展潛力較大。

7.2　政策建議

目前，中國經濟發展面臨的能源問題（如能源供需矛盾、環境污染等）日益嚴峻，成為制約中國經濟可持續發展的重要問題。節能減排、提高能源效率對緩解能源問題具有現實意義。通過前面章節的研究，我們認為中國顯著的區域能源效率差異主要來自於西部地區內部省份間的能源效率差異，而地區的空間依賴能夠有效地改善地區能源效率，縮小地區間的差異，提升整體能源利用效率。因此，基於此前的研究結果，可以從以下幾個方面提出政策建議：

（1）因地制宜，分解節能減排目標，制定差異化節能減排政策。中國各省（市、自治區）的能源消費情況、資本存量、勞動力充裕度、資源稟賦、技術水平和市場環境等差異顯著，對節能降耗的標準定位、減排的計劃和要求也不同。目前，中國的減排目標比較宏觀，沒有針對各省（市、自治區）的實際情況將目標分解。從歷年的完成情況來看，東部地區基本上是完成了目標，但是西部部分省份的能源效率不降反升。實證結果也顯示，省際全要素能源效率存在較為顯著的地區差異，並且省際全要素能源效率變化速度也存在較大的差異。因此，為了實現全國經濟的綠色轉型，縮小各省（市、自治區）之間的能源效率差異，節能減排目標的制定應當充分考慮地區因素，兼顧地區之間的相互影響，不能採取「一刀切」的方式，而應當將目標落實到各個省份，不讓計劃流於形式。同時，必須因地制宜，注重不同省（市、自治區）分工與合作，科學制定差異化的節能減排政策。比如針對不同地區可制定有差異化的節能減排稅收政策、產業及投融資政策等。

（2）促進各地區的內部交流，縮小地區內部省際能源效率差異。在測算出來的省際全要素能源效率差異中，發現區域內部的差異是構成整體差異的主要部分。在這樣的情況下，各市縣要加強區域內部的合作，相互交流、相互學習，組織和引導地區與地區之間的交流合作，促進平衡發展。加強技術經驗交流，在同一地區內部，高新技術發展較快的地區應把自身先進的科學技術與管理經驗向發展相對落後的地區傳輸，以此促進同一地區中落後的地區改善能源效率，縮小地區內差異。

（3）科學規劃成渝經濟區（圈）的空間結構。經濟區（圈）在制定區域節能降耗策略時，城市間政府應摒棄行政區劃障礙，積極探討城市一體化發展的分工與合作，充分中心城市的驅動功能和引領作用，加強資源整合；在繼續

提升現有中心城市的能源效率，降低能源消費總量的同時，加快培養次級中心城市來推動城市經濟的快速發展，加大資源共享，技術、人才和科技交流力度，增強城市間合作，逐步縮小城市間的能源效率差異，實現經濟區（圈）整體的節能目標。

（4）提高資源配置、引進高新技術，改善能源消費結構。中國經濟發展一直存在區域上的不平衡，東部地區不僅在經濟發展具有中西部地區不具有的優勢，同時在生產經驗、技術水平上也都處於領先地位。因此，我們需要打破東部地區與中西部地區的壁壘，提高能源配置效率。在經濟發達的東部地區，控製煤炭的消費量，在京津冀、長三角、珠三角這些區域要盡力使煤炭消費總量減少，充分利用核電等相對清潔和高效的能源，減少西電東送、西氣東輸等的能源損耗；而在經濟快速發展的中部，特別要措施控製煤炭的消費；而在內蒙古、新疆這些煤炭等資源豐富的西部地區，則要優化能源的消費結構。同時，要大力引進並且學習滲透先進的能源技術，加強對清潔能源的開發利用，改善能源消費結構來提高能源效率。

（5）加快產業結構調整，推進技術創新。優化、高效的產業結構及佈局是區域經濟社會環境全面發展的必備條件，技術創新是產業結構調整的助推器。能源效率較低的城市應當進行產業調整，引進節能技術，特別是對技術研發的引導，從而提高工業生產的能源利用效率。大力發展集約型、環保型的企業，加快能源價格與國際接軌，讓能源市場真正發揮對稀缺資源的調節配置功能，促使經濟健康、持續、快速發展。對節能的技術創新，政府應根據具體情況給予一些政策支持，以確保這些技術得到充分應用，同時也確保經濟快速發展過程中，能源效率能夠穩步提升。

（6）充分考慮地區的空間相關性，加強地區間經濟合作，提高能源效率水平。從收斂性的檢驗結果可以發現，與傳統收斂性檢驗相比，考慮空間相關性後區域能源效率的收斂性更加顯著、收斂速度更快，區域能源效率效率除受到自身初始水平的影響，還受到相鄰省份能源效率誤差的正向衝擊。中國區域能源效率表現出顯著的空間相關性，能源效率較高的省份能夠有效地帶動相鄰省份能源效率水平的提高。東部地區擁有國內前沿的節能技術水平，在空間依賴效應下，其內部各個省份的能源效率水平普遍較高，西部地區與東部地區相距較遠，節能技術的溢出效應不顯著，能源效率水平與東部地區的能源效率有一定差異。因此，西部地區應當加強與東、中部地區省份的技術交流和和合作，讓先進的節能技術和管理理念擴散到西部內陸各個省份，帶動西部地區經濟發展和能源效率提升。西部地區還可以與東、中部地區建立對口技術援助關

係，從政府政策方面鼓勵企業將先進節能技術「傳播」到西部地區。

（7）加快地區的市場化改革。從條件收斂的實證分析結果發現，市場化程度對區域能源效率增長率存在顯著的正向影響，即市場化程度越高，能源效率增長率越大。目前，中國地區的市場化水平還較低，價格機制對要素的配置作用並不能得到有效的發揮，能源資源在地區、行業的流動並不是自由的，而是受到地方政府限制的。政府出於「功績」的考慮，會優先發展工業，而這種產業可能對於當地並不具有比較優勢。為了維持這些產業的發展，政府會從稅收等方面給予政策支持，使得能源資源聚集在使用效率低的地區和行業。因此，提高地區的市場化水平，消除地區市場分割，可以使能源資源在價格機制的作用下向使用效率高的地區、行業流動，改善地區能源效率。逐漸降低政府對市場的干預，加快地方政府向「服務型」政府轉變，充分發揮市場的調節作用。

（8）提高內陸地區，特別是西部地區的對外開放水平，吸引外資，改善地區能源效率。條件收斂的迴歸結果表明，外商直接投資會提高地區能源效率增長率。外資的流入，帶來了國外先進的管理理念和生產技術，有效地提高了流入企業的生產效率，促使整個行業的企業相互競爭，從而帶來整個行業生產效率的提高，對接收外資的地區經濟發展產生了正向的促進作用。目前，東部地區的對外開放程度遠高於中、西部地區，特別是一些西部內陸地區，由於自身地理位置和經濟發展條件的限制，與國外和周邊地區的交流並不緊密。因此，加強與國外和周邊地區的交流，通過學習和借鑑，吸收先進的節能技術，能夠有效地提高地區能源效率。

7.3　進一步研究方向

科學地評價各地區能源效率的現狀是中國實現「十三五」節能降耗戰略目標的重要科學前提和保證。目前，國內學者主要是從產業結構變動的角度對國家與區域產業能源效率進行的研究，儘管已經取得了一些較好的研究成果，但不能很好地揭示產業鏈一體化過程中產業分工、產業結構變動和產業空間佈局變化對能源能效的影響機理。因此，從產業鏈一體化視角下研究中國地區（特別是經濟圈）能源體系和能源效率問題，具有理論和學術創新價值。

中國經濟在產業鏈發展一體化模式下各個地區產業分工、產業專業化與產業空間轉移呈現不斷加速的趨勢，這勢必會對該區域能源使用及能源效率產生

較大影響。能源使用效率，節能減排越來越受到政府和企業的重視，因此，有必要從經濟規律，產業鏈發展一體化的視角研究地區（經濟圈）的能源效率和配置問題。要提高中國的能源效率就要改變目前地區自我平衡的能源配置方式，使能源流向效率高的地區，同時，在制定節能政策、節能降耗措施時要因地制宜。

以上章節已經對中國的區域能源效率的整體背景情況進行了一個概述，分析了能源效率的測度方法、影響能源效率的多種因素以及這些因素的影響程度，並重點分析了以省（市、自治區）為單位的省際區域能源效率的收斂性和回彈效應，以及以經濟圈為單位的成渝經濟區的能源效率測算及差異，但由於產業鏈方面的數據獲取難度很大，目前還未將產業鏈方面的內容較深入地融入到研究當中。因此，針對中國經濟圈一體化發展模式對地區能源效率產生重大影響的現實情況，基於產業鏈一體化發展的基本特徵，進一步從理論上研究地區產業結構變動和產業空間佈局變化對能源效率變化的影響機理，並以此為基礎實證分析中國經濟圈（長三角、珠三角、環渤海灣和成渝經濟圈）自1979年形成以來近30年來產業鏈一體化發展過程中，主要城市產業結構變動和產業空間佈局變化對地區（經濟圈）能源效率的影響，深入系統地從產業鏈一體化條件下產業結構變動和產業空間佈局變化的視角提出地區能源效率提升的路徑和條件，從而在能源戰略與政策層面上能夠提供決策參考，是我們未來研究的重要方向。

為了更好地在產業鏈一體化視角下對中國各經濟圈的能源效率差異進行研究，未來研究將繼續從以下方面進行深入探討和研究：

（1）在已有的對能源效率研究和經濟圈一體化發展模式與產業鏈分工基本理論的基礎上，深入分析產業鏈一體化發展模式對經濟圈能源效率影響機理。①產業鏈一體化發展模式對經濟圈產業結構和空間佈局的影響。根據經濟圈產業鏈一體化發展模式，分析產業鏈一體化發展模式下經濟圈產業專業化分工的過程及其對經濟圈產業結構和空間佈局的影響。②產業鏈一體化發展模式對經濟圈能源效率的影響。產業鏈一體化發展模式下經濟圈產業結構和空間佈局的變化勢必對經濟圈總體能效和圈中各個地區能效產生重大影響。

（2）建立基於產業鏈分工的能源效率的理論分析框架與研究方法。在系統搜集、整理和分析國內外有關能源效率研究理論和研究方法文獻的基礎上，根據前面章節對區域能源效率分析的已有成果，基於產業鏈分工對區域產業結構和產業空間佈局的作用機理，進而對區域能源效率產生重要影響的實際情況，提出適合中國經濟圈產業鏈一體化過程中能源消費實際情況的理論分析框

架與研究方法，重點從理論上研究產業結構變動和產業空間佈局變化對區域能源效率的影響，提出在工業化發達的經濟圈產業鏈一體化所導致的產業結構變動和產業空間佈局變化影響經濟圈能源效率的變化趨勢。這有助於我們明確產業鏈一體化發展模式對經濟圈能源效率提升所起到的重要作用。

（3）分析經濟圈產業鏈一體化發展模式下產業結構的變動與產業佈局空間的變化。①經濟圈產業鏈一體化發展模式下產業分工。根據經濟圈產業鏈一體化發展模式，結合經濟圈產業發展的實際狀況分析產業鏈一體化發展模式下經濟圈專業化分工的動態變化過程。②經濟圈產業結構變動與產業佈局空間變化。從三次產業結構和三次產業中各行業兩個層次考察經濟圈 30 年以來產業結構和產業空間佈局的變化過程。

（4）對不同經濟圈能源效率現狀及差異分析。上文已對成渝經濟區的能源效率進行了測算和分析，未來研究將比較成渝經濟區、長三角、珠三角及京津冀經濟圈的能源效率，並進行差異分析。運用多時期資源、經濟、技術、社會要素空間分佈疊置的方法，總結和歸納主要經濟圈能源問題的變化軌跡和發展路徑。設計從經濟圈能源自給率、人均 GDP、能源成本占經濟圈 GDP 比重、能耗強度、人均能源消費量、二氧化碳排放強度、新能源比重等指標對中國經濟圈能源問題進行聚類分析和因子分析，找出影響經濟圈能源問題差異性的動因，在空間依賴視角下，分析中國經濟圈能源效率差異性的趨同性與收斂性，並從產業鏈發展一體化的視角出發，對經濟圈能源效率的差異，以及能源效率、環境質量與經濟圈經濟增長之間關係對能源可持續發展的影響進行綜合性考察評價。

（5）經濟圈能源效率變化趨勢影響因素實證研究。根據經濟圈產業鏈一體化發展模式對能源效率變化趨勢的影響，建立描述經濟圈能源效率變化趨勢的計量模型，運用經驗分析方法，綜合考察經濟發展水平、產業結構、技術進步、產業升級、能源消費結構等多種因素對能源效率的影響，實證分析一體化發展模式影響能源效率的因素及機制等問題。

（6）提出經濟圈改善能源效率的對策建議。在以上各專題研究分析的基礎上，根據中國經濟圈產業鏈一體化發展模式下產業結構和空間佈局的特點和地區節能減排的目標，結合中國經濟圈各個城市經濟發展所處的階段，提出適合中國經濟圈各個城市改善能源效率的對策建議。

隨著中國經濟的不斷發展，能源需求也將不斷增大，未來對能源效率的研究依舊是學者們關注的焦點。我們也將繼續在理論和實證分析的基礎上，從區域的能源效率特徵出發，基於經濟圈一體化發展和產業鏈分工等視角，進一步

對區域能源效率差異和能源效率提升做深入研究。

　　本章總結了前面章節的研究結論，同時為國家制定能源安全戰略、提高區域能源效率、促進經濟圈共同發展、深化產業鏈分工、改變經濟增長方式、調整經濟結構、區域經濟合作以及實現可持續發展提出了具有可操作性和前瞻性的政策建議。最后，在充分瞭解已有研究成果和不足的條件下，我們確定了下一步的研究方向。

參考文獻

[1] 蔡昉, 都陽. 中國地區經濟增長的趨同與差異——對西部開發戰略的啟示 [J]. 經濟研究, 2000 (10): 30-37.

[2] 林毅夫, 劉培林. 經濟發展戰略對勞均資本累積和技術進步的影響——基於中國經驗的實證研究 [J]. 中國社會科學, 2003 (4): 18-32.

[3] 鄒豔芬, 陸宇海. 基於空間自迴歸模型的中國能源利用效率區域特徵分析 [J]. 統計研究, 2005 (10): 67-71.

[4] 史丹. 中國能源效率的地區差異與節能潛力分析 [J]. 中國工業經濟, 2006 (10): 49-58.

[5] 王玉燕, 林漢川. 中國西部地區能源效率: 趨同、節能潛力及其影響因素 [J]. 經濟問題探索, 2013 (4): 38-44.

[6] 李夢蘊, 謝建國, 張二震. 中國區域能源效率差異的收斂性分析——基於中國省區面板數據研究 [J]. 經濟科學, 2014 (1): 23-38.

[7] 魏楚, 沈滿洪. 能源效率及其影響因素: 基於DEA的實證分析 [J]. 管理世界, 2007 (08): 66-76.

[8] 李國璋, 霍宗杰. 中國全要素能源效率及其收斂性 [J]. 中國人口·資源與環境, 2010 (1): 11-16.

[9] 孫廣生, 黃祎, 田海峰, 王鳳萍. 全要素生產率、投入替代與地區間的能源效率 [J]. 經濟研究, 2012 (9): 99-112.

[10] 陳德敏, 張瑞, 譚志雄. 全要素能源效率與中國經濟增長收斂性——基於動態面板數據的實證檢驗 [J]. 中國人口·資源與環境, 2012 (1): 130-137.

[11] 王兆華, 豐超, 郝宇, 康玉臣, 劉營. 中國典型區域全要素能源效率變動走向及趨同性分析——以八大經濟區域為例 [J]. 北京理工大學學報 (社會科學版), 2013 (5): 1-9.

[12] 潘雄鋒, 張維維. 基於空間效應視角的中國區域創新收斂性分析 [J], 管理工程學報, 2013, 27（1）: 63-67.

[13] 史丹, 吴利學, 傅曉霞. 中國能源效率地區差異及其成因研究——基於隨機前沿生產函數的方差分解 [J]. 管理世界, 2008, 24（2）: 35-43.

[14] 史丹, 張金隆. 產業結構變動對能源消費的影響 [J]. 經濟理論與經濟管理, 2003（8）: 30-32.

[15] 董利. 中國能源效率變化趨勢的影響因素分析 [J]. 產業經濟研究, 2008（1）: 8-18.

[16] 曾勝, 鄭賢貴, 饒呈祥. 中國能源消費結構與經濟增長的關聯關係分析 [J]. 軟科學, 2009（8）: 65-68.

[17] 楊紅亮, 史丹. 能效研究方法和中國各地區能源效率的比較 [J]. 經濟理論與經濟管理, 2008（3）: 12-20.

[18] 國涓, 王玲, 孫平. 中國區域能源消費強度的影響因素分析 [J]. 資源科學, 2009（2）: 205-213.

[19] 陳曉玲, 徐舒, 連玉君. 要素替代彈性、有偏技術進步對中國工業能源強度的影響 [J]. 數量經濟技術經濟研究, 2015（3）: 58-76.

[20] 張勇, 蒲勇健. 產業結構變遷及其對能源強度的影響 [J]. 產業經濟研究, 2015（2）: 15-22.

[21] 劉建. 能源利用效率的區際比較及對策分析 [J]. 技術經濟與管理研究, 2013（12）: 87-91.

[22] 趙金樓, 李根, 蘇屹, 劉家國. 中國能源效率地區差異及收斂性分析——基於隨機前沿分析和面板單位根的實證研究 [J]. 中國管理科學, 2013, 21（2）: 175-184.

[23] 劉劍鋒. 金融發展與能源消費互動關係研究——基於 ARDL-ECM 模型的實證分析 [J]. 重慶工商大學學報（社會科學版）, 2015（3）: 19-29.

[24] 範秋芳, 劉蘭廷. 中國能源利用效率區域差異性研究 [J]. 價格理論與實踐, 2014（4）: 41-43.

[25] 李旭, 秦耀辰, 寧曉菊, 謝燕娜. 中國住宿業能源效率及其變化——基於 DEA 模型和 Malmquist 指數 [J]. 河南大學學報（自然科學版）, 2015（1）: 41-47.

[26] 師博, 沈坤榮. 市場分割下的中國全要素能源效率: 基於超效率 DEA 方法的經驗分析 [J]. 世界經濟, 2008（9）: 49-59.

[27] 張子龍, 薛冰, 陳興鵬, 李勇進. 中國工業環境效率及其空間差異

的收斂性［J］．中國人口資源與環境，2015，25（2）：30-38．

［28］吳軍，笪鳳媛，張建華．環境管制與中國區域生產率增長［J］．統計研究，2010（1）：83-89．

［29］葉祥松，彭良燕．中國環境規制下的規制效率與全要素生產率研究：1999—2008［J］．財貿經濟，2011（2）：102-109．

［30］王兵，王麗．環境約束下中國區域工業技術效率與生產率及其影響因素實證研究［J］．南方經濟，2010（11）：3-19．

［31］範丹，王維國．中國區域全要素能源效率及節能減排潛力分析——基於非期望產出的 SBM 模型［J］．數學的實踐與認識，2013（7）：12-21．

［32］馮博，王雪青，劉炳勝．考慮碳排放的中國建築業能源效率省際差異分析［J］．資源科學，2014（6）：1,256-1,266．

［33］吳文潔，覃芯儀．碳排放約束下陝西省全要素能源效率研究［J］．當代經濟科學，2015（2）：97-105．

［34］劉心，李淑敏．基於非期望產出 SBM 模型的中國各省份能源效率的實證分析［J］．數學的實踐與認識，2015（2）：35-43．

［35］王兆華，豐超．中國區域全要素能源效率及其影響因素分析——基於 2003—2010 年的省際面板數據［J］．系統工程理論與實踐，2015（6）：1,361-1,372．

［36］張豔東，趙濤．基於泰爾指數的能源消費區域差異研究［J］．干旱區資源與環境，2015（6）：14-19．

［37］張軍，吳桂英，張吉鵬．中國省際物質資本存量估算：1952—2000［J］．經濟研究，2004（10）：35-44．

［38］汪克亮，楊寶臣，楊力．環境約束下的中國全要素能源效率測度及其收斂性［J］．管理學報，2012（7）：1,071-1,077．

［39］何文強．中國能源效率區域差異的實證分析［D］．南昌：江西財經大學，2009．

［40］齊紹洲，羅威．中國地區經濟增長與能源消費強度差異分析［J］．經濟研究，2007（7）：74-81．

［41］錢爭鳴，劉曉晨．中國綠色經濟效率的區域差異及收斂性研究［J］．廈門大學學報（哲學社會科學版），2014（1）：110-118．

［42］王維國，範丹．中國區域全要素能源效率收斂性及影響因素分析——基於 Malmqulist-Luenberger 指數法［J］．資源科學，2012，34（10）：1,816-1,824．

[43] 劉源遠. 中國能源效率的地區差異及收斂性研究 [D]. 大連: 大連理工大學, 2009.

[44] 吳玉鳴, 賈琳. 中國區域能源利用效率的隨機性趨同研究 [J]. 經濟科學, 2009 (6): 41-49.

[45] 張維維. 中國區域能源效率收斂性研究 [D]. 大連: 大連理工大學, 2012.

[46] 吳玉鳴, 李建霞. 基於地理加權迴歸模型的省域工業全要素生產率分析 [J]. 經濟地理, 2006 (5): 748-752.

[47] 蘇良軍, 王蕓. 中國經濟增長空間相關性研究——基於「長三角」與「珠三角」的實證 [J]. 數量經濟技術經濟研究, 2007 (12): 26-38.

[48] 徐國泉, 姜照華. 技術進步、結構變化與美國能源效率的關係 [J]. 科學學與科學技術管理, 2007 (3): 104-107.

[49] 周勇, 林源源. 技術進步對能源消費回報效應的估算 [J]. 經濟學家, 2007 (2): 45-52.

[50] 王群偉, 周德群. 中國全要素能源效率變動的實證研究 [J]. 系統工程, 2008 (7): 74-80.

[51] 劉源遠, 劉鳳朝. 基於技術進步的中國能源消費反彈效應——使用省際面板數據的實證檢驗 [J]. 資源科學, 2008 (9): 1,300-1,306.

[52] 馮烽, 葉阿忠. 技術溢出視角下技術進步對能源消費的回彈效應研究——基於空間面板數據模型 [J]. 財經研究, 2012 (9): 123-133.

[53] 查冬蘭, 周德群. 為什麼提高能源效率沒有減少能源消費——能源效率回彈效應研究評述 [J]. 管理評論, 2012 (1): 45-51.

[54] 陳燕. 能源回彈效應的實證分析: 以湖北省數據為例 [J]. 經濟問題, 2011 (2): 126-129.

[55] 陳凱. 技術進步對能源消費回彈效應的影響——基於鋼鐵行業實證研究 [J]. 工業技術經濟, 2011 (4): 24-30.

[56] 何楓, 陳榮, 何煉成. 對外經濟開放對中國經濟效率跨省差異的影響 [J]. 中國經濟問題, 2003 (6): 10-16.

[57] 屈小娥. 中國省際全要素能源效率變動分解——基於 Malmquist 指數的實證研究 [J]. 數量經濟技術經濟研究, 2009 (8): 29-43.

[58] 李蘭冰. 中國全要素能源效率評價與解構: 基於「管理-環境」雙重視角 [J]. 中國工業經濟, 2012, 3 (6): 57-69.

[59] 邱靈, 申玉銘, 任旺兵, 嚴婷婷. 中國能源利用效率的區域分異與

影響因素分析［J］．自然資源學報，2008（5）：920-928．

［60］楊遠，李林．中國能源效率的地區差距——基於泰爾熵指數的綜合評價［J］．統計與決策，2009（17）：127-128．

［61］吳旭曉．區域能源效率動態演化及其驅動因素研究——以豫、鄂、粵三省為例［J］．北京理工大學學報（社會科學版），2015（17）：40-47．

［62］杜嘉敏．基於超效率 DEA 的中國省際能源效率評價［J］．生態經濟，2015（7）：51-75．

［63］賀小莉．能源效率評價及影響因素分析——以天津市為例［J］．生態經濟，2013（5）：82-85．

［64］馬海良，黃德春，姚惠澤．中國三大經濟區域全要素能源效率研究——基於超效率 DEA 模型和 Malmquist 指數［J］．中國人口·資源與環境，2011，21（11）：38-43．

［65］段小燕，王靜，彭偉．中國四大經濟區能源效率差異及其影響因素分析——基於單階段隨機前沿模型［J］．華東經濟管理，2014．28（7）：65-69．

［66］秦炳濤．中國區域能源效率研究——地級市的視角［J］．世界經濟文匯，2014（1）：95-104．

［67］江琴．低碳經濟：成渝經濟區的責任和未來［J］．軟科學，2010，24（3）：52-55．

［68］覃朝暉．基於 SD 模型評測區域低碳經濟發展研究——以成渝經濟區為例［J］．資源開發與市場，2012，28（11）：990-993．

［69］王麗瓊．中國能源利用效率區域差異基尼系數分析［J］．生態環境學報，2009（3）：974-978．

［70］吳利學．中國能源效率波動：理論解釋、數值模擬及政策含義［J］．經濟研究，2009（5）：130-142．

［71］劉生龍，高宇寧，胡鞍鋼．電力消費與中國經濟增長［J］．中國社會科學院數量經濟與技術經濟研究所，2014（3）．

［72］於超，譚忠富，王魯華．中國能源強度變化影響因素分解模型［J］．中國電力．2010（10）：1-5．

［73］王迪，聶銳，趙月英，龍如銀．結構變動、技術進步的節能測算與區域比較——基於中國東部的實證分析［J］．科研管理．2011（06）：59-66．

［74］張秋菊，王平，朱幫助．基於 LMDI 的中國能源消費碳排放強度變化因素分解［J］2012（13）：79-86．

［75］韓岳峰，張龍．中國農業碳排放變化因素分解研究——基於能源消

耗與貿易角度的 LMDI 分解法 [J].2013（4）：47-52.

[76] 魏楚，沈滿洪.結構調整能否改善能源效率：基於中國省級數據的研究 [J].世界經濟，2008，(11)：77-85.

[77] 汪克亮，楊寶臣，楊力.考慮環境效應的中國省際全要素能源效率研究 [J].管理科學，2010（12）：100-111.

[78] 胡宗義，劉静，劉亦文.中國省際能源效率差異及其影響因素分析 [J].中國人口資源與環境，2011（7）：33-39.

[79] 孫久文，肖春梅.長三角地區全要素能源效率變動的實證分析 [J].中國人口資源與環境，2012（12）：67-72.

[80] 賈惠婷.能源效率、產業結構與環境庫茲涅茨曲線——基於中國省際數據的實證分析 [J].企業經濟，2013（4）：28-32.

[81] 張唯實.能源效率、產業結構與中國區域經濟發展 [J].山西財經大學學報，2010（7）：63-69.

[82] 趙媛，郝麗莎，楊足膺.江蘇省能源效率空間分異特徵與成因分析 [J].地理學報，2010（8）：919-928.

[83] 張同斌，宮婷.中國工業化階段變遷、技術進步與能源效率提升——基於時變參數狀態空間模型的實證分析 [J].資源科學，2013（09）：1,772-1,781.

[84] 劉偉，李紹榮.所有制變化與經濟增長和要素效率提升 [J].經濟研究，2001（1）：3-9.

[85] 史丹，張金龍.產業結構變動對能源消費的影響 [J].經濟理論與經濟管理，2003，(8)：30-32.

[86] 趙麗霞，魏巍賢.能源與經濟增長模型研究 [J].預測，1998（6）：32-34.

[87] 冉啓英.產業結構與能源效率的協整分析——基於新疆的實證研究 [J].生產力研究.2010（2）：187-189.

[88] 劉佳駿，董鎖成，李宇.產業結構對區域能源效率貢獻的空間分析——以中國大陸 31 省（市、自治區）為例 [J].自然資源學報，2011，26（12）：1,999-2,011.

[89] 汪克亮，楊力，楊寶臣，等.能源經濟效率、能源環境績效與區域經濟增長 [J].管理科學，2013，26（3）：86-99.

[90] 吕文棟，潘慧峰，石智超.重大供給衝擊對石油市場的影響分析 [J].管理科學，2012（4）：111-120.

[91] 陳夕紅, 張宗益, 康繼軍, 李長青. 技術空間溢出對全社會能源效率的影響分析 [J]. 科研管理, 2013 (2): 62-68.

[92] 朱勝清, 曹衛東, 羅健. 中國能源效率對產業結構演變響應的區域差異研究 [J]. 人文地理, 2013, 134 (6): 118-125.

[93] 周肖肖, 豐超, 魏曉平. 能源效率、產業結構與經濟增長——基於匹配視角的實證研究 [J]. 經濟與管理研究, 2015. 36 (5): 13-21.

[94] 李科. 中國產業結構對全要素能源效率的閾值效應分析 [J]. 華中科技大學經濟學院, 2013 (10): 187-189.

[95] 劉立濤, 沈鐳. 中國區域能源效率時空演進格局及其影響因素分析 [J]. 自然資源學報, 2010, 25 (12): 2,142-2,153.

[96] 韓智勇, 魏一鳴, 範英. 中國能源強度與經濟結構變化特徵研究 [J]. 數理統計與管理, 2004, 23 (1): 1-6.

[97] 吳巧生, 成金華. 中國能源消耗強度變動及因素分解: 1980—2004 [J]. 經濟理論與經濟管理, 2006, (10): 34-40.

[98] 王玉潛. 能源消耗強度變動的因素分析及其應用 [J]. 數量經濟技術經濟研究, 2003, (8): 151-154.

[99] 周鴻, 林凌. 中國工業能耗變動因素分析: 1993—2002. [J]. 產業經濟研究, 2005, (5): 13-18.

[100] 齊志新, 陳文穎, 吳宗鑫. 工業輕重結構變化對能源消費的影響 [J]. 工業經濟, 2007 (5): 8-14.

[101] 孔婷, 孫林岩, 何哲, 孫榮庭. 能源價格對製造業能源強度調節效應的實證研究 [J]. 管理科學, 2008 (3): 2-8.

[102] 杭雷鳴, 屠梅曾. 能源價格對能源強度的影響——以國內製造業為例 [J]. 數量經濟技術經濟研究, 2006, (12): 93-100.

[103] 胡宗義, 蔡文彬, 陳浩. 能源價格對能源強度和經濟增長影響的CGE研究 [J]. 財經理論與實踐, 2008 (2): 91-95.

[104] 譚忠富, 張金良. 中國能源效率與其影響因素的動態關係研究 [J]. 中國人口·資源與環境, 2010 (4): 43-49.

[105] 陳曉毅. 能源價格、產業結構、技術進步與能源效率關係研究 [J]. 統計與決策, 2015 (1): 120-122.

[106] 王俊杰, 史丹, 張成. 能源價格對能源效率的影響——基於全球數據的實證分析 [J]. 經濟管理, 2014 (12): 13-23.

[107] 唐安寶, 李星敏. 能源價格與技術進步對中國能源效率影響研究

[J]. 統計與決策, 2014 (15): 98-101.

[108] 孔憲麗, 高鐵梅. 中國工業行業能源消耗強度變動及影響因素的實證分析 [J]. 資源科學, 2008, 30 (9): 1,290-1,299.

[109] 李國璋, 王雙. 中國能源強度變動的區域因素分解分析——基於 LMDI 分解方法 [J]. 財經研究, 2008 (8): 52-62.

[110] 馮烽. 能源消耗回彈效應形成機理的數理模型 [J]. 中國科技論文, 2015 (17): 2,009-2,013.

[111] 傅曉霞, 吳利學. 偏性效率改進與中國要素回報份額變化 [J]. 世界經濟, 2013 (10): 79-102.

[112] 齊志新, 陳文穎. 結構調整還是技術進步: 改革開放後中國能源效率提高的因素分析 [J]. 上海經濟研究, 2006, (6): 8-16.

[113] 原毅軍, 郭麗麗, 孫佳. 結構、技術、管理與能源利用效率——基於 2000—2010 年中國省際面板數據的分析 [J]. 中國工業經濟, 2012 (07).

[114] 金繼紅, 毛顯強. 中國產業增長與能源效率變化的共軛因素分析 [J]. 中國人口·資源與環境, 2013, 23 (5): 52-57.

[115] 程中華, 李廉水, 劉軍. 環境約束下技術進步對能源效率的影響. 統計與信息論壇 [J]. 統計與信息論壇, 2016 (6): 70-76.

[116] 詹國華, 陳治理. 中國技術進步對能源效率影響的實證分析 [J]. 統計與決策, 2013 (01): 150-153.

[117] 王群偉, 周德群, 王思斯. 考慮非期望產出的區域能源效率評價研究 [J]. 中國礦業, 2009 (09): 36-40.

[118] 吳巧生, 成金華. 中國工業化中的能源消耗強度變動及因素分析——基於分解模型的實證分析 [J]. 財經研究, 2006, 32 (6): 75-85.

[119] 周勇, 李廉水. 中國能源強度變化的結構與效率因素貢獻——基於 AWD 的實證分析 [J]. 產業經濟研究, 2006 (4): 47-50.

[120] 宣燁, 周紹東. 技術創新、回報效應與中國工業行業的能源效率 [J]. 財貿經濟, 2011 (4): 116-121.

[121] 餘泳澤, 杜曉芬. 技術進步、產業結構與能源效率——基於省域數據的空間面板計量分析 [J]. 產業經濟評論, 2011 (4): 36-68.

[122] 葉依廣, 孫林. 資源效率與科技創新 [J]. 中國人口·資源與環境, 2002 (6): 17-19.

[123] 施衛東, 程瑩. 碳排放約束、技術進步與全要素能源生產率增長 [J]. 研究與發展管理, 2016 (1): 10-20.

[124] 呂榮勝, 陳曉杰. 中國物流行業全要素能源效率實證分析 [J]. 商業研究, 2014 (2): 51-56.

[125] 姜磊, 季民河. 中國區域能源壓力的空間差異分析——基於 STIRPAT 模型 [J]. 財經科學, 2011 (4): 64-70.

[126] 範柏乃, 江蕾, 羅佳明. 中國經濟增長與科技投入關係的實證研究 [J]. 科研管理, 2014 (5): 104-109.

[127] 林伯強, 黃曉光. 梯度發展模式下中國區域碳排放的演化趨勢——基於空間分析的視角 [J]. 金融研究, 2011 (12): 35-46.

[128] 何小鋼, 張耀輝. 中國工業碳排放影響因素與 CKC 重組效應——基於 STIRPAT 模型的分行業動態面板數據實證研究 [J]. 中國工業經濟, 2012 (1): 26-35.

[129] 申萌. 技術進步、經濟增長與二氧化碳排放：理論和經驗研究 [J]. 世界經濟, 2012 (7): 83-100.

[130] 金培振, 張亞斌, 彭星. 技術進步在二氧化碳減排中的雙刃效應——基於中國工業 35 個行業的經驗證據 [J]. 科學學研究, 2014 (5): 706-716.

[131] 史丹. 中國經濟增長過程中能源利用效率的改進 [J]. 經濟研究, 2002 (9): 49-56.

[132] 林伯強. 電力消費與中國經濟增長：基於生產函數的研究 [J]. 管理界, 2003 (11): 18-27.

[133] 劉小玄. 中國工業企業的所有制結構對效率的影響 [J]. 經濟研究, 2000 (2): 17-25.

[134] 涂正革, 肖耿. 中國的工業生產力革命——用隨機前沿生產模型對中國大中型工業企業全要素生產率增長的分解及分析 [J]. 經濟研究, 2005 (3): 4-15.

[135] 劉小玄, 李利英. 企業產權變革的效率分析 [J]. 中國社會科學, 2005 (2): 4-16.

[136] 胡一帆, 宋敏, 鄭紅亮. 所有制結構改革對中國企業績效的影響 [J]. 中國社會科學, 2006 (4): 50-64.

[137] 王猛, 王有鑫. 許春招. 國際貿易影響能源效率嗎？——基於省際面板數據的研究 [J]. 現代管理科學, 2013 (5): 78-80.

[138] 王豔麗, 李強. 對外開放度與中國工業能源要素利用效率——基於工業行業面板數據 [J]. 北京理工大學學報（社會科學版）, 2012 (4): 27-33.

[139] 陳娟. 中國工業能源強度與對外開放——基於面板門限模型的實證

分析 [J]. 科學·經濟·社會, 2016 (2): 46-50.

[140] 沈坤榮, 李劍. 中國貿易發展與經濟增長影響機制的經驗研究 [J]. 經濟研究, 2003, (5): 32-40.

[141] 禹小明, 康繼軍. 中國製造業對外開放與能源效率的非線性關係研究 [J]. 經濟經緯, 2016 (1): 84-89.

[142] 秦全德, 李欣, 陳修德, 李麗. 考慮非期望產出的中國東部沿海地區的能源效率研究 [J]. 科技管理研究, 2016 (4): 54-58.

[143] 高振宇, 王益. 中國能源生產率的地區劃分及影響因素分析 [J]. 數量經濟技術經濟研究, 2006 (9): 46-57.

[144] 師博, 張良悅. 中國區域能源效率收斂性分析 [J]. 當代財經, 2008 (02): 17-21.

[145] 賀燦飛, 王俊松. 技術進步、結構變動與中國能源利用效率 [J]. 中國人口·資源與環境, 2009 (4): 157-161.

[146] 梁競, 張力小. 基於 Theil 指數的城市能源消費空間差異測度分析 [J]. 中國人口·資源與環境, 2010 (03): 85-88.

[147] 徐盈之, 管建偉. 中國區域能源效率趨同性研究: 基於空間經濟學視角 [J]. 財經研究, 2011 (01): 112-123.

[148] 潘雄鋒, 李良玉, 楊越. 中國能源效率區域差異的時空格局動態演化研究 [J]. 管理評論, 2012 (11): 11-19.

[149] 楊繼生. 國內外能源相對價格與中國的能源效率 [J]. 成都經濟學家, 2009 (1): 90-97.

[150] 沈能. 能源投入、污染排放與中國能源經濟效率的區域空間分佈研究 [J]. 財貿經濟, 2010 (1): 107-113.

[151] 陳曉毅. 基於分位數迴歸的中國能源效率影響因素動態研究 [J]. 生態經濟, 2012 (8): 120-122.

[152] 尹宗成, 丁日佳. 中國區域金融發展水平與區域經濟差異的協整檢驗 [J]. 廣東金融學院學報, 2008 (3): 92-99.

[153] 楊騫. 地區行政壟斷與區域能源效率——基於 2000—2006 年省際數據的研究 [J]. 經濟評論, 2010 (6): 70-75.

[154] 蔡海霞, 範如國. FDI 技術溢出、能源約束與區域創新產出分析 [J]. 中國人口·資源與環境, 2011 (11): 50-55.

[155] 宋楓, 王麗麗. 中國能源強度變動趨勢及省際差異分析 [J]. 資源科學, 2012 (1): 13-19.

[156] 韓一杰,劉秀麗. 基於超效率 DEA 模型的中國各地區鋼鐵行業能源效率及節能減排潛力分析 [J]. 系統科學與數學, 2011 (03): 287-298.

[157] 龐瑞芝. 中國省際工業增長模式與提升路徑分析——基於工業部門全要素能源效率視角 [J]. 中國地質大學學報 (社會科學版), 2011 (4): 28-33.

[158] 王雪青, 婁香珍, 楊秋波. 中國建築業能源效率省際差異及其影響因素分析 [J]. 中國人口資源與環境, 2012 (2): 56-61.

[159] 王鋒, 馮根福, 吳麗華. 中國經濟增長中碳強度下降的省區貢獻分解 [J]. 經濟研究, 2013 (8): 143-155.

[160] 李激揚. 中國省級能源效率的收斂性分析 [J]. 統計與決策, 2012 (02): 106-108.

[161] 湯清, 鄧寶珠. 中國技術進步對能源效率影響的空間計量分析 [J]. 技術經濟, 2013 (10): 73-79.

[162] 李廉水, 周勇. 技術進步能提高能源效率嗎?——基於中國工業部門的實證檢驗 [J]. 管理世界, 2006 (10): 82-89.

[163] 王秋彬. 中國能源工業內部的可持續發展能力分析 [J]. 中國集體經濟, 2010 (15): 34-35.

[164] JIN-LI HU, SHIH-CHUAN WANG. Total-factor energy efficiency of regions in China [J]. Energy Policy, 2006, 34 (17): 3,206-3,217.

[165] SATOSHI HONMA, JIN-LI HU. Total-factor energy productivity growth of regions in Japan [J]. Energy Policy, 2009, 39 (10): 3,941-3,950.

[166] LAN-BING HU, JIN-LI HU. Ecological total-factor energy efficiency of regions in China [J]. Energy Policy, 2012, 46: 216-224.

[167] SATOSHI HONMA, JIN-LI HU. Total-factor energy productivity growth of regions in Japan [J]. Energy Policy, 2009, 39 (10): 3,941-3,950.

[168] SUN J W. The decrease in the difference of enemy intensities between OECD countries from 1971 to 1998 [J]. Energy Policy, 2002 (30): 631-635.

[169] CORNILLIE J, FANKHAUSER S. The energy intensity of transition countries [J]. Energy Economics, 2004 (3).

[170] FARRELL M J. The measurement of productive efficiency [J]. Journal of the Royal Statistical Society Series A, 1957 (120): 253-281.

[171] ANIL MARKANDYA, SUZETTE PEDROSO-GALINATO, DALIA STREIMIKIENE. Energy intensity in transition economies: is there convergence towards the EU average? [J]. Energy Economics, 2006, 28 (1): 121-145.

[172] MULDER P, DE GROOT H. Structural change and convergence of energy intensity across OECD countries, 1970—2005 [J]. Energy Economics, 2012 (34): 1,910-1,921.

[173] MIKETA A, MUDLER P. Energy productivity across developed and developing countries in 10 manufacturing sectors: patterns of growth and convergence [J]. Energy Economics, 2005 (27): 429-453.

[174] CAMARERO M, CASTILLO J, PICAZO-TADEO A J. Eco-efficiency and convergence in OECD countries [J]. Environmental & Resource Economics, 2013, 55 (1): 87-106.

[175] Camarero M, Picazo-Tadea A J, Tamarit C. Is the environmental efficiency of industrialized countries converging? A sure approach to testing for convergence [J]. Ecological Economics, 2008, 66 (4): 653-661.

[176] HERRERIAS M J. World energy intensity convergence revisited: a weighted distribution dynamics approach [J]. Energy Policy, 2012, 49 (10): 383-399.

[177] STERN D I. Modeling international trends in energy efficiency [J]. Energy Economics, 2012, 34 (6): 2,200-2,208.

[178] KHAZZOOM J D. Economic implications of mandated efficiency standards for household appliances [J]. Energy Journal, 1980, 1 (4): 21-40.

[179] HENRY SAUNDERS. The Khazzoom-Brookes postulate and neoclassical growth [J]. Energy Journal, 1992 (13): 131-148.

[180] SAUNDERS H D. Does predicted rebound depend on distinguishing between energy and energy services [J]. Energy Policy, 2000, 28, 497-500.

[181] SAUNDERS H D. Fuel conserving (and using) production function. [J]. Energy Economics, 2008, 30 (5): 2,184-2,235.

[182] BIROL F, KEPPLER J H. Prices technology development and the rebound effect [J]. Energy Policy, 2000, 28: 457-469.

[183] HERRING H. Energy efficiency: a critical view [J]. Energy: The International Journal, 2005, 32 (1): 10-20.

[184] BLAIR. The impact of improved mileage on gasoline consumption [J]. Economic Inquiry, 1984, 22 (2): 209-217.

[185] GREENE D L. Vehicle use and fuel-economy: how big is the rebound effect [J]. Energy Journal, 1992, 13 (1): 117-143.

[186] GREENING L A, Greene D L, Difiglio C. Energy efficiency and consumption the rebound effect a survey [J]. Energy, 2000 (28): 389-401.

[187] JORGENSON D W, FRAUMENI B M. Relative prices and technical change, in Berndt, E. R. and Field, B. C. (eds.), Modeling and Measuring Natural Resource Substitution [M]. Cambridge, MA: MIT Press, 1981.

[188] BROOKS L G. Energy policy, the energy price fallacy and the role of nuclear energy in the UK [J]. Energy Policy, 1978 (2): 94-106.

[189] BROOKES L G. Energy efficiency and the greenhouse effect [J]. Energy and the Environment, 1990a (14): 318-333.

[190] BROOKES L G. The greenhouse effect: the fallacies in the energy efficiency solution [J]. Energy Policy, 1990b (2): 199-201.

[191] BROOKES L G. Energy efficiency fallacies—the debate concluded [J]. Energy Policy, 1993 (4): 346-347.

[192] BROOKES L G. Energy efficiency fallacies revisited [J]. Energy Policy, 2000 (6-7): 355-366.

[193] BROOKES L G. Energy efficiency fallacies—a postscript [J]. Energy Policy, 2004 (8): 945-947.

[194] KHAZZOOM J D. Economic implications of mandated efficiency standards for household appliances [J]. Energy Journal, 1980 (4): 21-40.

[195] BROOKES L G. A low energy strategy for the UK: a review and reply [J]. Atom, 1979 (269): 3-8.

[196] HENRY SAUNDERS. The Khazzoom-Brookes postulate and neoclassical growth [J]. Energy Journal, 1992, (13): 131-148.

[197] SAUNDERS H D. Does predicted rebound depend on distinguishing between energy and energy services? [J]. Energy Policy, 2000 (28) 497-500.

[198] SAUNDERS H D. Fuel conserving (and using) production function [J]. Energy Economics, 2008 (5): 2,184-2,235.

[199] HERRING H. Energy efficiency: a critical view? [J]. Energy: the International Journal, 2005 (1): 10-20.

[200] HORACE HERRING, ROBIN ROY. Technological innovation, energy efficient design and the rebound effect [J]. Technovation, 2007 (27): 194-203.

[201] SOMMERVILLE, SORRELL. UKERC review of evidence for the rebound effect: technical report 1 [J]. UK Energy Research Centre,

London, 2007.

[202] FRONDEL, SCHMIDT. Evaluating environmental programs: the perspective of modern evaluation research [J]. Ecological Economics, 2005 (4): 515-526.

[203] MEYER. Natural and quasi experiments in economics [J]. The Journal of Business and Economic Statistics, 1995 (2): 151-160.

[204] HARTMAN. Self-selection bias in the evaluation of voluntary energy conservation programs [J]. The Review of Economics and Statistics, 1988 (3): 448-458.

[205] GOODWIN. A review of new demand elasticities with special reference to short and long-run effects of price changes [J]. Journal of Transport Economics and Policy, 1992 (2): 155-169.

[206] ESPEY. Explaining the variation in elasticity estimate of gasoline demand in the United States: a meta-analysis [J]. The Energy Journal, 1996 (17): 49-60.

[207] ESPEY. Gasoline demand revisited: an international meta-analysis of elasticities [J]. Energy Economics, 1998 (20): 273-295.

[208] GRAHAM, GLAISTER. Road traffic demand electricity estimates: a review [J]. Transport Reviews, 2004 (3): 261-274.

[209] SORRELL, DIMITROPOULOS. UKERC review of evidence for the rebound effect: technical report 3 [J]. UK Energy Research Centre, London, 2007.

[210] GREENE D L. Vehicle use and fuel-economy: how big is the rebound effect? [J]. Energy Journal, 1992, 13 (1): 117-143.

[211] JONES C T. Another look at U. S. passenger vehicle use and the rebound effect from improved fuel efficiency [J]. Energy Journal, 1993, 14 (4): 99-110.

[212] WHEATON W C. The long-run structure of transportation and gasoline demand [J]. the Bell Journal of Economics, 1982, 13 (2): 439-454.

[213] GATELY D. Imperfct price reversed ability of US gasoline demand: asymmetric responses to price increases and declines [J]. Energy Journal, 1992 (4): 179-207.

[214] SCHIMEK P. Gasoline and travel demand models using time-series and cross-section data from the United States [J]. Transportation Research Record, 1996 (1558): 83-89.

[215] JOHANSSON, SCHIPPER. Measuring long-run automobile fuel demand: separate estimations of vehicle stock, mean fuel intensity, and mean annual driving distance [J]. Journal of Transport Economics and Policy, 1997, 31 (3): 277-292.

[216] HAUGHTON, SARKAR. Gasoline tax as a corrective tax: estimates for the United States, 1970—1991 [J]. Energy Journal, 1996, 17 (2): 103-126.

[217] SMALL K A, VAN DENDER. Fuel efficiency and motor vehicle travel: the declining rebound effect [J]. The Energy Journal, 2007, 28 (1): 25-52.

[218] GOLDBERG. The Effect of the corporate average fuel effciency standards [J]. National Bureau of Economic Research, Cambridge, MA, 1996.

[219] GREEN. Fuel economy rebound effect for US household vehicles [J]. Energy Journal, 1999, 20 (3): 1-31.

[220] FRONDEL. Identifying the rebound: evidence from a German household panel [J]. The Energy Journal, 2008, 29 (4): 154-163.

[221] WEST. Distributional effects of alternative vehicle pollution control policies [J]. Journal of Public Economics, 2004 (88): 735-757.

[222] DOUTHITT. The demand for residential space and water heating fuel by energy conserving households [J]. The Journal of Consumer Affairs, 1986, 20 (2): 231-248.

[223] SCHWARZ, TAYLOR. Cold hands, warm hearth: climate, net take-back, and household comfort [J]. The Energy Journal. 1995, 16 (1): 41-54.

[224] HSUEH, GERNER. Effect of thermal improvements in housing on residential energy demand [J]. Journal of Consumer Affairs, 1993, 27 (1): 87-105.

[225] DUBIN, MCFADDEN. An econometric analysis of residential electric appliance holdings and consumption [J]. Econometrica, 1984, 52 (2): 345-362.

[226] NESBAKKEN. Energy consumption for space heating: a discrete-continuous approach [J]. Scandinavian Journal of Economics, 2001, 103 (1): 165-184.

[227] KLEIN. Residential energy conservation choices of poor households during a period of rising energy prices [J]. Resources and Energy, 1987, 9 (4): 363-378.

[228] HAUSMAN. Individual discount rates and the purchase and utilization of

energy-using durables [J]. Bell Journal of Economics, 1979, 10 (1): 33-54.

[229] DUBI. Price effects of energy - efficient technologies—a study of residential demand for heating and cooling [J]. The RAND Journal of Economics, 1986, 17 (3): 310-325.

[230] PATTERSON M G. What is energy efficiency? Concepts, indicators and methodological issues [J]. Energy Policy, 1996, 24 (5): 377-390.

[231] BOSSEBOEUF, CHATEAU B, LAPILLONNE B. Cross-country comparison on energy efficiency indicators: the on - going european effort towards a common methodology [J]. Energy Policy, 1997, 25 (9): 234-252.

[232] EDENHOFER O, JAEGER C C. Power shifts: the dynamics of energy efficiency [J]. Energy Economics, 1998, 20 (5): 513-537.

[233] WANG CHUNHUA. Decomposing energy productivity change: a distance function approach [J]. Energy, 2007 (32): 1,326-1,333.

[234] MIELNIK O, GOLDEMBERG J. Converging to a common pattern of energy use in developing and industrialized countries [J]. Energy Policy, 2000, 28 (7): 503-508.

[235] SUN J W. The decrease in the difference of energy intensities between OECD countries from 1971 to 1998 [J]. Energy Policy, 2002, 30 (8): 631-635.

[236] HERRERIAS M J. World energy intensity convergence revisited: a weighted distribution dynamics approach [J]. Energy Policy, 2012, 49 (10): 383-399.

[237] ROBERTO EZCURRA. Distribution dynamics of energy intensities: a cross-country analysis [J]. Energy Policy, 2007, 35 (10): 5,254-5,259.

[238] SAMUELS G. Potential production of energy cane for fuel in the Caribbean [J]. Energy Progress, 1987, (4): 249-251.

[239] RICHARD G, ADAM B. The induced innovation hypothesis and energy-saving technological change [J]. Quarterly Journal of Economics, 1999, 114 (3): 941-975.

[240] LIU X Q, ANG B W, ONG H L. Interfuel substitution and decomposition of changes in industrial energy consumption [J]. Energy: The International Journal, 1992, 17 (7): 689-696.

[241] ANG B W. Decomposition of industrial energy consumption: the energy

intensity approach [J]. Energy Economics, 1994 (16): 163-174.

[242] FISHER-VANDEN. What is driving China's decline in energy intensity? [J]. Resource and Energy Economics, 2004 (26): 77-97.

[243] KAMBARA T. The energy situation in China [J]. China Quarterly, 1992 (131): 608-636.

[244] KLAUS, VACLAV. The imperatives of long term prognosis and dominant characteristics of the present economy [J]. Eastern European Economics, 1990, 28 (4): 39-52.

[245] GARBACCIO R, HO M S, JORGENSON D. Why has the energy-output ratio fallen in China? [J]. The Energy Journal, 1999, 20 (3): 63-91.

[246] LIN, XIANNUAN, KAREN R, POLENSKE. Input-output anatomy of China's energy use changes in the 1980s [J]. Economic Systems Research, 1995, 7.

[247] MA C, STERN D I. Biomass and China's carbon emissions: a missing piece of carbon decomposition [J]. Energy Policy, 2008, 36 (7): 2,517-2,526.

[248] FISHER-VANDEN K, JEFFERSONG H, MA JINGKUI. Technology development and energy productivity in China [J]. Energy Economics, 2006, 28(5-6): 690-705.

[249] NAKICENOVIC N, N VICTOR T. Emissions scenarios database and review of scenarios [J]. Morita: Mitigation and Adaptation Strategies for Global Change, 1998, 3 (2-4): 95-120.

[250] KHAZZOM J DANIEL. Economic implication of mandated efficiency standards for household appliances [J]. Energy Journal, 1980 (1): 21-39.

[251] WEI C, SHEN M H. Impact factors of energy productivity in China: an empirical analysis [J]. Chinese Journal of Population, Resources and Environment, 2007, 5 (2): 28-33.

[252] SINTON J E, FRIDLEY D C. What goes up: recent trends in China's energy consumption [J]. Energy Policy, 2000 (28): 671-687.

[253] BOSETTI V, C CARRARO, M GALEOTTI E, MASSETTI M. A world induced technical change hybrid model [J]. The Energy Journal, 2006: 13-38.

[254] JAFFESA B, NEWELLDR G, STAVINSDR N. Technological changes and the environment [J]. Environmental and Resources Economics, 2002 (22):

41-69.

[255] MIKETA A, MUDLER P. Energy productivity across developed and developing countries in 10 manufacturing sectors: patterns of growth and convergence [J]. Energy Economics, 2005 (27): 429-453.

後　記

　　能源問題已經演變成為中國經濟社會發展中影響全局的重大問題，對能源利用效率方面的研究也變得越來越重要。學者們對能源效率的研究已逐步地從國家層面深入到了省級或地級市的區域層面甚至到了家庭的微觀層面，並開始了各種關於區域能源效率方面的研究。這對各地區乃至國家在提高能源利用效率方面具有重要理論和現實意義。

　　本成果以科學發展觀為指導，採用多種研究方法對區域能源效率差異進行了全方位、多層次、多視角的研究，全面系統地考察了中國省、直轄市及自治州的能源效率以及東、中、西部區域能源效率的差異及收斂，並以成渝經濟區為例，從地級市的角度，對成渝經濟區城市發展一體化模式下能源效率差異進行了分析，力圖比較省際能源效率的差異及影響差異的因素，為地區能源政策的制定提供決策參考。為此，課題組潛心研究，進行了充分的論證和驗證。雖然我們已經付出了很大的努力，但就成果來看，本書還遠未達到預期的成果目標。節能減排以及氣候問題是一個前沿性世界性課題，我們也希望能在以後做進一步的研究。現要將本書呈獻給讀者，我心裡還有諸多惶恐。對本書尚存在的不足和局限，還望大家不吝賜教，以便我們以後做出更好的成果。

　　在本書出版之際，感謝我的學生吳昊、馮夢黎、高碧鳳、王兆芬、陳波、李祎、李康琪、王洪芳、饒晨光等同學，是他們提供了大量的幫助，才得以完成此書，另外，還要感謝學院的大力支持，感謝學院能源與環境經濟研究團隊人員楊宇博士、楊劼博士給予的很大幫助。同時，南京航空航天大學張偉教授

对本书的写作提出过宝贵的意见和建议，西南财经大学出版社的廖术涵女士对本书的出版付出了大量心血，在此一并感谢！

  本书出版之际是我的第二个孩子高启迪嗷嗷待哺之时，我的妻子承担了抚育孩子的重任，并给予了我莫大的鼓励和支持，两个孩子给了我极大的工作动力和生活乐趣。谨以此书献给我的妻子和孩子们，祝愿他们永远健康、快乐！

高 辉

國家圖書館出版品預行編目(CIP)資料

區域能源效益差異研究 / 高輝 著. -- 第一版.
-- 臺北市：崧燁文化，2018.09
　面；　公分
ISBN 978-957-681-613-0(平裝)
1.能源政策
554.68　　107014708

書　　名：區域能源效益差異研究
作　　者：高輝 著
發 行 人：黃振庭
出 版 者：崧博出版事業有限公司
發 行 者：崧燁文化事業有限公司
E-mail：sonbookservice@gmail.com
粉絲頁　　　　　　　網　址：
地　　址：台北市中正區重慶南路一段六十一號八樓815室
8F.-815, No.61, Sec. 1, Chongqing S. Rd., Zhongzheng Dist., Taipei City 100, Taiwan (R.O.C.)
電　　話：(02)2370-3310　傳　真：(02) 2370-3210
總 經 銷：紅螞蟻圖書有限公司
地　　址：台北市內湖區舊宗路二段121巷19號
電　　話：02-2795-3656　傳真：02-2795-4100　網址：
印　　刷：京峯彩色印刷有限公司（京峰數位）

　　本書版權為西南財經大學出版社所有授權崧博出版事業有限公司獨家發行
　　電子書繁體字版。若有其他相關權利及授權需求請與本公司聯繫。

定價：350 元
發行日期：2018 年 9 月第一版
◎ 本書以POD印製發行